发掘内蒙古历史文化　服务"一带一路"建设研究丛书

朝克　主编

内蒙古草原丝绸之路与
中蒙俄经济走廊建设研究

The Study on the Construction of
Inner Mongolia Grassland Silk Road and
China-Mongolia-Russia Economic Corridor

马永真　杨臣华　刘兴波　范丽君　等著

中国社会科学出版社

图书在版编目（CIP）数据

内蒙古草原丝绸之路与中蒙俄经济走廊建设研究／马永真等著．—北京：
中国社会科学出版社，2021.5
（发掘内蒙古历史文化 服务"一带一路"建设研究丛书）
ISBN 978 - 7 - 5203 - 8021 - 8

I.①内… II.①马… III.①草原—丝绸之路—研究—内蒙古②国际合作—
经济合作—研究—中国、蒙古、俄罗斯 IV.①K292.6②F125.531.1③F125.551.2

中国版本图书馆 CIP 数据核字（2021）第 038522 号

出 版 人	赵剑英	
责任编辑	张冰洁 侯聪睿	
责任校对	杨 林	
责任印制	王 超	

出 版	中国社会科学出版社	
社 址	北京鼓楼西大街甲 158 号	
邮 编	100720	
网 址	http://www.csspw.cn	
发 行 部	010 - 84083685	
门 市 部	010 - 84029450	
经 销	新华书店及其他书店	

印 刷	北京君升印刷有限公司
装 订	廊坊市广阳区广增装订厂
版 次	2021 年 5 月第 1 版
印 次	2021 年 5 月第 1 次印刷

开 本	710×1000 1/16
印 张	21.5
插 页	2
字 数	301 千字
定 价	118.00 元

凡购买中国社会科学出版社图书，如有质量问题请与本社营销中心联系调换
电话:010 - 84083683

总　　序

　　内蒙古自治区人民政府交办的重大委托课题"发掘内蒙古历史文化，服务'一带一路'建设"于 2017 年 10 月课题经费下拨后正式启动。

　　在课题经费下拨之前，根据内蒙古自治区主席布小林提出的："要坚定不移地以习近平总书记提出的新时代中国特色社会主义思想和关于'一带一路'建设的重要论述为指导，深入贯彻党的十九大和十九届二中、三中全会精神，认真贯彻落实习近平总书记提出的哲学社会科学工作要为党的路线方针政策及经济社会建设服好务的重要论述。要充分解放思想、求真务实、与时俱进，深入发掘内蒙古源远流长的历史文化与文明，充分发挥内蒙古政府交办的重大委托课题的示范引导作用，为党和国家工作大局及'一带一路'建设服好务。要从内蒙古地区自身优势出发，科学解读和阐释'一带一路'建设的核心内容、性质和目的及其现实意义，进而更科学、更有力、更积极地推动中俄蒙乃至延伸到欧洲各国的'一带一路'建设"以及她所指出的"该项重大委托课题要将对策研究、应用研究及理论研究紧密相结合，对策、应用研究要从内蒙古地区和'一带一路'建设的实际情况出发，要以该地区'一带一路'建设的重大理论和现实问题为主攻方向，深入实际和强化实证性研究，拿出具有重要决策参考价值和实践指导意义的对策性、应用性、实用性调研报告或研究成果。在基础研究和理论研究方面，要实事求是地发掘和充分反映内蒙古地区的历史文化与文明，进而为中华民族多元一体的历史文化与文明不断增添新的内涵，为内蒙古'一带一路'建设不断增加新的活力和生命力"等指导思想为主题，2017 年 3 月在内蒙古自治区人民政府办公厅（以下简称内蒙古政府办公厅）负责人的主持下，北京和内蒙古两地的相关专家学者在京首次召开课题工作会议。与会专家学者针对自治区主席提出的课题思路、课题内容、课题意义、课题框架、课题实施计划等展开了广泛而务实的讨论，随后将会议讨论稿交给了内蒙古政府领导。在这次召开的课题会上，初步做出如下几项决定：一是，由中国社会科学院民族文学研究所党委书记朝克研究员主持该项重大委托课题。二是，重大委托课题内部要分：（1）蒙古族与欧亚草原历史文化渊源；（2）元朝商贸往来与"一带一路"贸易畅通研究；（3）蒙古始源与中蒙俄"一带一路"地名考释；（4）蒙古族民俗文化与"一带一路"建设研究；（5）蒙古族文学艺术与"一带一路"建设研究；（6）内蒙古农牧业文化与"一带一路"建设研究；（7）蒙古族教育科学医疗文化与"一带一路"建设研究；（8）草原丝绸之路与呼伦贝尔俄侨历史文化研究；（9）内蒙古草原丝绸之路与中蒙俄经济走廊建设研究；（10）内蒙古语言文字与"一带一路"建设研究，共 10 个子课题。三是，根据参加该项重大委托课题专家们多年从事的科研工作实践及研究领域和专业特长，由中国社会科学院历史研究所青格力研究员、中央民族大学黄健英教授、内蒙古党校吉日格勒教授、中国社会科学院民族学与人类学研究所色音研究员、中央民族大学汪立珍教授、内蒙古社会科学院王关区研究员、内蒙古师范大学党委书记傅永春教授、呼伦贝尔学院院长侯岩教授、内蒙古社会科学院院长马永真研究员、内蒙古师范大学孟和宝音教授分别承担 10 项子课题的科研工作任务。四是，每个子课题要完成一部科研专著，同时还要写一份同研究课题相关的政策对策调研报告或相关政策对策性建议。并要求政策对策性调研报告或相关政策对策性建议要在课题启动后的第一年年底完成，课题专著类研究成果要在课题启动后的第二年年底完成。五是，该项重大委托课题在下拨经费后两年内完成。六是，课题总负责人同子课题负责人签署课题合同责任书。七是，课题的日常事务性工作、各子课题间的相互协调、各子课题组在内蒙古地区开展调研或资料搜集时协助提供各方面的方便条件、政策对策建议及调研报告的撰写工作、课题《工作简报》的编辑工作等均由内蒙古自治区研究室（参事室）来负责。该项课题在正式启动之前，课题组核心成员及各子课题负责人先后召开两次工作会议，主要是进一步讨论第一次课题工作会议上拟定的课题实施计划及相关内容，以及如何更好、更快、更高质量地按计划完成各项子课题科研工作任务等方面的事宜。在广泛而反复讨论的基础上，最后对于课题实施计划及要求做出了明确规定，其规定基本上保持了第一次课题工作会议上拟定的事项和内容，只是对有关子课题题目和相关子课题负责人做了必要调整。

内蒙古自治区人民政府交办的该项重大委托课题经费于2017年10月份下拨到各子课题负责人所属部门的账号，从此各子课题组开始正式启动了各自承担的科研工作。2018年7月，各子课题组基本上都撰写完成了各自承担的对策研究报告。其中，有的课题组完成了两份对策调研报告。而且，调研报告经课题组负责人会议讨论通过后，第一时间交给内蒙古自治区研究室（参事室）进行审阅。随后，根据内蒙古自治区研究室（参事室）提出的建议，将这些对策研究报告，分别交给中央党史和文献研究院及中国社会科学院从事政策对策研究的资深专家进行审阅。各子课题组根据审阅和审读专家提出的意见，对政策研究报告做了必要修改和补充，同时淘汰了个别审阅未通过的政策研究报告。最后将10个子课题组审阅通过并进行修改补充的13篇对策研究报告，合订成30余万字的《内蒙古自治区人民政府重大委托课题"发掘内蒙古历史文化，服务'一带一路'建设"之对策研究报告》，交给了内蒙古自治区研究室（参事室）。

各子课题组承担的科研工作，也基本上按计划于2019年年底完成了田野调研、资料搜集整理和分析研究、撰写课题成果专著等方面的工作任务。在这里，有必要说明的是，由于两位子课题组负责人的先后去世，以及一些子课题组负责人工作岗位、工作部门、工作性质的变动和调整，加上有些子课题组负责人所承担的行政管理工作或其他科研管理工作过重而很难拿出一定时间主持该项课题等原因，在具体实施这一重大委托课题的实践中，对有关子课题组负责人做了及时调整和补充。另外，也有个别子课题组核心成员由于所承担的其他各种科研工作任务过重等原因，自动申请退出了该项课题。所有这些，给内蒙古政府交办的重大委托课题的顺利推进带来了一定困难。但在内蒙古自治区研究室（参事室）领导和相关人员的积极协调和帮助下，在课题组负责人及所有课题组专家学者的共同努力下，除了极个别的子课题组没有按时完成课题成果的撰稿工作之外，绝大多数子课题组均按时提交了作为课题研究成果的初步定稿。

在这里，还需要交待的是，课题总负责人同内蒙古自治区研究室（参事室）负责人共同商定后，在课题进行的过程中根据一些子课题组负责人的变化与变动，重新调整了第三、第八及第十子课题组负责人。重新调整后的这三个子课题组负责人分别是蒙古国国立大学的超太夫博士（第三子课题书稿补充修改完成人）、呼伦贝尔学院的斯仁巴图教授（第八子课题负责人）、中国社会科学院民族文学研究所的朝克研究员（第十子课题负责人）等。其中，蒙古国国立大学的超太夫博士主要在相关专家的协助下，负责完成其父亲内蒙古党校吉日格勒教授基本成型的课题研究书稿。以上子课题组负责人的及时调整，对于该项重大委托课题的顺利推进产生了积极影响和作用。另外，还根据该项重大委托课题的指导思想及科研任务、研究内容，将第八子课题题目改为"内蒙古草原旅游文化与'一带一路'建设研究"。依据课题工作安排，将初步完成并提交上来的各子课题组书稿，全部送交中国社会科学院、内蒙古社会科学院、内蒙古大学、内蒙古师范大学的相关专家进行审阅。对于各子课题组完成的书稿，审阅专家们提出了不同程度的修改意见。然而，从2019年年底至2020年年中的半年多时间，受新冠肺炎疫情影响，一些子课题组对审稿专家提出的书稿修改所需的补充调研工作未能按计划推进。这期间，各子课题组根据现已掌握的第一手资料也做了一些补充和修改，但一些具体数字还需要经过再次补充调研才能够进一步完善。疫情得到基本控制后，子课题组专家学者在第一时间对于书稿修改内容做了补充调研，并在较短时间里完成了课题书稿的修改完善工作。其实，从2019年年底到2020年9月，该项重大委托课题的各子课题组又将修改补充的书稿，在不同时间段内分别让不同专家学者反复审阅2—3次。而且，审阅专家学者都从各自的角度提出不少意见和修改建议。最后，于2020年9月至10月，把审阅通过并修改完善的书稿先后交给了中国社会科学出版社，顺利进入了出版阶段。

内蒙古政府交办的该项重大委托课题在具体实施的两年多时间里，各子课题组负责人和参加课题研究的专家学者，先后用汉文和蒙古文公开发表41篇学术论文，在中蒙俄"一带一路"沿线地区开展37次实地调研，并在北京、呼和浩特、海拉尔及蒙古国的乌兰巴托等地先后召开14次不同规模、不同内容、不同形式、不同层面的大中小型学术讨论会、专题讨论会、学术报告会等。与此同时，还内部印发四期课题《工作简报》，主要报道课题组负责人工作会议、子课题组负责人的变动和调整、整个课题工程的推进、各子课题组承担的科研工作进度、各子课题组取得的阶段性成果及发表的论文或相关文章、不同规模和内容的课题学术讨论会及课题推进会、国内外进行的学术考察和田野调研、课题进行中遇到的问题或困难等方面的内容。另外，内蒙古自治区研究室（参事室）还先后印制了四本约200万字课题阶段性研究成果汇编及资料汇编。所有这些，对于整个课题的顺利推进产生了极其重要的影响和作用。

众所周知，从元代以来的"丝绸之路"到当今新时代强有力推进的"一带一路"建设的漫长历史岁月里，内蒙古作为通往俄罗斯和蒙古国乃至通向欧洲各国的陆路商贸大通道，为欧亚大陆国际商贸往来、商业活动、商品交易、文化交流发挥过并一直发挥着极其重要的作用。特别是，当下内蒙古对外开放的边境口岸，已成为我国对外开放和

"一带一路"建设的重要枢纽。根据我们现已掌握的资料，内蒙古草原边境地区有 19 个对外开放的口岸，关系到内蒙古边境陆路口岸和国际航空口岸的地区共有 14 个旗（市）及呼和浩特市和呼伦贝尔市。其中，发挥重要枢纽作用的是，对俄罗斯开放的满洲里口岸和对蒙古国开放的二连浩特口岸，以及呼和浩特、海拉尔、满洲里 3 个国际航空口岸等。所有这些，给元代以后兴起的草原"丝绸之路"远古商业通道注入了强大的活力和生命力，并肩负起了以中蒙俄为主，包括欧洲各国的商贸活动和经贸往来，乃至承担起了东西方文化与文明交流的重要使命。正因为如此，从草原古"丝绸之路"到新时代"一带一路"建设这一条国际商贸大通道上，内陆地区的商人同俄罗斯和蒙古国的商人之间，建立了互敬互爱互信互勉互助的友好往来和深厚友谊。尤其是，内陆地区的商人同生活在草原"丝绸之路"与"一带一路"通道上的内蒙古各民族之间，建立了不可分离、不可分割的商贸合作关系和骨肉同胞关系。所有这些，毫无疑问都表现在他们的你中有我、我中有你的历史文化与文明，乃至他们的经济社会、生产生活、风俗习惯、语言文字、思想教育、伦理道德、宗教信仰等方方面面。也就是说，从草原古"丝绸之路"到新时代"一带一路"建设的漫长历史进程中，他们的相互接触、互相交流、思想沟通变得越来越深，进而对于彼此的影响也变得越来越广。其中，语言文化方面的相互影响更为明显。

我们在该项重大委托课题里，从历史学、地理学、地名学、社会学、经济学、政治学、文化学、语言文字学、教育学、民族学、民俗学、文学艺术、外交学、宗教学等角度，客观翔实地挖掘整理和分析研究了内蒙古草原对古"丝绸之路"的作用和贡献及在新时代"一带一路"建设中如何更好地发挥作用、蒙古汗国和元朝时期古"丝绸之路"商贸往来与内蒙古"一带一路"贸易畅通之关系、古"丝绸之路"上的蒙古族与欧亚草原历史文化的渊源、内蒙古草原古"丝绸之路"对亚欧大陆历史进程的影响、蒙古族游牧文化与中蒙俄"一带一路"农牧业和生态合作关系、蒙古族科教医疗事业的发展对于"一带一路"建设的贡献、内蒙古地区蒙古族民俗文化与"一带一路"民心相通的内在合力、蒙古族文学艺术与"一带一路"建设的关系、内蒙古草原旅游文化对"一带一路"建设产生的重要推动作用、中蒙俄"一带一路"建设及语言文字资源的开发利用等学术问题。我们认为，从 13 世纪初开始，八个多世纪的人类历史的进程中，内蒙古地区对于草原古"丝绸之路"商贸往来发挥过极其重要的作用。在强有力地推动中国政府倡议的开放包容、和平发展、合作共赢，以及政治上高度互信、经济上深度融合、文化上广泛包容的"一带一路"建设的新时代，内蒙古草原作为欧亚大陆的大通道，在这关乎人类命运共同体、人类责任共同体的伟大工程及历史实践中，同样发挥着十分积极而重要的推动作用。

朝　克

2020 年 12 月

目　录

下　篇

前　　言

一

在"一带一路"中共同建设中蒙俄经济走廊，是中蒙俄三国关系史上前所未有的伟大事业，是实现中蒙俄三国合作共赢、协同发展的重大战略举措。在当今世界单边主义抬头、国际局势不稳定因素日益增多的背景下，进一步推进中蒙俄经济走廊建设，不仅对中蒙俄三国更加紧密协作应对新冠肺炎疫情带来的不利影响，促进彼此经济发展、相互间战略伙伴关系的提升有重大作用，而且对北亚乃至整个亚洲地区的和平发展、应对地区战略格局的变化，也将产生十分深远的影响。

内蒙古自治区地处北疆，是中蒙俄经济走廊的始发地。历史上，作为丝绸之路重要组成部分的草原丝绸之路，是蒙古草原地带沟通欧亚大陆的商贸大通道，是连接东西方经贸、文化的大动脉，为促进"古丝绸之路"的全面繁盛发挥重要作用。内蒙古自治区又是我国向北开放的最前沿，是推进中蒙俄经济走廊建设的"排头兵"，也是加强丝绸之路经济带建设的重要节点。

国之交在于民相亲，民相亲在于心相通。通过"文化先行"的方式，加强中蒙俄三国在文化自信和价值理念上的沟通，以"文化相通"推进"民心相通"，对于推进中蒙俄经济走廊建设、实现中蒙俄三国的互利共赢，具有不可替代的重要作用。

从历史角度看，草原文化在丝绸之路的形成、发展、繁荣过程中始终发挥着不可替代的纽带作用。内蒙古作为草原民族的摇篮和草原文化的发祥地，历史上多个游牧民族在这里创造了灿烂的游牧文化和草原文化。这些丰富多彩的文化形态，随着历史上北方游牧民族沿丝绸之路不断西迁，为东西方的民族交往、开通和繁荣丝绸之路做出了重要贡献。十几年来，内蒙古不断加强国内外的文化往来，以草原文化为主题的对外文化交流活动取得了长足发展，增进了国内外民众对内蒙古的印象与感情，为其与周边省区及丝绸之路经济带沿线国家的文化交流、共同发展营造了良好氛围，成为丝绸之路经济带沿线国家交流合作的重要纽带。这些都将为丝绸之路经济带特别是中蒙俄经济走廊建设带来积极影响。

因此，深度挖掘草原文化蕴含的丰富内容，深刻剖析内蒙古历史文化对当代经济社会可持续良性发展仍将产生积极影响的精神智慧资源，通过文化交流加强中蒙俄三国之间的民族相亲、文化相通，不仅会增进中蒙俄三国人民在文化上的相互了解和相互沟通，也为进一步推进中蒙俄经济走廊建设凝聚起强大的文化合力，创造有利的人文发展软环境。

中蒙俄经济走廊作为"一带一路"重点建设的六条走廊之一，纳入总体建设规划，其意义十分重大。随着国际形势的日渐错综复杂，通过内蒙古自治区人民政府重大委托课题"发掘内蒙古历史文化，服务'一带一路'建设"中各子课题的多领域、多方位、多视角的深入研究，特别是第九子课题组组织实施的"内蒙古草原丝绸之路与中蒙俄经济走廊建设研究"项目，深入研究中蒙俄经济走廊建设现状、存在问题，提出针对性强的对策建议。这对于加强我国与俄罗斯、蒙古国的战略合作，巩固我国的北部边疆，全面助力推进"一带一路"建设具有重大的政治、经济和战略意义。因此，进一步深入研究草原丝绸之路与中蒙俄经济走廊建设这一重大问题，对于总结借鉴草原丝绸之路的历史经验，汲取内蒙古地区优秀传统文化的智慧和价值观念，更富有成效地服务于"一带一路"建设，发挥内蒙古自治区不可替代的作用，具有重大的学术研究价值和现实意义。

二

在"发掘内蒙古历史文化，服务'一带一路'建设"的重大课题设计中，将第九子课题确定为"内蒙古草原丝绸之路与中蒙俄经济走廊建设研究"，意蕴在于，在发掘内蒙古历史文化总体框架内，将对内蒙古历史上产生过重大影响的草原丝绸之路及其历史作用当作重要学术课题加以研究，旨在通过厘清草原丝绸之路的历史渊源、经济社会价值，及其对亚欧大陆的历史影响和当代意义，从而在今天与中蒙俄经济走廊建设接轨（历史与现实接轨）中，弘扬草原丝绸之路的人文精神，使其更好地融入以"互通"为旨向和途径的"一带一路"建设。因此，该项研究成果具有重要的社会和学术价值，对于更好地服务内蒙古的"一带一路"建设也具有重要的现实意义。

我们认为，《内蒙古草原丝绸之路与中蒙俄经济走廊建设研究》，这一科研工作的目的在于深度研究古代草原丝绸之路的历史价值及其当代文化精神，并通过挖掘内蒙古厚重的历史文化和精神智慧，为中蒙俄经济走廊建设提供具有前瞻性、创新性、针对性和应用价值的学术理论观点与政策建议。同时，为完成课题研究，还完成了两篇研究报告（即《草原丝绸之路与中蒙俄经济走廊建设研究报告》《草原丝绸之路对亚欧大陆的历史影响之研究概论》）。该项成果是在两篇研究报告的基础上，通过挖掘古代草原丝绸之路的历史文化价值及其对当代的多重启示和意义，促进中蒙俄经济走廊建设目标与之高度契合，以历史文化渊源和围绕经济走廊建设而进行的综合性应用研究，解决当前中蒙俄经济走廊建设存在的重大理论和实践问题。因此，两篇研究报告为《内蒙古草原丝绸之路与中蒙俄经济走廊建设研究》的最终完成，奠定了坚实的学术基础。

《草原丝绸之路与中蒙俄经济走廊建设研究报告》认为，草原丝绸之路是古代丝绸之路的重要分支。它不仅是一条商贸之路，承载东西方的商品异地交换，丰富了欧亚大陆的贸易品种等商业活动，更为重要的是，通过这条商路，实现亚欧大陆的民族大融合、文化大交融、文明大碰撞，促进人类文明的演进和提升。该研究报告的宗旨和目的，就是对接草原丝绸之路与中蒙俄经济走廊建设，挖掘草原丝绸之路传承与发展的精神，及其对中蒙俄经济走廊建设的启示，以及在当今国际环境下中蒙俄三国如何以史为鉴，构建更加合理、开放、包容的合作机制与平台，实现三国发展思路的有效对接，凸显内蒙古在"一带一路"区域合作中的区位、人文优势及其不可替代的作用，使内蒙古通过中蒙俄经济走廊建设更好地融入"一带一路"，推动内蒙古开创全方位对外开放新局面。

《草原丝绸之路与中蒙俄经济走廊建设研究报告》在内容方面主要涉及：（1）草原丝绸之路的概念、地域范围与中蒙俄经济走廊的地缘对接，包括草原丝绸之路与丝绸之路概念比较、草原丝绸之路的地域范围及其历史上的作用、中蒙俄经济走廊与草原丝绸之路的地缘对接、内蒙古在草原丝绸之路和中蒙俄经济走廊建设中的地位。（2）草原丝绸之路传承发展的核心精神及其对中蒙俄经济走廊建设的当代价值，着重阐述草原丝绸之路的开放精神及其对中蒙俄经济走廊建设的当代价值、草原丝绸之路的诚信精神及其对中蒙俄经济走廊建设的当代价值、草原丝绸之路的互助精神及其对中蒙俄经济走廊建设的当代价值、草原丝绸之路的包容精神及其对中蒙俄经济走廊建设的当代价值等。（3）草原丝绸之路价值观认同对中蒙俄经济走廊建设的现实意义，包括草原丝绸之路的民族文化观及其对中蒙俄经济走廊建设的现实意义、草原丝绸之路的宗教文化观及其对中蒙俄经济走廊建设的现实意义、草原丝绸之路的游牧文化观及其对中蒙俄经济走廊建设的现实意义、草原丝绸之路的商业价值观及其对中蒙俄经济走廊建设的现实意义、草原丝绸之路的生态观及其对中蒙俄经济走廊建设的现实意义。（4）草原丝绸之路商业理念对中蒙俄经济走廊建设的启示，重点体现在草原丝绸之路的尊重与平等理念及其对中蒙俄经济走廊建设的启示，以及草原丝绸之路的商业与发展理念及其对中蒙俄经济走廊建设的启示等的深度探索。（5）深入阐述中蒙俄经济走廊建设协议实施以来取得的成绩、存在的问题及较为全面系统的政策建议等。

　　同时，注重借助大量草原丝绸之路沿线的史料、文献和国内外研究成果，精准提炼草原丝绸之路与今天中蒙俄经济走廊建设的契合点，以实现古为今用、古为我用，为中蒙俄经济走廊建设建言献策。作为草原丝绸之路和中蒙俄经济走廊建设的节点区域，应该更加突出内蒙古的地位和作用，对此将上述问题作为调研重点。此外，运用史料与实证紧密联系、基础研究资料与应用研究资料紧密结合、草原丝绸之路文物考古调研与中蒙俄经济走廊实地调研考察（部分区域）紧密配套等方式，从草原文化、文明的角度深入挖掘草原丝绸之路的历史文化价值，及其对"一带一路"建设深入推进的意义、启示，提出有针对性、可行性、建设性的思路和建议。经过努力，上述学术目的在《草原丝绸之路与中蒙俄经济走廊建设研究报告》中得以实现。

　　另一篇研究报告即《草原丝绸之路在亚欧大陆的历史影响之研究概论》，是对以往"草原丝绸之路对亚欧大陆的历史影响"研究内容的概括性分析报告。它不同于一般意义和操作上的学术综述，在于它涉及学科内容的广泛和复杂，而且迄今未有过一篇这样的学术概述。虽然由于主客观的多重影响，目前不可能就"草原丝绸之路对亚欧大陆的历史影响"这一重大学术命题形成扎实全面的研究成果,但从这一概论基本可以窥见草原丝绸之路对亚欧大陆历史影响及内蒙古在草原丝绸之路中历史作用之一斑,对完成《内蒙古草原丝绸之路与中蒙俄经济走廊建设研究》大有裨益、不可或缺。

三

该项研究成果在上述两篇研究报告的基础上,分为上、下两篇,共包括九章研究内容。另外,还附录有"中蒙俄经济走廊大事记"。

上篇共三章,即第一章至第三章,主要阐述了草原丝绸之路的历史变迁中蒙古族优秀传统文化发挥的作用,以及如何更好地在"一带一路"建设中弘扬其优秀传统文化的实际作用等学术问题。第一章主要阐述了草原丝绸之路的概念、地域范围及其历史变迁,草原丝绸之路在亚欧大陆的历史影响及其在"一带一路"中的地位和作用,内蒙古在草原丝路上的地位及其在中蒙俄经济走廊建设中的定位和作用问题。第二章主要阐述了蒙古民族精神传承的基本要素及其形成,蒙古民族精神对中蒙俄经济走廊建设的启示,弘扬优秀传统文化,实现新时代高质量发展下的中蒙俄区域合作问题。第三章主要阐述了蒙古族的尊重与平等理念对中蒙俄经济走廊建设的价值与意义、蒙古族的商贸观对中蒙俄经济走廊建设的现实意义、蒙古族的生态观对中蒙俄经济走廊建设的现实意义、蒙古族的法制观对中蒙俄经济走廊建设的现实意义问题。

下篇共六章,即第四章至第九章,主要围绕服务"一带一路"建设的"五通",认真总结中蒙俄经济走廊建设启动以来取得的巨大成就、成功经验,提出存在的问题及其对策建议,阐述了新形势下中蒙俄经济走廊建设的挑战与机遇问题。其中,第四章主要围绕"政策沟通”方面，就中国、蒙古国和俄罗斯三国在建设中蒙俄经济走廊进程中“政策沟通”与政策对接取得的成就，特别是就目前在“政策沟通”、政策创新等方面的问题进行深入分析与阐述，提出的对策建议具有很强的前瞻性、系统性和针对性。第五章主要围绕“设施联通”情况，详细阐述了中蒙俄经济走廊建设中铁路、公路、航空、合作平台与物流枢纽、能源通道、口岸建设六个方面联通的现状以及发展规划，深入分析了中蒙俄经济走廊设施联通中存在的问题，提出了具有针对性和可行性的对策建议。第六章主要围绕“贸易畅通”情况，立足“一带一路”倡议对国际贸易格局和我国国际贸易的积极作用，进一步阐明中蒙俄经济走廊建设在促进贸易互通中发挥的作用和具有的巨大潜力，同时阐述了草原丝绸之路对中蒙俄经济走廊建设的巨大推动作用。第七章分别分析了中俄、中蒙深化金融合作的现状、机遇、问题以及发展思路。第八章阐述了通过旅游、教育、医疗以及媒体传播手段，夯实了中蒙俄三国“民心相通”的基础，架起增进交流互信的桥梁，并针对三国在“民心相通”方面存在的问题，提出切实的、具有微观指导性的对策建议。第九章阐述了世界暴发新冠肺炎疫情以来至2020 年 5 月底中蒙俄三国的经济社会发展和中蒙俄经济走廊建设受到的严重冲击，以及中国目前在疫情进入新常态阶段正在有序递进式推进“复工复产复学复商复市”，充分彰显了中国宝贵的团结合作抗疫经验和伟大的抗疫精神。

我们认为，新冠肺炎疫情下，中蒙俄经济走廊建设面对的挑战主要体现在以下方面：

一是，诸多合作项目无法继续推进，主要受资金、技术、人员不能到位的影响而使项目推迟或者延缓实施；二是，影响食品的进出口和边民互市贸易；三是，旅游服务业严重受挫。

同时，也应清醒地看到，挑战与机遇并存，机遇孕育于挑战之中，找到区域合作的支撑点，即可化挑战为机遇。那么，这一机遇，给我们提供了如下几个有利因素：一是，随着中国"复工复产复商复市"的全面推开，中国经济正在走向好转，矿产、煤炭、能源国家价格下降，特别是煤炭价格的持续下降，恰好为中国带动蒙俄上述资源的出口带来契机，并由此拉动我国国内相关产业的复苏，带动就业发展；二是，有利于推动与推进中蒙俄三国边境地区突发应急事件的合作与交流；三是，有利于中蒙俄三国在传统医药"防未病"领域科研合作与产业合作；四是，通过三国自查自检，可以发现应对突发公共卫生事件方面的生产、供应、调集资源等的短板与弱项，促进相互借鉴，共同投资发展短项；五是，为区域合作机制制度的系统化梳理和预判提供了重要契机。

四

　　草原丝绸之路是指蒙古草原地带沟通欧亚大陆的商贸大通道，是丝绸之路的重要组成部分。其时间范围可以定位为青铜时代至近现代，空间范围大致框定为北纬40°—50°的这一区域，自然环境以草原为主要地貌特点，活动的人类群体以游牧为主要经济类型。其主体线路是由中原地区向北越过古阴山（今大青山）、燕山一带的长城沿线，西北穿越蒙古高原、南俄草原、中西亚北部，直达地中海北陆的欧洲地区。沿线经过的主要古代城市有辽上京（今内蒙古赤峰市巴林左旗辽上京遗址）、元上都（今内蒙古锡林郭勒盟正蓝旗元上都遗址）、集宁路（今内蒙古乌兰察布市集宁路古城遗址）、天德军（今内蒙古呼和浩特市赛罕区白塔村丰州古城遗址）、德宁路（今包头市达尔罕茂明安联合旗敖伦苏木古城遗址）、哈喇浩特（今内蒙古阿拉善盟额吉纳旗黑城遗址）、哈剌和林（今蒙古国前杭爱省哈剌和林遗址）、讹答剌（今哈萨克斯坦奇姆肯特市）、塔拉斯（今吉尔吉斯斯坦西北部）、托克马克

（今吉尔吉斯斯坦托克马克市）等地。草原丝绸之路东段最重要的起点是内蒙古长城沿线，也就是现今的内蒙古自治区所在地。这里是游牧文化与农耕文化交汇的核心地区，是草原丝绸之路的重要连接点。在草原丝绸之路上，活动的人类群体主要是游牧民族，自青铜时代起，先后有卡拉苏克、斯基泰、狄、匈奴、鲜卑、突厥、回鹘、契丹、蒙古等主要民族。

　　草原丝绸之路是几千年来连接东西方经济贸易的大动脉，它的发展与繁荣在蒙古汗国和元朝时期达到顶峰。在窝阔台汗时期，正式建立了驿站制度，元朝形成规模庞大、四通八达的驿站网络。这些驿站既是元朝政令、军令上传下达的重要通道，也是政府对外进行商贸往来的主要线路。这时的草原丝绸之路形成三条主线。据《元史·地理志》记载："北方立站：帖里干、木怜、纳怜等一百一十九站。""帖里干"道属东道，起始站为元大都，北上经元上都、应昌路（今内蒙古赤峰市克什克腾旗达里湖西岸）至翕陆连河（今克鲁伦河）河谷，再西行溯土拉河至鄂而浑河上游的哈剌和林地区；"木怜"道属西道，在元上都附近，西行经兴和路（今河北省张北县）、集宁路（治所位于今内蒙古乌兰察布市察哈尔右翼前旗土城子集宁路古城）、丰州（今内蒙古呼和浩特市赛罕区白塔村丰州古城遗址）、净州路（今内蒙古乌兰察布市四子王旗净州路古城），北溯汪吉河谷（今蒙古国南戈壁翁金河）至哈剌和林；"纳怜"道又称"甘肃纳怜驿"，自元大都西行经大同路东胜州（今内蒙古呼和浩特市托克托县大荒城），溯黄河经云内州至甘肃行省北部亦集乃路北上，绕杭爱山东麓至哈剌和林。由于哈剌和林地区地处蒙古高原的腹地，草原丝绸之路的三条主干线大多通过这里再向西北经中亚纵向延伸，直至欧洲。这三条通往欧洲的驿路，是草原丝绸之路最重要的组成部分。

　　近几年，在这些草原城市的遗址中，相继发现了当时商品交换的大量实物。在呼和浩特市东郊的万部华严经塔发现了世界上现存的最早的钞票实物"中统元宝交钞";在额济纳旗黑城古城遗址相继发现"中统元宝交钞""至元通行宝钞"。在内蒙古各地还发现了从中原辗转交换来的大量瓷器。元代集宁路古城遗址发掘出土了大量的窖藏瓷器,汇聚了中原七大名窑的精品,还出土了四万余枚铜钱,足以说明当时贸易的兴盛。另外,在元上都、德宁路、净州路等地,还发现了带有古叙利亚文字的景教墓顶石,充分说明当时东西方文化交流的盛况。在中国北方大草原上,类似于元上都、集宁路、德宁路、净州路这样的草原商贸城市有很多,它们成一线分布于蒙古草原的东部边缘地带,是东西方商贸交易的重要枢纽,也是中原向西方输出商品的桥头堡。草原丝绸之路的发达,为开放的元朝带来高度繁荣,使草原文明在元朝达到极盛。中国的指南针、火药、造纸术、印刷术通过草原丝绸之路传播到欧洲,从而推动世界文明的发展。

五

草原丝绸之路承担着东西方政治、经济、文化交流的重要使命,是当今世界上保存最长、辐射面最广、影响最深远的文化线路。关于文化线路,国际古迹遗址理事会颁布的《文化线路宪章》中有明确的概念定位:"任何交通线路,无论是陆路、水路,还是其他形式,拥有实体界线;以其自身所具有的特定活力和历史功能为特征,以服务于特定的、十分明确的用途;且必须满足以下条件:它必须是产生于、也反映了人们之间的相互往来,以及贯穿重大历史时期的人类、国家、地区甚至大陆之间的货物、思想、知识和价值观的多维度的持续的相互交流;它也因此必须促进了其所影响的文化在时间和空间上的杂交融合,并通过其有形的和无形的遗产反映出来;与线路存在相关的文物和历史关系,必须已经构成了一个充满生机活力的系统。"以上述国际通行的文化线路概念考量草原丝绸之路，无论从规模、影响与包含的文化内涵来讲，它的遗产优势明显高于其他文化线路。所以，可以把草原丝绸之路的遗产价值做如下定位：草原丝绸之路是青铜时代以来沟通亚欧大陆最主要的商贸大动脉，它是集系统性、综合性、群组性于一身具有突出普遍价值的世界文化遗产，也是目前世界上最庞大又最具影响力的文化线路。

草原丝绸之路东端起点在中国北方长城地带，主要在内蒙古自治区，自东向西分布了一系列的古代城市遗址。这些古代城市遗址是草原丝绸之路重要的实物载体，以此为中心，多民族文化产生、发展、碰撞、融合、升华，从而形成博大精深的草原文化。草原丝绸之路不仅是中华文化向外传播的纽带与桥梁，也是草原文化的结晶、中华文化的精粹。

草原丝绸之路文化遗产中，最为典型的是，有元一代，草原文化与中原文化密切交流交融，相互辉映，形成中华文化发展的新格局新风貌新高峰，为中华文化发展注入了新的动力和活力，使以多元文化为特色、以构建中华民族共同体为主导的中华文化绵延不衰，源远流长，卓尔不群。其中，蒙古族文化作为中华文化和草原文化的重要组成部分，蒙古民族传承发展的基本精神和价值理念，在历史发展的长河中，经过千锤百炼，积淀成为中华民族宝贵的精神财富，在中华文化发展史上占有重要地位，发挥了重要作用，为中华优秀传统文化的继承和弘扬作出了不可磨灭的贡献，并将为今天的"一带一路"和中蒙俄经济走廊建设继续提供不竭的精神资源和智力支持。为此，我们要铸牢中华民族共同体意识，增强各族群众对伟大祖国、中华民族、中华文化、中国共产党、中国特色社会主义的认同，向着伟大理想去奋斗。

六

2014年9月11日，中国国家主席习近平在出席中俄蒙三国元首会晤时说，中方提出共建丝绸之路经济带倡议，获得俄方和蒙方积极响应，即将丝绸之路经济带同俄罗斯跨欧亚大铁路、蒙古国草原之路（"发展之路"）倡议对接，打造中蒙俄经济走廊，加强铁路、公路等基础设施的互联互通建设，推进通关和运输便利化，研究三方跨境输电网、电信网络建设，开展旅游、智库、媒体、环保、减灾救灾等领域务实合作。

中国、蒙古国、俄罗斯作为亚欧大陆上疆域广阔的三个国家，长期保持着友好合作的关系，为建立中蒙俄经济走廊奠定了基础。首先，中蒙俄三国面临区域发展的迫切性。其次，三国发展经贸合作有着独特优势：政治互信优势、地缘优势、文化认同优势和互补的经济结构优势等，这些都为中蒙俄经济走廊建设提供了坚实基础，会促使三国的贸易合作领域不断扩大，进而辐射到周边的丝绸之路经济带，为"一带一路"倡议增添浓墨重彩的一笔。

中蒙俄经济走廊是中国北部边疆的沿边经济带之一，对国家"一带一路"倡议的全面实施，对构建和谐包容、合作共赢的新型国际关系，都有着重大意义。草原丝绸之路是古丝绸之路的四条通道之一，是连接古代亚欧大陆的重要通道，曾经对东西方的商贸、文化交流发挥了重要作用。中蒙俄经济走廊覆盖整个北亚、中亚乃至欧洲大陆，这与古代草原丝绸之路的走向基本一致，区域也多有重合。所以，草原丝绸之路是构建中蒙俄经济走廊的内在动力，成为"一带一路"主线的重要补充。

众所周知，丝绸之路是指西汉时由张骞出使西域开辟的以长安

（今西安）为起点，途经中亚、西亚并连接地中海各国的陆上通道。一般来说，中国古代的丝绸之路主要有四条通道，分别是沙漠丝绸之路（又称绿洲丝绸之路）、草原丝绸之路、海上丝绸之路和从西南地区通往印度的丝绸之路。草原丝绸之路东端的中心地就在内蒙古地区，具有浓郁、深厚的草原文化特征，是蒙古草原地带沟通欧亚大陆的商贸大通道和连接东西方经贸、文化的大动脉，也是连接草原与中原、东方与西方的重要交通枢纽，曾为促进古丝绸之路的全面繁盛发挥了重要推动作用，产生过重要影响。

除了草原丝绸之路，历史上，内蒙古还有另外一条重要贸易文化交流通道，那就是被誉为新丝绸之路的"万里茶道"①。万里茶道是继丝绸之路后在欧亚大陆兴起的又一条穿越中蒙俄三国的国际商道，是17世纪后叶至20世纪二三十年代中国茶叶经陆路输出至俄罗斯和欧美各国的贸易通道。它从福建武夷山起，经江西、湖南、湖北、河南、河北、山西、内蒙古向北延伸，横跨西伯利亚，通往俄罗斯的圣彼得堡和欧洲。

如今，草原丝绸之路、万里茶道仍然是内蒙古自治区与国外经济文化贸易交往的重要通道，在我国对外经济文化交流中同样发挥着重大作用。

七

内蒙古地处祖国北疆，是多民族交汇融合聚集区，在保障国家生态安全、促进民族团结和边疆繁荣发展稳定等方面，具有不可替代的

---

① 也被称为"丝茶驼路"。见马永真《从草原丝绸之路到"丝茶驼路"——论呼和浩特回族驼运业的历史贡献》，载《回族驼运》，内蒙古人民出版社2019年版，第29—46页。

重要作用。内蒙古自治区作为北部边疆安全屏障和生态安全屏障，是丝绸之路经济带建设繁荣的重要前提，是丝绸之路经济带构想成为现实且得到持续稳定发展的重要保障，发挥着至关重要的作用。

其一是，作为丝绸之路经济带向北开放的现代出发点。内蒙古地势狭长，外与俄罗斯、蒙古国接壤，内与黑龙江等8省区毗邻，是我国向北开放的前沿，是连接蒙古国与中国京津唐工业基地、渤海经济圈、东北工业基地的必经之道，区位条件得天独厚。内蒙古以策克、甘其毛都、二连浩特、满洲里等19个口岸为基点的向北开放带，连接边境地区与内地，联通蒙古国、俄罗斯，不仅是我国向北开放顺利实施的重要保障，也实现了与"一带一路"的对接。立足这一区位优势，内蒙古不仅将成为丝绸之路经济带特别是草原丝绸之路经济带的经贸前沿、物流前沿、金融前沿、文化前沿，也是蒙古国、俄罗斯对接中国的战略节点和丝绸之路经济带向北开放的现代出发点。

其二是，在繁荣发展丝绸之路经济带中具有重要的通道作用。2011年，国家出台《促进内蒙古经济又好又快发展的若干意见》指出，要鼓励内蒙古自治区扩大与中亚地区国家的开放水平，加强区域经济合作，开展政府间互访、商贸往来、人文交流等双边多边合作。与内蒙古毗邻的蒙古国、俄罗斯两国资源丰富，市场潜力大，经济增长速度快，是亚洲乃至全球经济增长前景被看好的区域。内蒙古作为我国向北开放的前哨，是全国拥有口岸数量较多的省区之一。目前，中俄陆路货物运输量的65%，中蒙陆路货物运输量的95%，都经过内蒙古口岸。满洲里和二连浩特分别是我国最大的陆路口岸和对蒙古国的最大口岸，以这两个口岸为重要节点的交通运输通道与西伯利亚大铁路相连，是我国通往欧洲最便捷的运输通道。特别是"苏满欧""郑满欧""广满欧"和"中俄"集装箱班列的开通，在丝绸之路经济带与俄罗斯跨欧亚发展带对接中承担着不可替代的物流大通道的作用，是辐射力较强的西部经济增长极。

其三是，呼包鄂榆成为丝绸之路经济带建设中新的增长极。2010年，中国科学院地理科学与资源研究所发布的《2010中国城市群发展报告》显示，西部地区拥有10个潜力城市群，包括南北钦防、关中、天山北坡、兰白西、滇中、黔中、呼包鄂、银川平原、酒嘉玉等。呼包鄂城市群是中国最富裕的地区之一，虽然人口只有700多万，但在2013年经济总量便已突破万亿大关，被誉为黄河流域极具成长潜力的节点城市群。在此基础上，内蒙古自治区党委、政府着力促进形成呼包鄂榆城市群。2011年，《全国主体功能区规划》明确的18个重点开发区域，呼包鄂榆就是其中之一，随后上升到国家级区域城市群，成为西部大开发的战略高地和国家级区域发展的新增长极。从地域上看，呼包鄂榆地区位于全国"两横三纵"城市化战略格局包昆通道纵轴的北端，是沟通华北和西北的重要枢纽。它不仅是实现中国东西部协调发展的关键连接带，也是丝绸之路经济带建设的重要引领力量。

其四是，为丝绸之路经济带建设凝聚文化合力。国家之间的经贸交流合作，文化层面的相互尊重是重要前提。因此，实现丝绸之路经济带建设倡议构想，就需要构建稳固的、沿线国家认同的丝绸之路经济带文化交流合作机制。从某种程度上说，丝绸之路可以被视为一个文化概念，因为它吸纳、融合了丝绸之路沿线国家各民族的优秀文化，见证了中国早期与周边国家的交往。内蒙古在这其中发挥了重要的作用。历史上，在欧亚大陆草原带，草原文化随着内蒙古地区的游牧民族不断西迁而得以传播，草原民族的生活习俗和物质文化对中亚地区的游牧文化及欧洲地区的文化形态造成强力冲击，成为连接东西方文化交流往来的桥梁。从现实角度看，内蒙古自治区在中蒙交往中始终发挥着其他地区不能替代的重要作用。它在地理上与蒙古国相邻，彼此之间民族相亲，语言及文化相通，宗教相似，在自然环境、民俗、文学艺术等方面有着许多相同的背景，在文化交流与发展上有很强的互补性。这不仅会增进中蒙两国人民在文化上的相互了解和相互沟通，也为丝绸之路经济带沿线国家深化区域合作凝聚起强大的文化合力，创造了有利的人文发展软环境。

其五是，为丝绸之路经济带建设提供基础保障。丝绸之路经济带上，有不少地区生态环境比较脆弱。尤其是，内蒙古、甘肃、新疆等地区，虽然土地辽阔，资源丰富，但自然地理条件和经济发展水平差异较大，自然生态环境容易遭受破坏。近几年，内蒙古把"两型"社会建设摆在突出位置，努力处理好经济建设、资源利用和环境保护的关系，走出一条具有内蒙古特色的生态文明发展之路。同时，全面加强基础设施建设，抓好公路、铁路、机场等重大项目建设，努力形成内通外畅、运能充分、布局合理、安全便捷的综合交通运输体系。内蒙古在发挥与沿线国家和地区道路联通等方面的优势之余，积极主动与相关各方开展矿产资源开发、基础设施建设、生态环境保护等合作，为丝绸之路经济带发展提供了基础保障。

八

该项课题在具体研究方法上主要遵循了如下五个方面的理论观点：

一是，逻辑辩证法。马克思主义唯物辩证法是人类认识世界与改造世界最普遍、最有效的科学武器之一，它科学地反映了关于宇宙自然、人类社会和人类思维最一般、最普遍、最深刻、最基础的规律与本质。草原丝绸之路与中蒙俄经济走廊建设的研究也要遵循唯物辩证法的一般规律，运用事物的普遍联系原理、内因和外因相互关系原理、质变和量变相互关系原理、发展的观点等，作为研究的方法论遵循。

二是，历史分析法。事物是发展、变化的，分析事物要把它发展的不同阶段加以联系和比较，才能弄清实质，揭示其发展趋势。历史分析法运用发展、变化的观点分析草原丝绸之路的起源和演变，分析和总结草原丝绸之路形成与发展的客观规律，预见草原丝绸之路与中蒙俄经济走廊的发展未来，提出符合实际的解决方法。

三是，系统研究法。从系统观念出发，把草原丝绸之路与中蒙俄经济走廊及其活动看成一个系统，统筹兼顾内部相互影响、相互作用的各个要素，以及与外界环境之间的互动及其相互影响。

四是，比较研究法。对不同历史时期、不同国家、不同地区草原丝绸之路面临的发展问题进行比较分析和考察，从宏观上把握草原丝绸之路文化遗产与中蒙俄经济走廊建设的本质，寻找其异同（包括中蒙俄经济走廊建设与其他经济走廊的异同），探求草原丝绸之路发展繁荣的普遍规律和特殊规律，以及中蒙俄经济走廊建设的现实经验和客观规律。

五是，实证分析法。以经验或调研为依据，运用一些分析工具，如个量分析与总量分析、均衡分析与非均衡分析、静态分析与动态分析、定性分析与定量分析等，对中蒙俄经济走廊建设的现状和问题进行调查分析、经验归纳和逻辑演绎，借鉴草原丝绸之路繁荣发展乃至衰落的历史经验，对中蒙俄经济走廊建设面临的现实问题提出对策建议。

上 篇

第 一 章

草原丝绸之路与中蒙俄经济走廊建设

　　草原丝绸之路是丝绸之路交通线的主干线之一。考古发现，在我国的北方草原上，新石器时代就有着明显的文化交流迹象。从斯基泰人最早开辟草原交流之路，到元朝时达到鼎盛阶段，再到明清近现代以来出现的万里茶路，草原丝绸之路不仅是开辟最早，也是发挥作用时间最长的商贸与人文交往通道。蒙古汗国的建立，更是将中原同草原置于一个政权之下，东西方的交流达到前所未有的高度。历史上，以内蒙古为核心区的我国北方以及相邻的北方草原地区和草原民族，为丝绸之路的经营和存在发挥着不可替代的作用。广袤的草原为文化的交融、交流提供了平台。各种文化在草原上互相滋润，丰富文化内涵的同时，也为文化向更深、更广阔的空间传播提供了条件。在"一带一路"倡议下，建设中蒙俄经济走廊，不仅是历史发展的必然选择，也是当前国际关系、经济发展、科技进步下的正确抉择。中蒙俄经济走廊的建设中，沿线国家和人民的认可与参与关系到这一倡议的最终实现。因此，在"五通"中，民心相通是关键一环，要在开展基础设施建设的同时，挖掘草原丝绸之路文化遗产，用以搭建沿线国家人民的人文交往通道，为"一带一路"搭建沟通的桥梁。

第一节 草原丝绸之路的概念、地域 范围及其历史变迁

草原丝路主要是通过几条路线向北进入蒙古高原，抵今鄂尔浑河流域、贝加尔湖诸地，向西或经西伯利亚草原直达东欧，或向西越过杭爱山，沿阿尔泰山西行，向南折入天山以北地区，再向西抵达咸海、里海和黑海沿岸，乃至更西的欧洲。草原通道上的商品不只有丝绸，也不仅限于经济活动，政治、军事、宗教、文化等活动都包括其中。与丝绸之路的"丝绸"一样，草原丝绸之路的"丝绸"只是代称而已。

丝绸之路最初只是陆上的，起源于汉武帝派张骞出使西域后出现的以汉代长安（今西安）为起点，经过今天我国甘肃、新疆地区到中亚、西亚，进而连通地中海各国商贸人员的往来通道。这条通道上运输的最为名贵的商品就是当时中国境内出产的丝绸。最早提出"丝绸之路"一词的，是德国学者李希霍芬（Ferdinandvon Richthofen），出现在他的著作《中国》一书中，本意是指中国古代把织成的丝织品运往地中海沿岸诸国、横贯亚欧的古代贸易之路。这一概念后经阿尔伯特·赫尔曼等学者的论证推广，用于泛指古代连接东西方两个世界的经济贸易与人文交流之路。如今，丝绸之路的概念已被扩展，学术界普遍认可的丝绸之路交通路线有"两大类、三大干线"，即"陆上丝绸之路"和"海上丝绸之路"两大类；"草原之路""绿洲之路"和"海上丝路"三大干线。① 丝绸之路主要用来称呼古代中国与西方世界贸易和人员往来的交通路线，因为丝绸占有很大比重，就用"丝绸"命名了这一通道。与绿洲丝绸之路和海上丝绸之路相比，草原丝绸之路开辟得更早，存在时间更长。

---

① 芮传明：《丝绸之路研究入门》，复旦大学出版社 2009 年版，第 2—3 页。

草原丝绸之路地域范围，在北纬 40°—50° 的中纬度地区。距今4000 万年左右，全球气温下降，我国北方地区逐渐变得干冷，地壳运动与山脉隆起，逐渐形成大面积连片的草原地带。其大致范围是东起兴安岭，西至里海，北起西伯利亚原始森林，南至昆仑山、喜马拉雅山一带。连片的草原方便了人类的东西向交通，新石器时代开始，草原地带的人类交往逐渐频繁，最终形成草原丝绸之路。学术界对草原丝绸之路多有考述。由于欧亚大陆横贯东西几万里，草原地域辽阔，地理景观迥异，加之几千年来草原诸部族和政权变化频繁、更迭无常，草原丝绸之路的具体交通路线随之变迁，起点、途经、终点具有复杂的演变过程。这条路线横贯欧亚北方草原地带，地理景观面貌以草原为主，兼有荒漠、戈壁、山地和河谷等。

蒙古民族崛起之前，草原地区蒙古族的先民就创造了游牧民族兴衰交替的发展史。欧亚草原地区，诸多游牧民族纷纷建立政权，有些曾一度统一草原，并频繁南下，或与中原王朝对峙。一些民族如丁零、匈奴、铁勒、鲜卑、柔然、突厥、回鹘、契丹等，还不断从蒙古高原向西迁徙，疏通欧亚草原经济文化交流线路。蒙古汗国的建立，更是将中原同草原置于一个政权之下，东西方的交流达到前所未有的高度。因此，从学术界对丝绸之路经济交流作用的定位来讲，把以游牧民族为主干踏出的草原东西交往之路称为"草原丝绸之路"符合历史实际。

一 史前草原上的东西文明交流与草原丝路的诞生

考古资料表明，今内蒙古地区出土的文物，与中亚、西亚和欧洲同时期的发现物有相似特征。距今 4000 年前，自今内蒙古地区东部向西延伸至欧亚草原地带，多处文化遗址中出土了长条形细石器。细石器文化在当时曾广泛分布在亚欧大陆北部草原地带，说明当时欧亚草原的东、西两端相互连通，可见北方草原地区在人类文明的初始阶段有着与中亚、欧洲地区的交流往来。希腊作家希罗多德（Herodotus）的《历史》记载了欧亚草原上游牧民族的历史，如斯基泰人、马萨革泰人等，认为他们相互往来的通道构成所谓"斯基泰贸易之路"，即早期草原之路。由此可见，很早的时候，先人就对东西交流的历史给予关注。丝绸之路的正式提出，恰好回应了其之前的历史，也使得后世对这一具有相通文化情境的历史有了更准确和总体的认知。

二 草原丝绸之路的贯通

活动于中国北方的匈奴先后击败东胡、月支、楼烦等民族，统一了北方草原，建立起强大的草原汗国。匈奴人的活动与对外战争、交往，打通了草原上的交通线，并逐渐将其确立起来。公元前209年，匈奴强盛，统治疆域扩展到北至贝加尔湖、叶尼塞河流域，西至葱岭，东至大海，南接黄河、长城的广大区域。为控制和管理这一广大区域，保障信息的畅通与物资的转运，匈奴贯通了草原丝绸之路。匈奴西迁的过程证明，他们一直控制并维护着这条通道，并对草原上的通道进行着严格管理。建元二年（前139年），张骞率领100多名随行人员，安排匈奴人堂邑父为向导，从长安出发前往西域。在河西走廊，他们被匈奴抓获，被押送到匈奴王庭见当时的军臣单于。军臣单于得知张骞欲出使月氏后，说："月氏在吾北，汉何以得往？使吾欲使越，汉肯听我乎？"可见匈奴对通过自己的领地前往其他地区的人员有着严密的监控。这是中国历史上首次出现的中原农耕政权与北方游牧政权对峙共存的局面。匈奴通过与汉朝和亲、互市，获得大量丝绸、金帛等物品。他们将这些大宗物品部分留作己用，其余通过草原丝绸之路与中亚、西亚各地互通有无，利用地缘之便进行东西方经济文化的交流。

汉代草原丝绸之路有两条路线。一是从蒙古高原径直向西翻过阿尔泰山，沿额尔齐斯河继续西进，经巴尔喀什湖北岸南下，通向大宛所在的费尔干纳盆地。二是经由内蒙古额济纳旗的居延海向西南斜穿甘肃河西走廊，然后沿天山南麓一直向西行至喀什绿洲，最后翻越帕米尔高原来到费尔干纳盆地。这两条路线在当时草原上较为畅通，第一条路线是草原丝绸之路的主干通道。

552 年，突厥首领阿史那土门大败柔然，自称伊利可汗，占领天山南北地带，建立了突厥汗国，旋即控制了汉代开通的河西走廊通西域的绿洲之路中段及欧亚草原地带通道的枢纽地段。关于隋唐时期的草原丝绸之路，《隋书》记载："发自敦煌，至于西海，凡为三道，各有襟带。北道从伊吾，经蒲类海、铁勒部、突厥可汗庭，度北流河水，至拂菻国，达于西海。"[①]"北道"就是隋唐时期的草原之路。北道路线中，所谓"从伊吾，经蒲类海"，即由今哈密越过天山，到巴里坤湖及铁勒部。之后，由突厥可汗庭西进，经乌拉尔山、伏尔加河流域等草原地带，到达拂菻国和西海（今地中海）。

唐代前期，李世民被草原诸部尊称"天可汗"。为了沟通草原部族与唐王朝的经济文化联系，"回纥等请于回纥以南，突厥以北，置邮驿，总六十六所，以通北荒，号为参天可汗道，俾通贡焉"[②]。可知，回鹘诸部首领赴中原参拜唐朝天子，走的多是"参天可汗道"。

9 世纪后半叶至 10 世纪（晚唐至宋初），河西走廊处于一片混乱，诸政权林立。1038 年，党项人建立西夏政权，控制了河西地区，导致绿洲丝绸之路的主要交通干道一度中断。与此同时，契丹逐渐崛起，建立辽朝。辽朝历代皇帝非常重视与西域、中亚地区的联系。辽太祖耶律阿保机先后两次率军西征，征服了诸回鹘政权，绕过河西走廊打通传统的绿洲丝绸之路和草原丝绸之路。辽代草原丝绸之路有南、北两线。自西向东叙述，北线由葱岭经塔克拉玛干沙漠南缘进入河西走廊和蒙古草原。南线与唐代略同，自漠北南下经过阴山至丰州（今呼和浩特），东行至辽西京（今大同），再东行至归化州（今河北宣化县），又分为两路：一路向正东行进翻越七老图山至辽中京（今赤峰市宁城县）；另一路向东南行进至辽南京（今北京市）。辽朝灭亡之际，契丹皇族耶律大石率领所部军兵，越过阴山向北行进至漠北地区，汇聚力量之后率师西进，直到起儿漫之地（即卡尼梅赫，Kanimekh），建

---

① 《隋书》卷 67《裴矩传》，中华书局 1973 年版，第 1579 页。
② 王溥：《唐会要》，中华书局 1955 年版，第 1314 页。

立西辽政权，定都虎思斡耳朵（今吉尔吉斯斯坦境内托克马克附近）。耶律大石所走的便是草原丝绸之路。

三　草原丝路的全盛时期

整个辽金时代以及成吉思汗建立草原统一政权，由于西夏控制了河西走廊，中原与西方的往来主要依靠漠北的草原通道。蒙古汗国和元朝的建立，使得草原道路网最终完善并畅通无阻，草原丝绸之路也达到全盛时期。畅通的道路与驿站的建立，为商旅的往来提供了便利的条件。西方一些旅行家或使臣纷纷来到中国，并被记载下来。

1245 年，罗马教皇派遣修士约翰·普兰诺·加宾尼（John of Plano Carpini）出使蒙古汗廷。加宾尼于 1246 年进入钦察草原，到达钦察汗国拔都的营帐，过钦察草原后从也的里河（今伏尔加河）、押亦河（乌拉尔河）流域通过中亚，穿过锡尔河北部、巴尔喀什湖南部、察合台汗国辖地，向东翻越阿尔泰山，到达蒙古帝国当时的都城哈剌和林。[①] 1253 年，东罗马帝国的鲁布鲁克沿草原丝绸之路来到哈剌和林。这条路线逐渐固定下来，后来的小亚美尼亚国王海屯也通过这条路线抵达哈剌和林。当然，在来华的名人中，最著名的是马可·波罗。1271 年，马可·波罗及其父亲、叔父三人从意大利威尼斯出发，进入中亚，转经丝绸之路的南道进入河西走廊，并从河西进入亦集乃路（今内蒙古额济纳旗黑城），又经河套进入天德军（今呼和浩特）并继续向东行进，于 1275 年到达上都，觐见了元世祖忽必烈。马可·波罗出使中国，在 1295 年返回威尼斯后，出版了著名的《马可·波罗游记》，详细描述了草原丝绸之路沿线的风土人情、历史地理等，加深欧洲对中国的认识。1318 年，意大利圣方济各会修士鄂多立克游历了东方诸国，回国后口述了自己的经历与见闻，由他人笔录出版著作《鄂多立克东游

---

① 党宝海：《蒙古钦察汗国的驿站交通——古代草原制度传播的个案研究》，胡匡敬、王学俭、董汉忠主编《论草原文化》（第二辑），内蒙古教育出版社 2006 年版，第173—175 页。

录》。1328 年，鄂多立克到达中国南海，从广州登陆，一路北上到达大都。3 年后，鄂多立克启程准备通过陆路归国：从大都出发，向西北经过上都地区进入东胜州，沿着黄河一线折向西南，从中兴府（今银川）进入河西走廊，向西经新疆、青藏高原地区，最后通过中亚、波斯回到意大利。鄂多立克所走的路线主要是绿洲丝绸之路，从上都到河西走廊这一段基本已是草原丝绸之路的固定路线。这一路线通过宁夏、亦集乃路与河西走廊和新疆都有稳定的交通网，加之元朝通往漠北的纳怜、木怜、帖里干路，充分证明元朝草原丝绸道路网的健全和发达。

除了来华的欧洲旅行家、使节用自己的经历记录了草原丝绸之路的畅通，我国的耶律楚材、邱处机、乌古孙仲端、常德、列班扫马等人的西行，也展示了草原丝绸之路的兴盛和发达。1219 年，成吉思汗西征，耶律楚材作为顾问奉命跟从。耶律楚材返回中原后写成《西游录》，记录了西行的路线、沿途地理风物等。耶律楚材在中亚留居长达 6 年，行程大概有 6 万里。他的西行路线大致是，1218 年从永安出发，过居庸关，经武川，出云中，向北行进到达天山北麓成吉思汗的驻扎地。第二年，随军西进越过阿尔泰山，过瀚海，经轮台、和州（即古高昌），向西行经阿力麻里、虎思斡鲁朵、塔剌思、讹答剌、撒马尔罕，到达花剌子模国首府不花剌（今布哈拉）。丘处机在《长春真人西游记》中记录了成吉思汗邀请他自中原远赴西域讲经说法的行程。他们西行至撒马尔罕，再上兴都库什山（即大雪山）西北坡之成吉思汗行宫觐见，然后又回至撒马尔罕。丘处机一行东归时，经新疆霍城县，向东至昌吉，经吉木萨尔北上，过乌伦古河，至镇海城。此后，再向东至阴山丰州城，过大同，到达河北宣化。常德于 1259 年奉蒙哥汗之命从漠北哈剌和林出发，远赴西亚觐见旭烈兀，次年冬返回哈剌和林。他将此次西行的沿途见闻整理成书《西使记》。[①] 常德所走路线大致是从哈剌和林向西越过杭爱山、阿尔泰山，再经新疆境内进入中亚地区，

————————

① 清末学者丁谦在《元刘郁西使记地理考证》中认为，刘郁即名常德，字仁卿。王国维据此做校录，收入《古行记四种校录》本。

然后至西亚。大都人列班·扫马是景教徒（聂思脱里教），他在大都附近山中隐居时，一位籍贯为东胜州（今内蒙古托克托县）且同为景教徒的马忽思前来找他，邀约一同赴耶路撒冷朝圣。1278 年，两人从大都出发，至上都的主干驿道西行至东胜州，沿黄河河套一带折向西南，经过中兴府（今银川）进入河西走廊，再向西进入西域、中亚地区，辗转伊尔汗国，最后来到阿拉伯半岛的耶路撒冷。

元代的草原通道大体上是由中原北上，经漠北的哈剌和林，再取道金山（阿尔泰山），折而南下至别十八里（今新疆吉木萨尔县），然后沿阴山（天山）北麓抵达阿力麻里。由此向塔剌思、向西北可达欧洲，向南进入波斯，这也是成吉思汗西征的路线。至于大都通往漠北哈剌和林的道路，元朝予以明确，主要建有帖里干、木怜和纳怜三条驿路。纳怜是通过亦集乃路北越沙漠到达哈剌和林的道路。木怜道出天山（今内蒙古大青山），经净州，出砂井，进入沙漠，这条线路就是唐代的参天可汗道。帖里干道从大都出发，过上都北行，经应昌（今内蒙古克什克腾旗）向东北到达呼伦湖、额尔古纳河，折向西北到克鲁伦河上游，西行到达哈剌和林地区。

四　万里茶道：草原丝绸之路的新发展

16 世纪末，俄罗斯逐渐强大起来，势力开始由西向东发展，和我国北方地区的接触逐渐频繁起来。俄罗斯在邻近中国西北边境地区的鄂毕河、额尔齐斯河和叶尼塞河上游地区，修建了托博尔斯克、托木斯克、塔拉、纳雷姆和叶尼塞斯克等城堡。居住在这些城堡里的俄国哥萨克官兵、移民、商人和猎商等，经常用呢料、毛皮、火枪和野兽裘皮等物品与同中国内地有贡市贸易的蒙古、哈萨克、通古斯人交换丝绸、锦缎、瓷器、大黄等商品。①

明万历四十六年（1618 年），俄罗斯尼·加·斯帕法里使团率领一

---

① 卢明辉：《"草原丝绸之路"——亚欧大陆草原通道与中原地区的经济交流》，《内蒙古社会科学》1993 年第 3 期。

批商人，从托博尔斯克（今俄罗斯秋明州地区）出发，经漠北唐努乌梁海、科布多地区，由蒙古人做向导，由新疆天山北部穿越河西走廊，北上进入归化城，再向东从张家口来到北京。"中国（明朝）万历皇帝晓谕俄罗斯人曰：为贸易而来，贸易可也。去后可再来，寰宇之内，尔大君王与朕大皇帝幅员广大，两国之间道路颇为平坦。尔等上下沟通，可运来珍品，朕亦将赐以上等绸缎。"[①] 1654 年夏，俄国使团在费多尔·巴伊科夫率领下，从托博尔斯克出发出使中国，同时负责探寻一条通向蒙古等地的"最为近便的路线"。这个使团在巴伊科夫的带领下，沿着额尔齐斯河向东南行进，通过准噶尔盆地北缘戈壁，绕过额尔齐斯河沿阿尔泰山南麓东行，一直到阴山以北，然后翻越阴山来到归化城（今呼和浩特）前往北京。

　　清代中期，清政府重新统一了天山南北，中亚哈萨克、布鲁特的部分部落归附清朝，并与清朝保持密切的贡使往来和贸易关系。清朝与哈萨克、浩罕之间的贸易，对当时中亚地区经济发展和中亚与新疆地区的经济文化交流起到重要作用。属于漠西蒙古的土尔扈特部从伏尔加河流域，沿着草原丝绸之路辗转回归祖国。清康熙三十七年（1698 年），徙居伏尔加河地区的土尔扈特部 500 余人在阿拉布珠尔的带领下返回中国，此举拉开土尔扈特部数万人回归祖国的序幕。雍正九年（1731 年），额济纳河流域被划为土尔扈特部驻牧地。乾隆年间，4 万余土尔扈特人在渥巴锡汗带领下到达新疆伊犁。从此，伊犁河到额济纳一带，成为土尔扈特部驻牧地。山西籍旅蒙商通过"走西口"来到内蒙古，沿着草原丝绸之路继续北走并西行，往返于内蒙古和漠北的乌兰巴托、科布多与莫斯科之间。

　　17 世纪以后，清王朝实现全国大统一。清政府在蒙古地区及中俄

---

　　① 阿尔谢尼耶夫：《尼·加·斯帕法里使团赴中国出使报告》，1906 年，圣彼得堡俄文版，转引自卢明辉《"草原丝绸之路"——亚欧大陆草原通道与中原地区的经济交流》，《内蒙古社会科学》1993 年第 3 期；欧阳哲生：《来自北极熊的窥探——十七世纪俄罗斯遣使的"北京经验"》，《中国文化》2013 年第 2 期。

边境设置了多处驿站，形成覆盖蒙古草原的道路网络。这既保证了军需，也为旅蒙商的发展创造了条件。随着时间的推移，欧洲和中亚各国的商人与中国内地商人不断增加，他们沿着草原丝绸之路开辟了多条商业通道。由于此时草原丝绸之路上最畅销的商品已由丝绸变成茶叶，因此，中俄之间的贸易通道又被称为"万里茶道"。这些商道分为东、中、西三条，其中，由尼布楚（涅尔琴斯克），跨越额尔古纳（河东西两岸设祖鲁海图和库克多博贸易市镇），经嫩江流域的卜奎（今齐齐哈尔）到北京的是东线商路；由托博尔斯克和叶尼塞斯克，分别经塔尔巴哈台、科布多和古城等地，沿河西走廊入玉门关、宁夏至归化城、张家口、北京的为西线商路；由伊尔库茨克、尼布楚，经恰克图、库伦来归化城、张家口，至北京、天津海口的为中线商路。这些商路上都设有驿站。来自俄罗斯、普鲁士和布哈拉的商人，将欧洲生产的毛料、呢绒等轻工业产品和中亚生产的香草、宝石、麝香等珍贵物品运到尼布楚、恰克图、祖鲁海图等地，与中国商人交换绫罗绸缎、茶叶、大黄和瓷器等货物。1689—1762 年，沙皇政府还组织欧洲商团，派遣商队，由欧洲莫斯科、圣彼得堡等地出发，将货物运送至张家口、北京等地贸易。中国内地的大盛魁等商号，也曾组织数以百计的驼队，载丝绸、茶叶等货物，沿草原丝绸之路的中、西驿道，由归化城、北京等地出发，取道科布多、塔尔巴哈台或恰克图、伊尔库茨克，抵莫斯科、圣彼得堡等欧洲城市，进行频繁的贸易活动。[①] 在这些商路上，茶叶成为主角，最终形成万里茶路，横跨中国大江南北。这极大地联通了中俄蒙三国的贸易往来和交流。

此时的欧洲正是资本主义兴起、海上贸易发达的时期，但欧亚草原丝绸之路仍然保持畅通往来，贸易依然繁荣。直至 20 世纪，草原上的商队仍络绎不绝。20 世纪 20 年代，瑞典探险家斯文·赫定率领由中外学者组成的西北科学考察团，从内蒙古包头出发向西北沿草原丝绸

---

① 卢明辉：《"草原丝绸之路"——亚欧大陆草原通道与中原地区的经济交流》，《内蒙古社会科学》1993 年第 3 期。

之路考察。考察团在准备由额济纳旗前往新疆哈密的途中还曾碰到庞大的商贸驼队，并将这一场景记录了下来："12月5日，赫定一行遇见了一支庞大的驼队，这支从归化前往巴里坤和奇台的驼队共有1200峰骆驼和90多个人，是几家商号联合起来贩运布匹、茶叶、香烟和日杂用品的。"①

第二节　草原丝绸之路在亚欧大陆的历史影响及其在"一带一路"中的地位和作用

蒙古民族崛起之前，草原地区的先民一度统一了草原建立政权，这些政权与中原王朝有着错综复杂的交往。同时，一些古族如丁零、匈奴、铁勒、鲜卑、柔然、突厥、回鹘、契丹等，还不断从蒙古高原向西迁徙，促进了欧亚草原的经济文化交流。蒙古汗国与元朝的建立，使得草原地区置于统一的政权统治之下，更加便利了草原地区人民的交流与交往。不只是物资与人员往来频繁，宗教、文化、艺术乃至生活习惯都在东西方之间广泛地传播开来。明清以来的万里茶道，将这条草原上的通道逐渐固定下来。时至今日，这些道路仍是中西沟通和交往的重要通道。

一　考古所见的史前东西方文化交流

史前时期，草原诸先民之间已经开始交往，并在生活上相互影响。20世纪，考古工作者在内蒙古赤峰市境内的红山文化遗址中，发现一件属于红山文化晚期（距今约5000年）的大型细泥红陶彩绘平底筒形罐，其器体造型鲜明体现出史前东北地区土著文化的传统，但器表却绘有源自中亚一带的菱形方格纹，在欧洲出土的陶器文物也发现有类

---

① 李军、邓淼：《斯文·赫定》，中国民族摄影艺术出版社2002年版，第167页。

似红山文化的纹饰。这种纹饰与来自黄河中游地区的玫瑰花纹和西辽河地区的龙鳞纹融合在一起。考古学家认为这是 5000 年前亚洲东西和中国南北几种生命力旺盛的古文化在辽西地区交流汇注的典型例证。[①] 草原青铜时代，特色鲜明的北方系青铜器和花边鬲，更是当时草原地带北方各族密切联系以及东西方草原通道客观存在的例证。

中国社会科学院考古研究所郭物研究员指出，"比如乌拉尔山东南麓草原上的辛塔什塔文化、南西伯利亚的奥库涅夫文化、甘青地区的四坝文化和齐家文化、陕西北部的石峁文化、山西南部的陶寺遗址、内蒙古东南部的夏家店下层文化等。大量考古发现显示，这些看似彼此遥远的文明古国以及文化中心可能通过欧亚草原存在着直接或间接的互动。我们从这些文化出土的典型文物就能清晰地看到这一点"[②]。正是这种东与西、南与北交流的畅通无阻，中国的北方从远古时期就形成了一个交互、开放的社会。中亚、西亚的文化逐步融入我国北方草原地区，并与草原上的原生文化相融合，将这一影响传入中原地区。同样，来自中原的文化经过草原地区文化的消化与吸收，通过草原传入中亚、西亚，乃至全世界。

清华大学艺术博物馆的《器服物配好无疆——东西文明交汇的阿富汗国家宝藏展》中，公元 1 世纪前半期的蒂拉丘地单元展，是了解丝绸之路开辟、民族迁徙、文明交流最生动的见证。6 座墓葬中出土了不少与中国有关系的文物，如丝绸、覆面、铜镜、琥珀小狮坠饰、铅钡玻璃、中原车和人的形象、熊的形象。这些文物说明墓主同中国的两汉王朝有各种关系。最重要的是，文物里面有来自中国的"龙"的形象，装饰在四号男主人墓出土的一件小带扣和短剑剑鞘上。以翻唇为特点的龙形神兽，原型是中国东北史前文化中的猪形神兽，之后是商周文化中的龙。从战国晚期到汉代都非常流行，从东北亚，经燕山、

---

① 苏秉琦：《论西辽河地区古文化》，载《华人·龙的传人·中国人——考古寻根记》，辽宁大学出版社 1994 年版，第 131 页。

② 郭物：《文明的交流互鉴从未停止》，《人民日报》2019 年 5 月 25 日。

阴山至天山，都发现有大量类似装饰的文物。在俄罗斯阿尔泰出土的中国战国时期丝绸、山字纹铜镜和漆器的巴泽雷克文化中，也有非常相似的艺术形象。以大月氏为代表的游牧民族，把这种神兽发展成为自己的"龙"。后来，在贵霜文化里，这个"龙"的元素也出现得比较多，而且加入了一些希腊文化因素。就龙形翻唇神兽的起源、发展和传播来看，古代中国的文化因素和艺术原型，通过游牧民族的迁徙传播到更广大的中亚、西亚和南亚地区。① 斯基泰文化的影响范围可以说是草原丝绸之路形成初期最明显的特征。斯基泰文化的文物在鄂尔多斯高原、新疆，以及蒙古国境内、西伯利亚等地都能见到。特别是位于阿尔泰山麓的巴泽雷克墓中，除了斯基泰风格的文物外，还发现了大量从中国内地输入的丝绸和漆器文物。这表明丝绸已在当时通过草原丝绸之路向外传播，其中一个重要的媒介就是沿阿尔泰山脉生活和活动的斯基泰人。

二　草原丝绸之路的形成及其影响

相对史前时期文化的碰撞，我国北方游牧民族兴起后，草原地带作为中原与中亚、西亚交流中间地带的作用越发明显。不同文化间不免由于生活习俗、文化传统不同，难于被其他文明接受，广阔的草原则成为文化演化的熔炉与平台。因此，很多文化或文明成果经历了草原地区的演化，反而走得更远。草原以它广阔的胸怀和开放的姿态，成为中国走向世界、世界通往中国的中间地带。历史上生活于此的诸戎、匈奴、乌桓、鲜卑、突厥、回鹘、契丹、蒙古等诸多民族，在这片广阔的地域创造了一个又一个历史的辉煌。他们也承担了中西交流使者的角色，在中西交流与文化传播中做出重要的贡献。

过居延地区的居延道在后世成为沟通草原之路与绿洲之路的中转线，常常成为游牧民族和中原王朝争夺的对象。居延遗址出土的汉简，

① 郭物：《文明的交流互鉴从未停止》，《人民日报》2019 年 5 月 25 日。

被称为20世纪中国四大考古发现之一,其黑城遗址出土的大量汉文、西夏文、蒙古文文书等举世闻名,是汉学、历史学、考古学,特别是西夏学、蒙古学和边疆学等诸多学科的文献宝库。这些都是草原丝绸之路辉煌历史的重要见证。"居延"一词是匈奴语,《水经注》解其意为弱水流沙。这里曾有面积巨大的湖泊,其水源来自祁连山上的雪水,汉代文献称为居延泽,魏晋时称为西海,唐代起称为居延海。元代以后,由于水量减小,湖泊分为亦集乃、哈班哈巴儿和塔刺失三个小湖泊。历史上,额济纳水草丰美,自汉以后一直是重要的屯田驻地。由于地处草原丝绸之路的交通要道,唐朝诗人王维、元代来自欧洲的马可·波罗、东归英雄土尔扈特都曾在这里见证过历史的辉煌。这里有现存最典型和完整的汉代烽燧防御体系,并出土了大量的汉简,为研究汉代社会提供了大量第一手资料,形成一种专门之学——简牍学。元代时期,著名的意大利旅行家马可·波罗就是从西域经过这里到达上都城的,他的行记里说这里的城叫"亦集乃"(eïine,即额济纳)。今天亦集乃路古城(哈剌浩特,Qara-qota)城垣基本完整,矗立在沙漠之中,黄昏时发出金色的光。清代蒙古土尔扈特部回归祖国,被政府安置在这里,现在当地为了纪念这次伟大的回归之举,形成一种地方文化——东归文化,昭示着祖国强大的凝聚力和向心力。

史前细石器时期,这里就有人类频繁活动的印迹,已被考古发现证实。先秦时期,居延是乌孙的活动区域,秦朝居延成为大月氏牧地。西汉武帝时,史籍始见"居延"之名。汉代的居延是防御匈奴的战略要地,这里的塞防工事向东与五原外城连接,向西南沿弱水(额济纳河—黑河)和疏勒河直抵敦煌境内的玉门关,是汉代西部最重要的防线。汉代居延地区农业发达,是汉王朝通往西域的交通要道。居延作为河西走廊的屏障,在西汉对匈奴的战争中起到重要的作用。公元前206年,刘邦建立西汉王朝,初年国力衰弱,无力对抗北方渐已强大的匈奴。经过六七十年的休养生息,汉朝至汉武帝时国力强盛,中央集权加强,抗击匈奴南下的条件逐渐成熟。汉武帝经过三次与匈奴的战争，夺回河南地，使匈奴北退漠北草原，"幕南无王庭"。匈奴退出河西之后，西汉政府陆续设置酒泉、敦煌、武威、张掖四郡。太初三年（前 102 年），汉武帝派遣伏波将军路博德为强弩都尉，屯驻居延地区，修筑障塞、烽燧等军事设施，设置了居延都尉府、肩水都尉府。这两个都尉府是军事机构，是西汉政府为了防御匈奴南下的北方边塞屏障。东汉安帝时，又在居延地区设置了张掖郡居延属国，属凉州管辖，治所在居延县。汉献帝建安末年，又在此设立西海郡，治所仍在居延地区。

　　西汉政府在额济纳居延地区设置了完备的军事体系，建立了系统的军事制度，用以指挥调度戍边官兵。以出土的著名烽燧警备信号《塞上烽火品约》为例，其中一条是这样记载的："匈奴人昼入甲渠河北道，举二烽，燔一积薪。夜入，燔一积薪，举坞上二苣火，毋绝至明。珍北、三十井塞和如品。"这个规定非常明确地指出匈奴来犯时的应对之策。

　　唐代在此设"宁寇军"统领居延军务，筑大同城，防御突厥、回鹘等北方民族。西夏至元代，是居延地区继两汉后的又一发展时期。西夏在居延设立了黑水镇燕军司，即黑水城。元代设置亦集乃路总管府，其治所建在西夏黑水城，城址在原有基础上扩建，形成今天所见的黑城遗址的规模，现在还能辨识出西夏黑水城和元代亦集乃路城的基本形制与布局。西夏和元代时期，这一地区的农业非常发达，存留有较多的农田和河渠遗址。宗教也在这一时期有了较大发展，寺庙、古塔等建筑随处可见。

　　如果去黑城一带考察，很远处就能看到城西北隅高大的覆钵式白色佛塔。黑城东西长 421 米，南北宽 374 米，城墙夯筑，残高 9 米，平面呈长方形；东西两侧设错对而开的城门，城门外拱卫正方形的瓮城；城四角设向外突出的圆形角台，城垣外墙体四周设有马面 19 个；城西北角的城墙上，耸立着五座覆钵式白色佛塔；城外西北角残存南北向的两列覆钵式白色佛塔，共 12 座；西南角建有 1 座回族人的礼拜寺，南墙外有 1 座覆钵式白色佛塔；城内有 4 条东西向主要大街，6 道南北向的经路；大街两侧多集中店铺和民居建筑基址，佛寺遗址散见于城中各处；东门外有大片密集的民居遗迹，城南有一条干涸的古河床，自西南向东北延伸。

居延地区至今保存着上至史前时代、下至民国时期的众多历史文化遗存，出土了大量珍贵文物。20 世纪初，由于科兹洛夫、斯坦因的盗掘和斯文·赫定、贝格曼等西方探险家的调查，它引起世界的关注。中华人民共和国成立后，我国考古工作者先后在居延地区开展大量的考古调查和发掘工作。居延遗址区内先后出土三万余枚汉简。居延汉简是《史记》《汉书》之外存世数量最多的汉代文献，与敦煌藏经洞并称中国 20 世纪西北两大发现。

汉王朝在秦末农民战争和楚汉相争之后建立，国库空虚，人口锐减，经济崩溃，整个社会处在危机之中。此时北方草原上的匈奴因为没有了制约力量，日益强大。强大的匈奴趁中原战乱不断发兵南下抢掠骚扰。为解除边患，刘邦在汉高祖七年（前 200 年）亲率 33 万大军北击匈奴，结果反被围困在白登。最后，陈平施美人计，欲献美人给匈奴单于，匈奴阏氏（单于妻子）怕汉美女与之争宠，遂劝冒顿单于撤兵。事实上，此时的匈奴只是对中原的物产和资源感兴趣，并没有要取而代之。但是强大的匈奴始终是汉王朝的威胁，其时常南下掳掠也使得汉朝苦不堪言。在这种背景下，汉王朝提出与匈奴和亲的主张。刘邦听从娄敬的建议，与匈奴缔结姻亲，每年送给匈奴许多絮、缯、酒、米和食物等，希望通过把汉朝公主嫁给匈奴的单于，并多多陪送嫁妆，匈奴必然立汉公主为阏氏。公主生子若为太子，接替老单于继续与母家结亲，外孙为单于，必然不会与姥爷为难。两汉政权 400 余年间，中原政权与匈奴虽时有战争，但双方的互动交流仍是主流。和亲是两汉政权同匈奴维持长期和平的主要手段。汉朝每年向匈奴输出大量的钱币、丝绸、粮食以及其他生产生活用品，匈奴的马匹也大量输入内地。另外，随同汉代和亲公主进入草原的还有大量的汉人随侍和技工。这些中原汉人为草原地区的居民带去中原农耕文明的生产模式和技术，并在一定程度上改变着草原的面貌。当时，由于整个北方草原都处在匈奴的控制之下，因而打通了东方与西方交流的通道。"自乌孙（据有伊犁河流域和伊塞克湖周围地区）以西至安息（今伊朗高原东北部），因近匈奴……匈奴使持单于一信，则国国传送食，不敢留苦。"① 东汉时期，匈奴战败西迁，进一步加深西域各族同西亚的交往，促进商品和文化的进一步西传。据刘迎胜参加联合国教科文组织的考察所见，乌兹别克斯坦的阿克西肯特古城，位于锡尔河右岸，是唐代的西犍城，遗址面积达 40 万平方米，包括衙署、平面呈方形的市区和广大的郊区。其存在时期为公元前 2 世纪至公元 9—13 世纪。②

历史上粟特商人的出现，将中国与西亚、中亚带入更深层次的交往。从魏晋到隋唐，随着粟特人的大批迁入，西亚和中亚的音乐、舞蹈、饮食、服饰等大量传入中国。粟特商人还在丝绸之路沿线定居下来。南北朝、隋唐时期，许多城镇有粟特人的足迹。除了经由河西走廊进入中原，更深入和广阔的文化是经由草原传播的。在大同南郊发现的北魏遗址中，出土过波斯萨珊王朝生产的鎏金刻花银碗和玻璃碗。③ 在大同市雁北师院北魏群墓出土的胡人俑，高额窄颐，浓眉深目，鼻梁高挺，头戴黑色圆形小帽，身着圆领窄袖长袍，腰束带，足蹬黑靴④，具有典型的中亚、西亚人特征。值得注意的是，和它们一起出土的也有额颐宽广、鼻梁适中、头戴黑色鲜卑帽、身着左衽交领长袍的汉人、鲜卑人或北方少数民族人民等。可见在草原地区，来自中亚、西亚的外族人已经和草原上的人长久地生活在一起，从习俗、喜好、生活习惯等方方面面都发生着相互影响。内蒙古赤峰市敖汉旗李

---

① 《史记》卷 123《大宛列传》，中华书局 1959 年版，第 3173 页。
② 刘迎胜：《草原丝绸之路考察简记》，《中国边疆史地研究》1992 年第 3 期。
③ 山西省考古研究所、大同市博物馆：《大同市南郊北魏墓群发掘简报》，《文物》1992 年第 8 期。
④ 张志忠：《大同北魏墓葬胡俑的粟特人象征》，《文物世界》2005 年第 6 期。

家营子一号唐墓出土的金银器,"均为清一色的产自波斯和粟特的金银器……墓主人可能是来自营州的波斯或粟特移民"①。这些来自西亚、中亚的民族,首先选择生活在与自己习俗差别较小的草原地区,并将自己的文化与习俗在草原传播。通过草原的演化,这些文化逐渐进入中原,融入中原文化。

草原上的民族交往更加深入,影响也更深远。唐和回鹘交替管控契丹地区,因此契丹族群中,回鹘人和中原人普遍存在。辽朝建国时,太祖皇后述律平即回鹘后裔,可见回鹘文字、宗教、习俗等对契丹民族的影响。"契丹外戚,其先曰二审密氏:曰拔里,曰乙室已。至辽太祖,娶述律氏。述律,本回鹘糯思之后。"②述律氏生在契丹右大部,这是一个皇族和后族以外的部落。述律氏最终跻身后族行列,并非偶然。回鹘强大时一直控制着契丹,派遣使者监控其地。《辽史·仪卫志》载:"遥辇氏之世,受印于回鹘。至耶澜可汗请印于唐,武宗始赐'奉国契丹印'。"③《辽史·世表》又载:"契丹王屈戍,武宗会昌二年授云麾将军,是为耶澜可汗。幽州节度使张仲武奏契丹旧用回鹘印,乞赐圣造,诏以'奉国契丹'为文。"④ 正是在回鹘监控契丹的时期,大量回鹘人进入契丹领地,并拥有很高的地位和特权。回鹘西迁后,这部分回鹘人留了下来,依靠以前在契丹社会的特殊地位站稳脚跟,势力逐渐强大。述律平的父亲婆姑梅里担任遥辇氏汗国的阿扎割只,其权力及在契丹社会中的地位可见一斑。其与耶律氏的通婚不如说是二者在政治上的联合。所以,述律平嫁给耶律阿保机后,就确立了述律氏的后族地位。《资治通鉴》记载:"初,奚、契丹羁属回鹘,各有监使,岁督其贡赋。"⑤ 辽朝建立不久,即根据回鹘文创制了契丹小字。

---

① 张松柏:《敖汉旗李家营子金银器与唐代营州西域移民》,《北方文物》1993年第1期。

② 《辽史》卷六七《外戚表》,中华书局1974年版,第1027页。

③ 《辽史》卷五七《仪卫志三》,中华书局1974年版,第913页。

④ 《辽史》卷六三《世表》,中华书局1974年版,第956页。

⑤ 《资治通鉴》卷二四六,中华书局1963年版,第7967页。

"回鹘使至，无能通其语者，太后为太祖曰：'迭剌聪敏可使。'遣迓之。相从二旬，能习其言与书，因制契丹小字，数少而该贯。"① 据《辽史》记载，天赞二年（923 年）和三年（924 年），即有伊朗高原的波斯国和阿拉伯地区的大食国遣使来贡。② 天显八年（933 年）六月，"甲子，回鹘阿萨兰来贡"③。据《辽史》《辽史纪事本末》等文献记载统计，有辽一代 219 年间，回鹘向契丹朝贡 64 次，平均每三年零五个月一次。④《契丹国志》载："契丹时，（回鹘）三年一次朝贡，进献玉、珠、乳香、斜合、黑皮、褐里丝等。"⑤ 辽朝政权为接待回鹘商旅，在京都南门设置了"回鹘营"。"回鹘商贩留居上京，置营居之。"⑥ 辽重熙十六年至十八年（1047—1049 年），辽兴宗耶律宗真为生母章宣皇太后特建的"释迦佛舍利塔"，即庆州白塔，塔身浮雕中有"胡人入辽"画面：雕于第一层窗棂之下东南方向的为，狮前有一胡人牵引，中为一契丹人，后仍为一胡人，深目、高鼻，头戴帻头，卷须，脚穿高靴；西南向雕一麒麟，也由一胡人牵引；西北面为两人捧一盘，盘中放珍宝等供物。这一浮雕内容直观形象反映了回鹘文化对辽朝的影响。

回鹘地区生产的西瓜及"回鹘瓜"也传入契丹。胡峤《陷北记》述其北行时曾见上京一带有西瓜种植："自上京东去四十里，至真珠寨，始食菜。明日东行，地势渐高，西望平地松林，郁然数十里。遂入平川，多草木，始食西瓜。云：契丹破回纥得此种，以牛粪覆棚而

---

① 《辽史》卷六四《皇子表》，中华书局 1974 年版，第 968 页。

② 《辽史》卷 2《太祖纪下》，中华书局 1974 年版，第 19、20 页。

③ 《辽史》卷 3《太宗纪上》，中华书局 1974 年版，第 35 页。

④ 王日蔚：《契丹与回鹘关系考》，《禹贡》第 4 卷第 8 期，1935 年版，第 633—634 页。

⑤ （宋）叶隆礼：《契丹国志》卷二六《高昌》，上海古籍出版社 1985 年版，第 246 页。

⑥ 《辽史》卷三七《地理志》，中华书局 1974 年版，第 441 页。

种，大如中国（指中原地区）冬瓜而味甘。"① 《松漠纪闻》和《契丹国志》详尽地记述了"回鹘豆"："回鹘豆，高二尺许，直干，有叶无旁枝，角长二寸，每角止两豆，一根才六七角，色黄，味如栗。"② 随着丝路的不断繁荣，高昌、龟兹、于阗、甘州、沙州、凉州等西域诸国的使团，每三年都会到辽上京一次，人数有四五百。他们带来细毛织就的丝织品，辽朝回赠物品的金额也不少于 40 万贯。辽墓出土了许多伊斯兰风格的琉璃珠、玻璃器等，都是中亚的名产品通过丝绸之路传入辽朝的见证。契丹商人也沿草原丝路不远万里来到西域和中亚、西亚各国贸易，把北宋人穿的"番罗"以及精美的"蜡光绢"传到西亚和中亚地区，并对阿拉伯世界产生深远的影响。因而，阿拉伯人自 10 世纪起，一直称中国为"契丹"。即使辽朝灭亡，阿拉伯语仍然用契丹表示中国。成书于 13 世纪晚期的阿拉伯兵书《马术和军械》仍将火药称为"契丹花"，把管状火器称为"契丹火枪""契丹火箭"。这些所谓的"契丹军械"，实际是辽朝灭亡一个多世纪以后，蒙古汗国西征中亚、西亚等国时传入阿拉伯国家的，可见契丹在当时丝绸之路上的影响深远。

辽朝汉人韩氏家族相伴辽朝始终，既将中原儒家文化传向草原，也将契丹文化融入自身。神册三年（918 年），阿保机下诏在契丹境内修建孔子庙、佛寺、道观。因此，在辽朝佛教的早期，中原的儒学文化和道教同时得到传播。辽宋澶渊之盟后，双方交流更加频繁，中原儒家思想进一步影响辽朝。辽代佛教的绝大部分寺院、佛塔是按照中原样式修建的。另外，辽朝著名的辞书《龙龛手镜》，就是为了让辽朝的佛门弟子更好地学习中原佛经才创制的。随着契丹西迁、西辽建立，这一影响必将进一步传播。哈萨克斯坦阿拉木图勒伽尔古城，"考古

① （宋）胡峤：《陷北记》，载叶隆礼《契丹国志》卷二五，上海古籍出版社 1985 年版，第 238 页。

② （宋）洪皓：《松漠纪闻》卷下，《辽海丛书》第 1 册，辽沈书社 1985 年版，第 210 页；（宋）叶隆礼：《契丹国志》卷二七，第 256 页。

发掘中有筷子、契丹文字材料、波斯文、阿拉伯文碑铭，可说明西辽时这里曾有契丹人居住"①。

三　元代草原丝绸之路的繁荣与作用

（一）草原统一政权的建立，消除了不同政治势力对草原的割裂

蒙古汗国与元朝的建立，使得草原地区置于统一的政权统治之下，更加便利草原地区人民的交流与交往。不只是物资与人员往来频繁，宗教、文化、艺术乃至生活习惯都在东西方之间广泛地传播开来。

1206 年，成吉思汗统一北方诸部，结束草原上各部落纷争的局面，建立了草原统一的政权。之后，迅速向南扩张，还对中亚、西亚和东欧地区发动了三次西征。成吉思汗西征时，曾告诉诸子："大地辽阔，江河众多，你们可以各自统治自己的封国。"西征迅速扩大了蒙古汗国的领地。为管理这些领地，成吉思汗西征回来后，将这些土地和人口分给长子术赤、次子察合台、三子窝阔台，后在此基础上产生相对独立的四大汗国——钦察汗国、伊尔汗国、察合台汗国和窝阔台汗国。成吉思汗诸子及其后裔组成西道诸王，蒙古汗国的西征极大地改变了亚欧内陆的政治格局，影响了世界历史的发展进程。

成吉思汗的西征缘于中亚的花剌子模劫持了成吉思汗的商队。花剌子模是中亚古国，国王是摩诃末，旧都玉龙杰赤（今土库曼斯坦库尼亚乌尔根齐），新都撒麻耳干（今乌兹别克斯坦撒马尔罕），其领土范围东北达锡尔河，东南抵印度河，西北至阿塞拜疆，西南为波斯湾。成吉思汗十分重视对中亚的贸易，他和蒙古贵族都渴望通过贸易获得异国物品。然而，成吉思汗的商队进行贸易时，在花剌子模边城讹答剌（今哈萨克斯坦齐穆尔）被劫持，货物被没收。为报复花剌子模的行为，也为打通蒙古通往中西亚的贸易通道，成吉思汗分兵四路大举

① 刘迎胜：《草原丝绸之路考察简记》，《中国边疆史地研究》1992 年第 3 期。

进攻花剌子模。西征过程中，为方便行军，蒙古军队对草原上的通道进行整饬。1220 年，蒙古大军攻占讹答剌城，随后攻占不花剌（今乌兹别克斯坦布哈拉）、撒麻耳干，1221 年攻取玉龙杰赤，横扫阿姆河以南的呼罗珊地区。1223 年，哲别、速不台军进入南俄，在伏尔加河大败斡罗思诸侯与钦察人的联军，然后回师。成吉思汗死后，1229 年窝阔台即位，成为第二代大汗。1231 年起兵大举伐金，1234 年灭亡金朝。1235 年起，遣拔都统军西征，以速不台为主将，先破不里阿耳、钦察，继陷斡罗思中部和南部的所有城市，1240 年攻占基辅，由此进兵波兰、匈牙利、捷克及奥地利部分地区。

随着军事上的胜利，蒙古军队加强对草原通道的管理，保障物资与军事信息传递的同时，也为人员往来、商贸交往提供了安全保障和便利条件。窝阔台采用耶律楚材行"汉法"之策，定赋税，置仓廪，括户籍，行交钞，设驿站；在漠北创建和林城，于缺水处凿井。《元朝秘史》记载："自坐我父亲大位之后，添了四件勾当：一件平了金国，一件设了驿站，一件无水处教穿了井，一件各城池内立探马赤镇守了。"由于成吉思汗与窝阔台的经营，西征不仅扩大了蒙古汗国的势力范围，也进一步打通草原通往中亚和西亚的通道。

元朝驿站的建立，进一步完善、固定了草原上的通道。1260 年，长期经营汉地的忽必烈即位称汗，建元中统，是为元世祖。元朝在欧亚草原上设立了大量的驿站，"北方立站，帖里干、木怜、纳怜等一百一十九站"[①]，其目的是"盖以通达边情，布宣号令"，但在客观上却对古已有之的草原丝绸之路起到加强联系、促进沟通的重要作用。四通八达的驿站极大地促进东西陆路交通的发展，保证丝绸之路的畅通。有元一代，各路驿站始终处于政府的有效管辖之下。政府时时维护驿站和驿道，并提供充足的财力、人力保障，使往来的行人安全和物资供给得到保证。正如《元史·兵志》"站赤"条所说："于是往来之

---

① 《元史》卷 58《地理志》，中华书局 1976 年版。

使，止则有馆舍，顿则有供帐，饥则有饮食。"[1] 从中亚、欧洲来到中国的漫长路途上，使者和商人日夜通行都能够保证安全，这在许多中外游记文献中有记述。蒙古汗国和元朝时期，草原丝绸之路开展的东西经济文化交流的实物证据非常丰富。例如，在亦集乃路故址额济纳旗黑城南墙外侧，保存有元代清真寺遗址；在内蒙古乌兰察布明水墓地中，出土了纳石失辫线锦袍和绣有狮身人面像的刺绣图案；在内蒙古赤峰地区，发现元代伊斯兰教墓顶石和景教徒瓷质墓碑；在内蒙古包头燕家梁遗址、赤峰翁牛特旗等地发现的元代青花瓷器，使用的青花颜料为西方产品。蒙古时代四大汗国中的钦察汗国、伊尔汗国均位于中西亚和东欧，考古发掘证明当时存在非常频繁的物质文化交流。例如，从俄罗斯考古学家在钦察汗国境内的考古发掘来看，在新、老萨莱城曾有大量中国商品，如绸缎服装、经过装饰加工的青铜器、古钱币、青花瓷器、磁州窑系褐瓷器等遗留物。[2]

（二）城市的繁荣

成吉思汗的大斡耳朵设在怯绿连河上游（今蒙古国肯特省温都尔汗西南）。成吉思汗常年东征西讨，大汗的汗廷一直没有固定的地点。蒙古汗廷仍是游动的毡帐，大汗的毡帐走到哪里，哪里就是蒙古的汗廷。成吉思汗西征攻陷讹答剌、撒麻耳干、马鲁等城池时，俘虏了大批能工巧匠，仅撒麻耳干一地就曾掳获有手艺的工匠多达三万人。这些被掳掠来的工匠成为建造永久汗廷驻地的前提条件。1235 年，窝阔台汗开始在鄂尔浑河上游修建哈剌和林城，并于哈剌和林城周围建立四季行宫，哈剌和林也就成为蒙古历史上第一座都城。和林（Qara qo-rum），城南北约四里，东西约二里，城内有万安宫以居大汗，另有回回区和汉人区两个居民区，还有市场和佛寺、道观、清真寺、基督教堂。

---

① 《元史》卷 101《兵志四·站赤》。
② 格列科夫、雅库博夫斯基：《金帐汗国兴衰史》，余大均译，商务印书馆 1985 年版，第 141 页。

漠北的和林、漠南的上都是两座最著名的城市。上都是元朝的夏都，周长达十数里，分宫城、皇城和外城三重，有汉式宫殿大安阁、蒙古帐幕式宫殿失剌斡耳朵，以及商肆、住宅、孔庙、佛寺、道观、清真寺等。元宪宗二年（1252 年），忽必烈受命统领漠南汉地。他选择漠南的金莲川（滦河上源，今内蒙古锡林郭勒盟正蓝旗）修建开平城作为自己的藩府。有元一代，上都城一直是草原与中原联结的中枢纽带，对维系草原与中原的共同繁荣起到重要作用。漠南独特的地理条件，使其成为重要的军事要地和沟通大漠南北的交通枢纽。因此，漠南地区的汗廷在当时不仅是政治中心，还是重要的交通中心、商业中心和文化交流中心。上都城位于连接漠北和林等地的交通枢纽，向西从丰州经宁夏、河西走廊连接中亚。从上都至大都有东西二道相连，是长城以北地区连接中原的主要通道。元代有识之士甚至认为，上都"控引西北，东际辽海，南面而临制天下，形势尤重于大都"①。

哈剌和林、上都的商业十分发达，它们是当时世界上著名的城市。上都成为当时的草原商业中心之一，时人记载上都"四方闻之，商农日集都市"。当时的上都市场繁荣，不仅是中国南北方经济往来的中心，还吸引了众多异域商人、文人墨客。元朝诗人曾描述"老翁携鼠街头卖，碧眼黄髯骑象来"②。从漠南地区发现的大量元代文物，也证明了元代商品交流的繁荣。如今，承载昔日荣光的上都城已经成为废墟，但留下了丰富的文化遗产，如今被提名列入世界文化遗产名录，闪耀着独特的光彩。元上都遗址作为一处优秀的文化遗产见证了草原丝绸之路曾经的辉煌。随着蒙古贵族攫取越来越多的财富和人口，草原上出现了称海、集宁、应昌、全宁、察罕脑儿等多座城市。

（三）统一的国家，促进更大范围的人员流动和文化传播

交通便利加上没有政权割据的阻碍，草原成为诸多文化的汇聚

---

① 虞集：《贺丞相（贺胜）墓志铭》，《道园学古录》卷18，四部丛刊初编，上海涵芬楼影印本。

② 杨允孚：《滦京杂咏》，《元诗纪事》卷20，上海古籍出版社 1987 年版。

之地。很多人不只在草原上做生意，还选择留在草原上和蒙古人一起生活。生活在中亚地区的很多色目人家族迁到漠南草原后和蒙古诸部一起生活。他们将自己的文化、宗教、习俗等带到漠南草原，丰富了漠南草原的文化生活。漠南地区地近中原，让这些家族也受到汉文化的影响，逐渐理解并接受汉文化，特别是儒家文化。元人文集《养吾斋集》收录的一篇碑文中记载，生活在弘吉剌部家族的色目人被任命到福建做达鲁花赤，其家族长期生活在当地，相互通婚，习俗与文化相互交融。① 另外，还有原阿力马里信仰景教的中亚贵族，被安置在弘吉剌部领地的松州地区（今内蒙古赤峰市松山区），他们也把景教带到这一地区。该家族的子孙按檀不花被弘吉剌部万户派往山东济宁做达鲁花赤，景教信仰也被带到济宁，同当地的佛教、儒学相互交融，交错共处。据《乐善公墓碑》碑文所讲："其先阿里马里人氏，□□藩曾王父讳岳雄，佐太祖特授□睦哥职事，佩金虎符。王父讳别古思袭前职，仍佩金虎符。父按檀不花。国初侍忠武王勋绩日闻於朝，佩金符中顺大夫济宁府达鲁花赤，后改府为路，进少中大夫济宁路总管府达鲁花赤兼管本路诸军奥鲁劝农事。在任四十余年，惠泽在人。"②

阿里马里，《元史》写作"阿力麻里"，位于天山北麓，故城在今新疆霍城县。③ 岳雄家族生活在元代松州地区（今内蒙古赤峰市松山区）。该家族与弘吉剌部关系极为紧密，岳雄"入侍密近"④，获得

---

① 刘将孙：《宣武将军汀州路达噜噶齐瓜尔佳玉陇齐公墓志铭》，《养吾斋集》卷30，文渊阁四库全书本，第1—4页。

② 苏若思：《乐善公墓碑》，《钜野县志》卷20《金石》，中国国家图书馆藏清道光二十年刻本，第27—31页。

③ 黄文弼：《元阿力麻里古城考》，《考古》1963年第10期。

④ 胡祖宾：《驸马陵表庆之碑》，《钜野县志》卷20《金石》，中国国家图书馆藏清道光二十年刻本，第19—22页。

成吉思汗的信任，"授玺书虎符，岁时持圣训谕宏吉烈部"[1]。岳雄在弘吉刺部地位颇高，"班济宁忠武王（按，即按陈）下，诸驸马皆列坐其次，事无大小，一听裁决"[2]。蒙古灭金时，曾受命"摄忠武职，统宏吉烈一军下河南"[3]。

济宁路同福建汀州路一样为弘吉刺部在中原的又一分邑，封赐时间更早。弘吉刺部拥有得任陪臣为达鲁花赤的权力，因此岳雄的子孙有机会到济宁路出任达鲁花赤。至元十年（1273 年），按檀不花出任弘吉刺氏中原封地济宁府达鲁花赤。按檀不花家族信奉景教，其次子骚马是景教掌教司官："管领也里可温掌教司官，重修也里可温寺宇。"[4] 1988 年，按檀不花的祖父居住的松州地区，曾出土一块刻有景教十字架的瓷砖，长 46.5 厘米，宽 39 厘米，厚 6 厘米，碑面施白釉，釉色乳白泛黄，图案及文字用褐彩。墓志正中绘十字架，十字架上方左右各有一行古叙利亚文，下方左右各有四行回鹘文，底绘莲花纹。根据詹姆斯·汉密尔顿（James Hamilton）和牛汝极的解读，可知这是药难（约翰）部队一位将军的墓志铭，他死于 1253 年。山东《钜野县志》的金石史料表明，这个家族信奉景教的同时，也是佛教寺院的大施主，出资修缮孔府，建儒学堂，推崇儒学文化。该家族与蒙古、汉族都有通婚记载，文化交融可见一斑。

---

① 胡祖宾：《驸马陵表庆之碑》，《钜野县志》卷 20《金石》，中国国家图书馆藏清道光二十年刻本，第 19—22 页。《元史》卷 118《特薛禅传》，第 2915 页记载："丁酉，赐钱二十万缗，有旨：弘吉刺氏生女世以为后，生男世尚公主，每岁四时孟月，听读所赐旨，世世不绝。"丁酉年，即太宗九年（1237 年），"赐钱"为太宗，"有旨"则应是太祖成吉思汗之"旨"。屠寄指出："旧传编此旨与丁酉赐钱二十万缗句下，有似太宗旨者，其实成吉思汗之旨也。若旨出太宗，岂能强世世子孙遵之耶，今改正。"屠寄：《蒙兀儿史记》卷 23《特薛禅传》，《元史二种》影印本，上海古籍出版社，第 253 页。今据《钜野县志》，按檀不花家族碑刻可证为太祖之旨无疑。

② 胡祖宾：《驸马陵表庆之碑》。

③ 佚名：《少中大夫按檀不花暨夫人陈辛氏合葬神道碑》，《钜野县志》卷 20《金石》，中国国家图书馆藏清道光二十年刻本，第 22—27 页。

④ 苏若思：《乐善公墓碑》。

道光本《钜野县志》收录了一篇元统二年（1334 年）由中奉大夫、江西等处行中书省参知政事胡祖广撰写的《武略将军济宁路总管府达鲁花赤先茔神道碑》。据碑文所讲，"武略将军、济宁路总管府达鲁花赤兼本路诸军奥鲁总管府达鲁花赤兼管内劝农事、知河南事秃公先世唐兀人，居大河之西"①。唐兀人，元朝时称党项人为唐兀人，属色目人。元朝中央和地方有不少重要官员是唐兀人，元宿卫军中唐兀军也是由党项人组成的。该家族在成吉思汗征西夏时投靠成吉思汗。"帝嘉其诚，不忍离逖尔，其徙居东北，俾密迩皇家，式慰厥忧。"② 弘吉剌部首领按陈在"平西夏，断潼关道"③，立有大功，因此该家族归入弘吉剌部统领。他们最初生活在弘吉剌部的应昌地区，"时有居应昌虎门口，号赫思公者，今监郡祖也"④。应昌为弘吉剌部万户的驻地，是弘吉剌部治下的核心地区。弘吉剌部按陈死后，其子斡陈继承万户，斡陈死后纳陈继承万户。

据碑文所讲，纳陈于 1255 年率领弘吉剌部随蒙哥汗伐宋，经略山东、河南等地时立有战功，于 1257 年袭封万户。己未年（1259 年），"纳陈驸马受命统所部定山东，收河南"时赫思随军参战，为纳陈驸马出谋划策，深受信任。大军驻扎巨野时，纳陈因感局势不稳，"公（赫思）受命留昌邑"，以稳定局势。赫思与"所领与编氓杂处"，深受信赖，追随者纷纷担心其重回北方草原，为稳定人心，"后北使屡促召，竟不往"。他坦言："吾世族河西，朔漠本非乡里。从军转徙，幸宁于兹。土沃民和，牛羊稼穑，自足以养。今老矣，复不能逐水草居也。"由此，该家族世代定居济宁。但家族成员一直与鲁王保持紧密联系，

---

① 胡祖广：《武略将军济宁路总管府达鲁花赤先茔神道碑》，《钜野县志》卷 20《金石》，中国国家图书馆藏清道光二十年刻本，第 46—50 页。

② 胡祖广：《武略将军济宁路总管府达鲁花赤先茔神道碑》，《钜野县志》卷 20《金石》，中国国家图书馆藏清道光二十年刻本。

③ 《元史》卷 118《特薛禅传》，第 2915 页。

④ 胡祖广：《武略将军济宁路总管府达鲁花赤先茔神道碑》，《钜野县志》卷 20《金石》，中国国家图书馆藏清道光二十年刻本。

如秃满台不仅精通诗书，还精通蒙古语，被选到鲁王身边任职。"鲁王嘉其□，以书达于朝"，推荐他做了分邑的达鲁花赤。秃满台办学校，崇尚士风，重视农业，整顿吏治，兴水利。黄河水患一直是巨野的一大隐患，他修坝防洪，排除内涝，保障农业生产，百姓因此安居乐业。

四 明清万里茶道的开通与中蒙俄交流

万里茶道是从福建武夷山出发至俄罗斯圣彼得堡等地的一条漫长的丝茶贸易往来运输通道。从广义来讲，万里茶道仍是草原丝绸之路的重要组成部分，途经我国福建、江西、湖南、湖北、河南、山西、河北、内蒙古等 8 个省（自治区），再穿过蒙、俄等国，全长 1.3 万千米，我国境内的线路长度为 4760 千米。此时，在这条商贸通道上，茶叶超过丝绸成为商品贸易的主角。中国是茶叶的原产国。17 世纪，我国砖茶在俄国和欧洲形成稳定的市场，尤其是西伯利亚一带以肉、奶为主食的游牧民族到了"宁可一日无食，不可一日无茶"的地步。因此，这一时期的草原丝绸之路又被称为"茶叶之路""万里茶道"。

这条运输路线从福建武夷山下梅村起，沿西北方向穿江西、经湖南至湖北，然后自汉口一路北上，纵贯河南、山西、河北、内蒙古，入蒙古国境内，沿阿尔泰军台，穿越沙漠戈壁，经库伦（今蒙古国乌兰巴托）到达中俄边境的通商口岸恰克图，再经伊尔库茨克、新西伯利亚、秋明、莫斯科、彼得堡等十几个城市，传入中亚和欧洲其他国家。万里茶道经过的地域沿途有着丰富的历史文化资源，横跨 1 万多千米，经过江南、中原北方、阴山漠南草原、蒙古国漠北戈壁、西伯利亚荒原。万里茶道虽然以茶叶命名，但茶叶只是这条商贸道路上的主要代表商品，而不是全部。通过这条通道运输的商品数量和种类非常多，尤其是大量的日用百货，应有尽有。例如，另一大宗产品——丝绸，始终是广义上的丝绸之路上最主要、持续时间最久远的商品之一。此外，还有粮食、生烟、陶器、瓷器、面粉、金属器皿和寺庙使用的供佛用品、蔗糖等。在万里茶道这条漫长的国际贸易通道沿线上，许多城市和村镇因此兴盛、发达。

归根结底，草原丝绸之路的兴起与传统绿洲丝绸之路的原理是相通的，都是基于物质产品需求而产生互通有无的商贸行为。商贸繁荣往往起因于各地区社会发展的不平衡，一地生产一种物品，另一地生产另一种物品，但由于人的需求是趋同的，所以需要交换，就涉及交通运输和商业买卖，由此产生各种贸易之路。这种贸易之路自古以来就存在于各个国家和地区之间。实际上，从广义范围来说，万里茶路是草原丝绸之路的一部分，其带来的茶叶，使草原民族的生活得到改变。草原丝绸之路的存在，不只在物的交流上丰富了人民的生活，同时，文化与族群间更深入的交流与交往，深刻地影响了沿线乃至更广阔区域的人类历史，为人类文明特别是欧亚草原地带的人类文明发展史做出重要的贡献。

万里茶道是继丝绸之路衰落后在亚欧大陆兴起的又一条伟大的国际商道。它是现代历史上最具影响力的文化、经济交流之路，也是联结中蒙俄三国各地区各民族文化、友谊的桥梁和纽带，具有极为重要的文化价值。万里茶道是典型的大型线性文化遗产，时间上历史悠久，空间上跨越亚欧大陆，资源上涵盖自然、文化和综合资源三大类别。它涵盖自然遗产、物质遗产和非物质文化遗产等多种类型，是多种文化相互碰撞、融合的结果，也是一个极为庞大的文化复合体。万里茶道的悠久历史和灿烂文明，展示了其沿线各城市在文化产业大繁荣背景下的辉煌成就，也展示了它们经济、文化、社会和生态文明发展的时代潮流。探讨万里茶道文化发展面临的共同课题，整合资源，对于增进万里茶道沿线各国人民之间的相互了解，促进"一带一路"的沟通和繁荣，具有十分重要的现实意义。

第三节　内蒙古在草原丝路上的地位及其在中蒙俄经济走廊建设中的定位和作用

在"一带一路"倡议下，建设中蒙俄经济走廊，不仅是历史发展的必然选择，也是当前国际关系、经济发展、科技进步下的正确抉择。当前，我们提出"新型国际关系""命运共同体""一带一路"等倡议，都是基于对中华文明的自信和他国文化的尊重，因此在中蒙俄经济走廊建设过程中，要重视文化的作用，通过文化交流，实现国与国、民与民的相互理解和认同，最终实现民心相通，保障中蒙俄经济走廊建设目标的实现。

一　草原丝绸之路对中蒙俄经济走廊建设的启示和现实意义

不仅是草原丝绸之路，几乎所有的丝绸之路均是在商业驱动下发展起来的。草原丝绸之路沿线各国、各地区，均因这条长盛不衰的线路而得到巨大的利益。当时草原上的经济贸易往来主要有两种形式：一是政府间的官方贸易（朝贡贸易）；二是商人自发的贸易活动。不同时期，具体的贸易形式有所不同。如3—6世纪，商人主要是粟特人和波斯人，蒙古时代主要是回回人等。尽管草原丝绸之路上各个国家和地区在漫长的历史进程中不断发生变迁，但无论是政治分割、战争掳掠，还是宗教矛盾、民族压迫，乃至环境破坏、生态退化等，都不会阻隔这条线路上的贸易往来。也就是说，通过共同发展、共赢合作而谋求各方经济利益的需求，是草原丝绸之路保持畅通最主要、最根本的原因，也是今天提出"丝绸之路经济带"的根本原因。

畅通的丝绸之路经济带，促进沿线人民物质和文化需求的提高。中华文化自古以来就有着积极开放、勇于进取的文化精神。作为中西交流史上最重要的丝绸之路，正是中华民族文化面貌传播于欧亚各地的重要途径之一，是全人类的文化遗产。中国北方草原地区是东西方文化交往的汇集地，很多出土文物体现出文化的多元性，是历代草原丝绸之路兴旺发达的有力见证。如魏晋十六国以后，印度、罗马、波斯、粟特等文化因素大量渗透到北方草原金银器中。中原地区流行的文字符号、牡丹纹、莲花纹、龙凤纹、规整的装饰手法、制作工艺等，在北方草原金银器中都有非常明显的反映。

历史视角下草原丝路民心相通的文化遗产是承载历史信息和传统文化的活的载体,是最客观、最可靠的关于历史文化的真实遗留,因此,历史文化传统是其核心价值所在。追思过去、探索未来是人类的本能。文化遗产是人类共同的精神财富,是人类社会生生不息向前发展的动力源泉。丝绸之路最大的历史意义就是从陆路上沟通了中国和世界。它作为沿线国家乃至世界的文化遗产,自然就成为相互交往中的最佳话题,无论在商贸往来、文化交流、观光旅游乃至国家外交等方面都扮演着重要的"共同话题"的角色。万里茶路横跨中国大江南北,从南方的武夷山等地将茶叶辗转输送至内蒙古,又通过内蒙古翻过大漠戈壁,远销蒙古、俄罗斯乃至中亚、欧洲各地,极大地联通了中俄蒙三国的贸易往来和交往交流交融。万里茶路的辉煌历史留存了丰富的遗迹遗存和非物质文化遗产,如二连浩特伊林驿站、旅蒙商文化、大盛魁、归化城商业街、西口文化等。这些文化遗产是沿线各国、各族人民的共同文化财富,最终将成为各国、各族人民相互沟通和交流的重要主题,成为各国、各族人民友好交流的最佳媒介。

草原丝路的历史告诉我们,"民相交"最重要的是"心相通","心相通"就要靠文化的力量。中国社会科学院郝时远研究员在题为《构建人类命运共同体的内蒙古思考》的学术报告中讲道,"构建人类命运共同体方面,最重要的行动就是构建'一带一路'的愿景和行动,而在这一愿景和行动中,我们所确定的基础条件就是互联互通,也就是平常所说的'五通':包括交通、金融、政策等,其中最重要、最根本的是'民心相通'。如果民心不通,投多少钱建多少路,都是不可能达成共同体意识的。所以,国之交在于民相亲,民相亲在于心相通,这就要靠文化的力量"①。在这条通道上,无处不体现文化的相互碰撞、文明的相互借鉴。丝绸之路文化相互交流、借鉴、影响的历史也为今天大家互相认同、相互理解、相互学习提供了可借鉴的历史经验。这

① 康建国:《人类命运共同体构建与草原文化的创新发展——第十五届中国·内蒙古草原文化主题论坛综述》,《内蒙古社会科学》2018 年第 5 期。

些丝路文化遗产是沿线国家与人民的共同文化遗产，为相互间的文化认同提供了良好的媒介。只有文化得到相互认同，习俗得到相互尊重，在"一带一路"倡议中实现共识，才能最终实现全面"五通"与"一带一路"的最终目标，造福沿线国家和地区的人民。

文化遗产是文化的根基、命脉，不能重生，也不能再造。保护才能留住根基，留下才是永恒。可喜的是，丝绸之路（长安—天山廊道的路网）、元上都遗址等成为世界文化遗产，为进一步保护和研究提供了保障。2012 年 6 月 29 日，在俄罗斯圣彼得堡举行的第 36 届世界遗产委员会会议讨论并通过将中国元上都遗址列入《世界遗产名录》。2014 年 6 月 22 日，由中、哈、吉三国联合申报的丝绸之路"长安—天山廊道路网"成功申报世界文化遗产，成为首例跨国合作、成功申遗的项目。丝绸之路横跨欧亚大陆，申遗部分的 22 个遗产点在中国，包括各帝国都城、宫殿群、佛教石窟寺等。

广袤的草原为文化的交融、交流提供了平台。各种文化在草原上互相滋润，丰富文化内涵的同时，也为文化向更深、更广阔的空间传播提供条件。经过草原的滋养，一种文化以全新的姿态出现，从而更易于被其他文化接受、吸纳。找回这些文化的根基，厘清文化传播的脉络，发现文化生存、发展与强大的规律，也是草原文化研究的重要目的之一。

在这一大背景下，"一带一路"倡议必将促进丝绸之路沿线国家在经济、社会、文化上实现一次新的变革。因此，必须重视历史遗产，重视草原民族创造的优秀文化，重视保护仅存的历史文化遗存，重视草原文化在促进中西交流过程中的桥梁、纽带作用，进而继承与发扬优秀的文化遗产，更好地为今天的经济社会健康和可持续发展服务。

二　内蒙古在草原丝路上的地位

近代以来，草原丝绸之路的交通往来以中蒙俄间最为频繁。这不仅对三国人民生活产生重要影响，对国际关系和国际事务也产生了重要而深远的影响。草原丝绸之路不论在中国史，还是在世界史上均具有持续而广泛的影响，这种影响一直延续到今天。中蒙俄经济走廊正是历史上草原丝绸之路的延续，及其在新时代的突破与拓展。作为我国"一带一路"倡议的重要组成部分，中蒙俄经济走廊的作用和影响必然如草原丝路一样灿烂辉煌。

中国北方草原文化的集成区——内蒙古地区，因其独特的地理位置、自然环境和农牧文化交错带等历史因素占有举足轻重的地位。从自然地理上看，内蒙古地处蒙古高原的南端，是北方游牧文化和中原农耕文化交错交融的地带；从政治地理上看，特别是在契丹、女真和蒙古时代，内蒙古地区是当时中国北方和蒙古高原南端的核心区域。因此，内蒙古地区是历代草原丝绸之路的黄金通道。

（一）内蒙古部分城市是草原丝绸之路的起点或重要中转站

分布于内蒙古东、中、西部的一些城市，自古以来就是草原丝绸之路的起点，只是在不同时代，起点的中心城市有所变化。在与中原地区的经济文化联系与交流方面，晋蒙交界地带从古至今发挥的中转作用基本没有间断。

（二）内蒙古绝大部分地区是草原丝绸之路的必经之地

今天的内蒙古区域是一条横贯中国北疆的狭长地带，在漫长的历史中，其绝大部分地区是草原丝绸之路的必经之地。尤其在辽金元时期，内蒙古大部分地区被纳入草原民族的统辖之内。在这个广阔的地域内，实现道路交通的顺畅与繁荣。辽代的上京、中京（金代称北京）和元代的上都，以及在辽金元时期均发挥重要作用的丰州、东胜州地区，均是草原丝绸之路的必经之地。此外，草原丝绸之路的要塞——居延地区的产生完全是由于它所处的地理位置重要，作为丝绸之路的屏障、要塞才逐渐繁荣起来。丝绸之路上的贸易又会刺激沿途经济昌盛，从而为商镇的诞生准备了条件。沿途商镇的经济也不能脱离丝绸之路的大环境。这在居延由屯垦中心走向商镇化，又与商镇经济和丝绸之路的中心城市张掖、酒泉连接起来得到证明。因此，居延地区既是草原丝绸之路上的重要站点，又是沟通草原之路与绿洲之路的关键节点。

（三）内蒙古中西部地区为绿洲丝绸之路的辐射区

内蒙古中西部地区以南紧邻陕甘地区，中部的河套地区与陕西相邻，西部的阿拉善额济纳地区与河西走廊和新疆东部相邻。自古以来，河套地区与丝绸之路的起点陕西西安有通道相连，额济纳居延地区与河西走廊也有通道相连。每当西安经河西走廊至新疆的通道因政治原因受到阻滞时，草原丝绸之路便成为中西交流的主要通道。中原汉地的使者、商人和其他人员往往要转道北上，通过草原丝绸之路与中亚、欧洲诸国交流往来。即使在绿洲丝绸之路畅通时，南北两条路线也长期保持畅通。因此，内蒙古中西部地区作为草原丝绸之路通道的部分，也可看作绿洲丝绸之路的辐射区。

（四）内蒙古在中蒙俄经济走廊建设中的定位和作用

2013 年 9 月 7 日，中国国家主席习近平在哈萨克斯坦纳扎尔巴耶夫大学做重要演讲，提出共同建设"丝绸之路经济带"。国家主席习近平提出，为了使欧亚各国经济联系更加紧密，相互合作更加深入，发展空间更加广阔，可以用创新的合作模式，共同建设"丝绸之路经济带"，以点带面，从线到片，逐步形成区域大合作，同时提出加强政策沟通、设施联通、贸易畅通、资金融通、民心相通五点倡议，并将这一构想纳入深化改革的决定："推进丝绸之路经济带、海上丝绸之路建设，形成全方位开放新格局。"①

"丝绸之路经济带"是在古代丝绸之路概念基础上形成的当代经贸合作的升级版。国家主席习近平将"丝绸之路经济带"描绘成一个欧亚大陆内部合作发展的区域空间，即西至欧洲诸国，东到太平洋沿岸国家，中间囊括中亚、印度、波斯湾诸国，形成一个畅通的交通运输

---

① 《中共中央关于全面深化改革若干重大问题的决定》，人民出版社 2013 年版，第28 页。

走廊，被称为"世界上最长、最具有发展潜力的经济大走廊"。由此可知，"丝绸之路经济带"在今天已然具有更加宽广和深远的内涵。"丝绸之路经济带"以中国为出发点，以俄罗斯和中亚地区为桥梁和纽带，以欧洲为落脚点。

内蒙古作为北方草原文化集成区，在草原丝绸之路中一直发挥着极为重要的作用。这决定了内蒙古区域在当今"丝绸之路经济带"中具有枢纽区域的重要战略地位。

1. 内蒙古地区是国内经济战略枢纽区

内蒙古地处祖国北疆，东、中、西三面与国内 8 个省区相邻，北面与俄罗斯、蒙古国接壤，从国内外地理格局来说，具有独特且其他省区无法比拟的地缘优势。这决定了它在现代草原丝绸之路上政治、经济、文化、生态的枢纽区地位。从现代经济格局来看，内蒙古东邻东北经济体、华北京津冀经济体，西部与新疆战略节点衔接，南部与甘肃、宁夏、陕西、山西、河北等省区相邻。这与党的十九大以来内蒙古确定的发展定位是一致的。

2. 内蒙古是沿边开放战略枢纽区

历史经验证明，一个国家、地区或民族的发展进步与其是否开放、开放的程度多大有着直接的关系。历代草原丝绸之路沿线的国家、地区或民族，无不恪守"践行开放"的草原文化理念，与周边地区保持着不同程度的交流往来，表现了古代欧亚草原上的一种发展常态。研究历史上草原丝绸之路的路线可知，内蒙古和蒙古国、俄罗斯南西伯利亚所在区域为广大的蒙古高原，是草原丝绸之路的核心区域。因此，内蒙古北部与俄罗斯、蒙古国接壤，是极为重要的向北开放的桥头堡。这与内蒙古发展思路中所提"建成我国向北开放的重要桥头堡和充满活力的沿边经济带"是吻合的。

3. 内蒙古是北疆稳定战略枢纽区

内蒙古地处我国北疆，与蒙古国、俄罗斯有着长达 3000 多千米的边境线。内蒙古与俄罗斯、蒙古国的关系对我国北疆地区的安全稳定和经济社会的发展极为重要，内蒙古地区自然成为北疆稳定战略枢纽区。习近平总书记 2013 年年底考察内蒙古时提出"守望相助，打造北疆亮丽的风景线"，内蒙古发展思路中也提出将其"建成祖国北疆安全稳定屏障"。这都说明内蒙古地区在我国北疆稳定战略中占有重要地位，这与草原丝绸之路的历史也是符合的。

4. 内蒙古要实现自身发展新跨越

我们在当代进行经济建设和社会发展，除了要根据不断变化的经济社会形势调整发展战略，更需要结合区域历史文化传统和特色进行准确的自我定位。"丝绸之路经济带"战略构想的提出，对于内蒙古经济社会的发展是一个非常好的战略机遇，激发实现内蒙古区域自身发展新跨越创新空间的形成。结合内蒙古地区历史传统和发展现状的分析，它在草原丝绸之路经济带中拥有较多的优势，包括作为全国"模范自治区"贯彻民族区域自治制度的丰富经验，作为北疆屏障且接近华北和京津冀地区的地理位置，保持了高度原生态的优良草原生态环境，拥有较大潜力的人力资源，丰富且大量尚未被开发的经济资源，独具北疆特色的草原文化，以蒙古、满、回、达斡尔、鄂伦春、鄂温克等民族为特色的民族文化等。

历史上，以内蒙古为核心区的我国北方以及相邻的北方草原地区和草原民族，为丝绸之路的经营和存在发挥着不可替代的作用。我国草原广阔，同西伯利亚草原、西亚草原相连互通。历史上，生活于此的各族人民"民心相通"，命运紧密相连。西亚、中亚的文明经过我国北方草原这一丝绸之路中间地带传进中原，华夏文明也通过这一中间地带的演化，变成西亚、中亚人民容易接受的形式，传播得更远。广袤的草原为文化的交融、交流提供了平台。各种文化在草原上互相滋养，丰富文化内涵的同时，也为文化向更深、更广阔的空间传播提供条件。

内蒙古自治区在国家"一带一路"建设全局中具有十分重要的地位。2014 年年初，习近平总书记考察内蒙古时指出，"要通过扩大开放促进改革发展，发展口岸经济，加强基础设施，完善同俄罗斯、蒙古国合作机制，深化各领域合作，把内蒙古建成我国向北开放的重要桥头堡"。国家"一带一路"倡议中明确提出，内蒙古要"发挥联通俄蒙的区位优势，建设我国向北开放的重要窗口"，在"中蒙俄经济走廊建设中发挥重要作用"。

三　草原丝绸之路与中蒙俄经济走廊人文交流基础的构建

（一）坚持求同存异、取长补短原则

2014 年 9 月，国家主席习近平在纪念孔子诞辰 2565 周年国际学术研讨会的讲话中指出："丰富多彩的人类文明都有自己存在的价值。要理性处理本国文明与其他文明的差异，认识到每一个国家和民族的文明都是独特的，坚持求同存异、取长补短，不攻击、不贬损其他文明。不要看到别人的文明与自己的文明有不同，就感到不顺眼，就要千方百计去改造、去同化，甚至企图以自己的文明取而代之。"这为今天研究丝绸之路历史指明一条正确的路径。丝绸之路是中国古代沟通中国与世界的通道，在这条路上，有不同的民族，不同的国家，它们有自己的文化和历史。我们在尊重彼此的背景下，共同研究丝绸之路历史，挖掘丝绸之路文化遗产的重要价值与意义的同时，还能让丝路沿线的人民找回本民族、国家的历史。当前我们提出"新型国际关系""命运共同体""一带一路"等倡议，都是基于对中华文明的自信和其他文化的尊重的基础上提出来的，因此我们在中蒙俄经济走廊建设过程中，要重视文化的作用，要把求同存异、取长补短的原则贯彻始终，在坚持自身文化自信的同时要对其他国家和民族的文化给予足够的尊重和理解。

（二）深入研究丝路文化，加强国家间的交流合作

现阶段，我们亟待深入研究跨国草原丝绸之路的历史与文化，深入挖掘沿线各国草原文化遗产，加强国际合作和交流，包括推进草原丝绸之路的跨国申遗。毋庸置疑，"一带一路"倡议的深入推进，相关

国家历史、文化、民族、经济、社会等的研究,要走在经济建设与国际社会深度合作之前。只有深入了解"一带一路"沿线国家的历史、文化和生活习俗,才能实现相互间的沟通和经济往来,避免误解、误判甚至矛盾冲突。另外,"一带一路"倡议,也促进了这些研究领域的进步,有助于我们突破国家界限,宗教、语言、文化的隔阂,产生重大的研究成果。当前大量中亚、西亚的考古成果、研究成果被重视和介绍给国内学者,大量的翻译成果出现,为我们的研究提供了大量的资料。交流的活跃,也使得国内学者有更多的机会去西亚和中亚实地考察历史遗迹,甚至直接参与考古调查挖掘等工作,这大大提高了研究的准确性与科学性。活跃的史学研究,也能促进沿线各国文化的深入交往,互融互通,进一步促进各国之间的经济和人文交流,最终造福沿线人民。

(三) 古为今用,让丝路遗产活起来

知古鉴今,研究和掌握草原丝绸之路历史文化遗产及其文化价值,是为了服务于当代。因此,应在掌握学术成果的基础上,开展跨国草原丝绸之路旅游路线的建设,加强文化领域的交流合作,打造草原丝绸之路文化品牌和多条跨国草原丝绸之路旅游交通线,如从草原元上都—元代集宁路—亦集乃路黑城,经哈密过新疆,连通中亚、西亚。这条路线上有草原的皇宫"元上都"、元代商贸中心"集宁路"、著名的居延汉简出土地、金元军事重镇"亦集乃路",连通已经申遗成功的"天山廊道",沿古丝绸之路一路向西,通往中亚、西亚乃至欧洲。从北京—集宁—二连浩特—乌兰巴托—俄罗斯,这既是一条重要的商贸之路,又是一条文化之路,更是中蒙俄万里茶道的核心路段,沿途在中、蒙、俄境内有多处有关万里茶道的历史文化遗存。从俄罗斯—蒙古国—满洲里—呼伦贝尔—阿尔山—克什克腾旗—正蓝旗—北京,这一路线上的皇宫、城市、长城、寺庙、石窟遗址成为绝佳的文化之路,沿途还有沙漠、草原、戈壁、森林、山峰、湖泊等绝美的自然地理风光,也是中蒙俄三国跨境民族——蒙古族的重要寻根之路。

(四) 创新文化传播模式，促进文化认同

积极采用高科技，探索文物的保护与展陈手段，让更多文物走出保险柜，走进丝绸之路沿线各国人民的文化生活，让丝绸之路文物成为沿线国家文化交流的媒介，各国人民相互了解、相互认同的途径。这在丰富沿线国家人民文化生活的同时，增强各国各民族人民对历史丝绸之路的认识，有助于各国各民族文化间的相互认同与理解。同时，加强以草原丝绸之路为题材的戏剧、文学、影视等艺术产品的开发与推广。数字化、网络化、智能化时代的到来，为文化的往来提供了极其便利的条件。文化产品的传播途径与速度几乎可以实现实时呈现。这样的时代背景下，符合人民需要的优秀文化产品无疑有着巨大的影响力，一部电影甚至可以改变世界对一个国家和民族的认知。重视文化在交流中的作用，积极创新创造更多、更好有关草原丝绸之路的戏剧、文学、影视作品，丰富沿线国家人民文化生活的同时，提高相互间交往交流交融的深度，拉近彼此的感情，自然也就期望包括中蒙俄经济走廊在内的"一带一路"倡议的实现。

第 二 章

草原丝绸之路文化遗产中蒙古族传承
发展的基本精神及其当代价值

中华文化源远流长，在数千年的中华文化发展历程中，北方民族文化不断为中原文化注入活力，比如蒙古族文化就是在历史发展的长河中积淀为蒙古族的基本精神而传承发展至今，成为中华优秀传统文化的有机组成部分，在草原丝绸之路文化遗产和内蒙古历史文化中占有重要地位，对今天的"一带一路"和中蒙俄经济走廊建设仍产生着重要影响。蒙古族作为统一的民族共同体登上历史舞台是在 13 世纪初，即 1206 年铁木真成为首位大汗，号成吉思汗。至此，"成吉思汗用他强有力的双手把无数个势单力薄且相互敌视的游牧民群体联合成为一个统一的军事和政治整体，使他们瞬间出现，并能够征服整个亚洲"①。这标志着游牧于蒙古高原、以蒙古部落为主体的各游牧族群完成"从氏族语言到部落语言，从部落语言到民族语言过程"，实现在相似经济生活方式上对各部落文化的高度认同。

作为游牧民族的代表族群、民族共同体代表，蒙古族构建的不仅是各个族群、部落的文化认同共同体，还是一种具有游牧族群特点的基本精神、人生观、价值观和世界观，并使其一代一代传承下来，成为世界民族文化中的奇葩，为世界所传颂，对当代世界具有重要的借

---

① ［俄］额邻真·哈拉－达旺：《成吉思汗：一位统帅及其遗产》，陈弘法译，内蒙古教育出版社 2008 年版，第 8 页。

鉴作用。同时，它在中蒙俄经济走廊深入推进过程中，也将继续发挥聚心合力的作用。

第一节　蒙古民族精神传承的基本要素及其形成

史料记载，蒙古族的名称始见于唐代，是由居住在今额尔古纳河东侧、大兴安岭北端的蒙兀室韦部落逐渐壮大发展而来。从大兴安岭地区的森林深处走向草原，成为 13 世纪蒙古草原霸主、把中世纪欧亚大陆文化串联并继承下来的族群代表，最后又以"蒙古族"这一独立称谓成为游牧民族代表、游牧文化的载体。

"游牧是一种环境资源、动物资源与人之相互依存关系、人群社会组织与结构，以及牧民于外在世界之关系，四方面紧密结合的人类生态。"① 蒙古族起源的蒙古高原，大部分地区属于干旱和半干旱的气候，降水少，戈壁、荒漠面积大，夏季短，冬季长，生长期短，不适合农业生产，只能"利用食草动物之食性与他们卓越的移动力，将广大地区人类无法直接消化、利用的植物资源，转化为人们的肉类、乳类等食物以及其他生活所需"②。随着食草动物的流动，人们跟着这些动物在一定的区域迁移。迁移、移动成为游牧人最重要的特征。提起游牧文化，映入脑海的就是一幅迁移、移动的画卷。

驯马、养马技术的提升，为蒙古人远距离地游动和游牧提供了保障，同时增强了蒙古游牧民的谋生能力。当然，也会带来一些问题，如草场、水源成为部族争夺的"主要内容"。一个部族的迁徙必然会触及另一族群的利益，这就会引起移民与土著之间为了争夺土地和水草产生的冲突、争执，其处理无外乎"你死我活"的战争和坐下来心平气和的谈判两种方式以及占领与被占领、平分资源两种结果。无论哪

---

① 王明珂：《游牧者的抉择》，上海人民出版社 2018 年版，第 15 页。
② 同上。

一种方式，两个部族、族群都要接触，就会形成新的认知，导致独立存在的氏族和部落越来越少，蒙古社会朝着同一方向发展。成吉思汗的出现对蒙古族文化升华、精神统一、民族共同体构成发挥了不可替代的作用。

一 统一蒙古民族精神的形成要素

一方水土养育一方人。自然环境是人类生产生活的基础，人与自然构成一个相互影响、相互支撑的结合体。在自然环境的各种要素中，气候是决定民族文化的基因。生存的地质、地理环境决定人们的生产社会方式，也是构成同一地域各种族群共同精神的要素。

（一）气候环境对蒙古民族精神形成的影响

没有比气候更能直接并严重影响人类发展进程的了。它不仅影响人类族群种类、人口数量，还会影响到族群文化以及民族精神的形成和发展。

即使古代欧亚草原的气候条件与现代的气候都没有大的变化，但是由于人类抵御自然环境的能力有限，气候条件仍然是决定人们生活方式和生产方式的主要因素，尤其体现在经济上。蒙古高原相对恶劣的气候环境以及生态环境，让这里的人群和政权不断发生变化。从远古匈奴帝国中的匈奴人到8—9世纪兴起的突厥汗国，再到13世纪兴起的蒙古帝国中的蒙古族，氏族部落、部落族群和政权的更迭与交替不能说百分之百与气候有关，但至少是因气候发生变化后影响到这些人的生存。"草原和水对所有的人来说，永远都是不够的，某些人注定要搬走。每一次迁移总会导致新移民与当地人之间的冲突。"① 所以，气候变化既是氏族群体兴起的契机，又是氏族群体走向民族灭亡的开始，

---

① ［美］狄·约翰、王笑然主编：《气候改变历史》，王笑然译，金城出版社2014年版，第8页。

其至"能够或多或少影响一国的政治"①。气候决定蒙古高原的族群像候鸟一样迁徙的生活方式,依赖动物获得生活资源的经济生产方式成为蒙古草原游牧文化的基因,也是蒙古民族文化的基因之一。"人们因环境选择牧养特定动物性牲畜,或经由选种、配种繁衍有特定'动物性'的牲畜,以获得主要生活资源。"② 动物的自然依赖性较大,具有移动和迁移的特点。因此,以游牧为主的蒙古族自然形成游牧的生产生活方式及与此相关的精神文化特点。

(二)生态环境决定生产生活方式,形成与之相适应的精神文化特点

中国境内形成的不同类型文化形态,如农耕文化、草原文化、山地文化、高原文化等,与气候、自然环境尤其是生态环境休戚相关。蒙古族文化形成、民族精神体系构建与蒙古族生活的地域、气候条件等密切相关。"古代蒙古人在狩猎、牧业生产等生产生活中加深了对自然的认识,知道与自然和谐相处的道理,对自然力量和现象有了深刻的领会。"③ 这种深刻的领会逐渐形成游牧民族传统文化,固化在游牧民族的精神世界,成为民族传统思想。

(三)欧亚草原游牧民族共性基因的影响

蒙古族出现在蒙古草原是在隋唐时期,冠以"蒙兀室韦"名称。但是考古发现并研究证实,蒙古族与古代匈奴、东胡、鲜卑、柔然等游牧族群具有亲缘、血缘关系。"自匈奴以来,先后统治过这个地方(指蒙古高原)的有鲜卑、柔然、突厥、回鹘等,都没有留下来成为当地的主体民族。"④ 表面上看,他们只是你来我往,多次反复,实际上,

---

① [美]狄·约翰、王笑然主编:《气候改变历史》,王笑然译,金城出版社2014年版,第15页。

② 王明珂:《游牧者的抉择》,上海人民出版社2018年版,第39页。

③ 那仁敖其尔、赛音德力根:《成吉思汗与蒙古文化》,乌恩奇译,内蒙古文化出版社2007年版,第48页。

④ 《蒙古族简史》编写组:《蒙古族简史》,民族出版社2009年版,第7页。

每一次彼此交流、融合发展的印迹，都成为蒙古族形成的隐性元素。例如，驯马技术在狩猎部落中的传播，畜牧业在蒙古高原上的传播，回鹘文字对蒙古民族文字形成的启迪作用等，成为蒙古族形成的基因。可以说，在欧亚草原栖息繁衍又被湮没在历史洪流的游牧民族都曾是草原文明与文化的缔造者、传承者和传播者，也是蒙古族游牧文化、民族精神构建的基础。

二 黄金家族对蒙古民族精神形成发挥的统领和规范作用

就像秦始皇统一六国，统一文字、度量衡，建立较为完整的政治制度和经济体制一样，蒙古族统一的民族共同体意识形成与成吉思汗及其所属的黄金家族密不可分。首先，成吉思汗家族先祖奉行的"乞颜"精神对蒙古民族精神形成发挥积淀作用；其次，是铁木真、窝阔台、忽必烈在蒙古民族精神传承和发展中发挥关键的作用。

（一）铁木真家族"乞颜"精神及其在统一蒙古各部中的作用

诸多史料记载，铁木真家族是乞颜部落的一支。成吉思汗曾祖合不勒汗在位时期再次复兴该称号，旨在号召部落所有的蒙古人依靠自身力量成为"大无畏"的人，振兴其在蒙古高原东北部建立的全体蒙古人"和木黑·忙古勒"（合体蒙古）政权。① 由此可见，成吉思汗家族对"乞颜"部落文化的认同度很高，并且将这种文化孕育在家族、氏族教育中，予以传承、发展。合不勒汗是将"乞颜"部族文化推向蒙古游牧社会，并用在蒙古国政权的第一人。他将"乞颜"部落文化精髓运用到政权中，"其后经过'也速该奇颜'阶段，最终由成吉思汗创建蒙古汗国，掀开了奇颜部孛儿只斤氏的历史新篇章"②。成吉思汗家族，特别是曾祖合不勒汗把蒙古草原游牧民族的文化精髓从部族符

---

① 那仁敖其尔、赛音德力根：《成吉思汗与蒙古文化》，乌恩奇译，内蒙古文化出版社 2007 年版，第 55 页。

② 同上书，第 56 页。

号变为"全体蒙古人的国家主义徽记的旗帜"①。合不勒汗的"和木黑·忙古勒"为成吉思汗建立横跨欧亚的大蒙古帝国开创先河，奠定了坚实的精神文化基础。

自曾祖合不勒汗之后，蒙古高原上的游牧部落开始认同"乞颜"部族文化。《多桑蒙古史》记载："合不勒汗有 7 个孩子，均以骁勇闻名，其称为乞牙惕人。"② 这说明合不勒汗本身非常认同"乞颜"文化，其家人也引以为豪，也说明这一家族在蒙古人中的口碑与威望很高。铁木真的祖父俺巴孩和父亲也速该巴图尔继续发扬"乞颜"文化光荣传统，以"乞颜"的部落文化规范言行，磨炼意志，成为全体蒙古人的"精神象征"。

"乞颜"文化是以乞颜部落为主体，以乞颜人的文化为核心，以其繁衍生息依据的自然环境为根基形成的文化。这个部族的文化根基首先是"大无畏精神"；其次是与大自然和谐共生的"崇天敬地"思想；最后是以英雄为榜样的"向心力精神"。成吉思汗将这一文化提升到蒙古族的民族精神层面。

(二) 成吉思汗对蒙古民族精神传承的贡献

成吉思汗，名铁木真，1162 年出生于"乞颜孛儿只斤"氏族，1189 年成为乞颜部的汗，1206 年成为全蒙古的大汗，号成吉思汗。"氏族习俗造就了一个人领导十足的思想，服从个人权威的思想。"③ 成吉思汗从家族主要是母亲身上接受"乞颜"精神教育，并将这种思想运用到实践中，让草原各部落信奉，并贯穿于日常生活，成为民族文

---

① 那仁敖其尔、赛音德力根：《成吉思汗与蒙古文化》，乌恩奇译，内蒙古文化出版社 2007 年版，第 56—57 页。

② 多桑：《多桑蒙古史》（汉文）上册，内蒙古人民出版社 1990 年版，第 6 页。转引自那仁敖其尔、赛音德力根《成吉思汗与蒙古文化》，乌恩奇译，内蒙古文化出版社 2007 年版，第 58 页。

③ ［俄］额邻真·哈拉－达旺：《成吉思汗：一位统帅及其遗产》，陈弘法译，内蒙古教育出版社 2008 年版，第 54 页。

化的组成部分。所以，成吉思汗不仅是蒙古族形成的奠基人，也是蒙古族文化及其精神形成的奠基人，更是把"乞颜"精神上升为民族精神的实践者。

铁木真9岁时，父亲被塔塔儿人暗中用毒酒害死，铁木真母子被部落贵族遗弃，甚至遭到"绝杀"。在母亲诃额伦夫人"乞颜"精神教育与感召下，成吉思汗逐渐将自己铸炼成一个大无畏、刚毅、睿智的"乞颜人"。在布尔罕山一带共同度过的以钓鱼、捕鼠、采集野果为生的艰苦岁月，对铁木真的意志力是一次严峻的考验与锻炼。他感受到自强的重要性，团结的力量，于是借助强大的身躯和"乞颜"智慧寻找可以与自己同生共死的"安答"（合作的好伙伴）。儿时同伴扎木合的加入，壮大了他的力量。"扎木合头脑清醒，精力充沛，在本氏族中颇有影响力。"① 二人尽管世界观不同，但在保护游牧民生产生活方式上，有高度的共识。博尔术、木华黎等一批仰慕英雄的勇士逐渐来到铁木真的身边，替他效力。后来，又有一些乞颜氏贵族投奔铁木真，他的势力逐渐扩大。1189 年，铁木真被推举为乞颜部落的汗。

铁木真因其出身"乞颜贵族"，受父母以及家族教育影响，头脑中一直保持严格的贵族世界观："臣服居住在蒙古高原的所有部落和民族，把它们建成一个完整强大的统一体。"② 同时，让自己统领下的蒙古人增光添彩、盛名远扬，成为其理想和抱负。被推举为乞颜部落的汗王后，铁木真谨记母亲教诲，以英雄为标杆，唯才是用，开始实践其"乞颜"精神。组建乞颜部落政权时，他不是在构建以乞颜氏为主的家族式政权体系，而是在构建以其他氏族、部落贤能将才为主的"能人政权体系"。这一体系是铁木真智慧运用"乞颜"精神中的英雄主义和谐理论的体现。在这一决策方针引领下，投奔铁木真的英雄、智贤、才子越来越多。例如，木华黎、博尔术、哲别、耶律楚材等都

---

① ［俄］额邻真·哈拉 - 达旺：《成吉思汗：一位统帅及其遗产》，陈弘法译，内蒙古教育出版社 2008 年版，第 26 页。

② 同上书，第 31 页。

是在不同时期投奔到铁木真大帐下的有识之士。这些人成为成吉思汗完成蒙古统一大业的宝贵人才资源。人才是第一生产力，也是发展的原动力。在这些能人贤才的鼎力支持与协助下，铁木真组建军队，整顿军纪，"把军队整顿成为纪律严格、斗志旺盛和高度集中的武装力量"①。这支军队在铁木真"不分部族来源，不分地位高低，唯才是用"方针的指引下，斗志昂扬，所向披靡，最终完成蒙古草原各游牧部落的统一大业。

1206 年，蒙古各部在鄂嫩河畔举行大会，推举铁木真为全蒙古的大汗，号"成吉思汗"，建立蒙古汗国，结束了蒙古高原各部落封闭割据的状态，"为蒙古民族共同体的形成奠定基础。从此'蒙古'这一名称成为原来蒙古各部共同的名称。蒙古民族作为一个整体登上世界历史的舞台"。成吉思汗是"中国历史上杰出的人物和蒙古民族的英雄"②，他的成长过程就是践行"乞颜"精神的过程。蒙古汗国成立后一系列治国理念的提出和践行，是升华、凝练"乞颜"精神为民族精神的实践过程。

蒙古汗国建立后，成吉思汗把"乞颜"精神文化元素嵌入其政治统治体制。"成吉思汗订立法度，'既没有劳神去查阅文献，也没有费力去遵循传统；……全是他自己领悟的结果，才能的结晶。'"③ 在千户制基础上组建的"护卫军"，就是典型的"英雄主义"模式。在人选上，一方面看功绩，另一方面是看此人在军中的威望。功绩靠的是自身高强的军事才华，威望看的是品德。"德才兼备"把"乞颜"文化中"英雄主义"的内涵上升到蒙古汗国的治理体制。"他（成吉思汗）把全蒙古部众划分为 95 个千户，分配给开国有功的臣僚 88 人。"在蒙古汗国开国的 88 个臣僚中，博尔术、木华黎、哲别（只儿豁阿歹）、纳

---

① 《蒙古族简史》编写组：《蒙古族简史》，民族出版社 2009 年版，第 28 页。
② 同上书，第 29 页。
③ 志费尼：《世界征服者史》（上册），何高济译，内蒙古人民出版社 1982 年版，第 27 页。转引自《蒙古族简史》编写组《蒙古族简史》，民族出版社 2009 年版，第 30 页。

牙阿、豁尔赤等都不是成吉思汗"黄金家族"成员，但都是"开国功臣"。成吉思汗深知这些功臣在未来国家整合、发展中所发挥的"聚心合力"作用，以"安答"身份予以重任。

千户制打破以血缘为主的部落结构，建立将基本军事单位和地方行政单位融为一体的组织，实际上是把游牧文化中"马背英雄主义"元素放在地方行政单位。"上马则备战，下马则屯聚牧养"的双重管理制度，让马背民族的骑马技艺永远传承下去，让马背英雄继续成为蒙古汗国的旗帜和标杆。

千户制划分、分封过程中也体现了"乞颜"文化中的"英雄"和"和谐"元素。千户分封构成打破过去氏族的界限，实行以地域为主的管理单位，分散了氏族贵族"抱团复辟"的可能性，淡化蒙古高原广大地域内人员的隶属关系，增强了彼此交往、融合的可行性和可能性，把"乞颜"文化中"人与自然和谐共生"理念附加在人与人的关系中，倡导人与人的和谐共生，为蒙古民族共同体的形成奠定基础。

此外，成吉思汗把"乞颜"氏族文化中人与自然有规律的和谐关系上升到国家司法、法律体系，成为"成吉思汗约孙观"的重要理论基础，"是他本人从多年艰苦斗争和广泛而又成功的实践中反复深思熟虑、不断研究总结、提炼而来的全面而又科学的思想观念"①。成吉思汗早年的教育来自母亲的"乞颜"文化启蒙，基础是"乞颜"氏族文化。这一文化伴随其一生，并将这种精神文化与艰苦卓绝的斗争生涯紧密结合起来，形成自己的一套理论思想，即"约孙观"——"和谐安定、有规矩、有道理"，并使其成为全体蒙古人共同遵循的社会准则，根基是"社会已有的习惯法"。② 这说明，以成吉思汗家族为主的行为习惯是蒙古汗国制度制定的基础。

---

① 那仁敖其尔、赛音德力根：《成吉思汗与蒙古文化》，乌恩奇译，内蒙古文化出版社 2007 年版，第 94 页。

② 《蒙古族简史》编写组：《蒙古族简史》，民族出版社 2009 年版，第 34 页。

（三）窝阔台在蒙古民族精神构建中的作用

1227 年 7 月，成吉思汗在攻打西夏时病逝于军中。按照蒙古族习俗，幼子拖雷监国。1228 年，诸王贵族在却绿连河（今克鲁伦河）召开大会，"遵照成吉思汗遗嘱，推举成吉思汗第三子窝阔台继承汗位"①。窝阔台在位 12 年（1228—1241 年），除了继承父王遗志、继续开疆拓土，在政治、经济、文化等方面也采取一系列措施，进行必要改革。从这些举措中不难看出他对家族"乞颜精神"的发扬光大。"按照蒙古体制，实行分土分民，将中原诸州民分赐诸王、贵戚、功臣。"②这一举措实际是沿袭父亲成吉思汗不任人唯亲，唯才是用，崇尚英雄、重视英雄"乞颜"精神和"约孙观"的体现。

此外，窝阔台看到中原生产生活方式的便捷、中原农耕文化的益长之处，即文化科学在民族发展中的重要作用，于是打破父亲"办学为官宦子弟"的理念，开办较为正规的学校，开创蒙古族学校教育的先河。窝阔台不仅延请本民族圣贤之人担任老师，还延请中原的仁人志士担任老师，传授"四书五经"等中原古圣先贤的名篇大作。窝阔台这一举措大大提高蒙古族的整体文化水平和文化修养，为以中原汉族为主的各族群与蒙古游牧民族接触与融合提供了渠道和平台。

（四）忽必烈在蒙古民族精神传承中的贡献尤为重要

忽必烈对蒙古族精神文化传承发展的突出贡献体现在做的两件大事上：一件是选择将藏传佛教作为民族统一宗教信仰，试图"建设一种适合于庞大版图的文化——超越各民族文化的帝国文化"③。在蒙古帝国时期，今中亚地区和阿尔泰地区的游牧族群中已经有信奉基督教（时称聂思脱里教）、伊斯兰教的信众，加之蒙古民众以信奉萨满教为主。尽管成吉思汗、窝阔台的文化包容政策给蒙古帝国带来文化多样

---

① 《蒙古族简史》编写组：《蒙古族简史》，民族出版社 2009 年版，第 42 页。

② 同上书，第 44 页。

③ 朋·乌恩：《蒙古族文化研究》，内蒙古教育出版社 2007 年版，第 13 页。

的繁荣景象，但忽必烈建立的元朝还是以汉族为主，以信仰儒释道为主。为了便于思想统一，忽必烈引进与蒙古民族在生产生活方式上有相同之处，且文化差异不大的藏传佛教作为国教，形成思想认识上的大一统。第二件大事是，1269 年命帝师（又称"国师"）巴思八创制一种"译写一切文字"的拼音文字"国字"，"以满足大一统多民族王朝文化建设的需要"[1]。忽必烈引进"国教"、创造"国字"的目的就是想延续父辈思想，凝聚蒙古帝国的民族精神。尽管"国字"没有传承下来，"国教"没有完全渗透到蒙古民族社会的底层，"使得蒙古社会的文化根基仍然是萨满文化"[2]。但是，经过成吉思汗、窝阔台、忽必烈三代汗王的努力，具有鲜明特色的民族祭祀制度、语言体系、服饰、饮食传统等得以保留下来；崇尚英雄、与自然和谐相处的"约孙观"，"和谐安定、有规矩、有道理"的思想体系得以保留下来，积淀在"崇尚自然、践行开放、恪守信义"的草原文化核心理念和民族精神之中，而且对今天弘扬社会主义核心价值观也具有重要的借鉴意义。

第二节 蒙古民族精神与当代 社会发展理念的关系

铁木真自 1189 年成为乞颜部落汗王，便开始践行"乞颜"精神，在随后统一蒙古各部过程中，将该文化精髓与自身的实践活动相结合，构建起游牧国家治理体系，对构建蒙古族共同体发挥了"聚心合力"的作用。"乞颜"精神"作为蒙古民族精神，对成吉思汗的哺育成长并完成空前伟业有着决定性的影响。同时他又在成吉思汗的智慧的陶

---

[1] 朋·乌恩：《蒙古族文化研究》，内蒙古教育出版社 2007 年版，第 13 页。
[2] 同上书，第 15 页。

冶下更加完善化和体系化，变为蒙古思想文化的宝贵积淀"。① 同时，作为蒙古民族优秀传统文化的重要组成部分予以传承，成为当今蒙古民族共同的精神文化根基和宝贵财富。

一　自然和谐的世界观与当今生态文明观的共性关系

蒙古族是典型的游牧民族，"逐水草而居"的游牧生活受自然环境影响非常大，从而形成蒙古族特有的价值观、世界观和认识论，这一切都体现在蒙古族衣食住行的方方面面。其中，崇天敬地的自然和谐世界观成为根深蒂固的民族精神基因。这是恶劣的自然环境对蒙古族的馈赠。

游牧民族不断迁移的生活方式对族群的体力是一种消耗，在迁徙过程中出现的包括暴风骤雨、疾病肆虐的各种天灾和猛禽野兽突然袭击的各种意外在游牧民原始朴素的思维体系中，都是"上苍的有意安排"。为此，必须敬重自己生活的这个"天地"，形成崇天敬地朴素的自然和谐观。作为游牧民族的继承者，蒙古族文化中自然而然地保留了人与自然和谐共生的思想。"他们摆正了人与自然的关系，也就是说，蒙古人从自然的客观规律性和人的主观性的统一中寻求主体的能动性。"② 从蒙古族衣食住行的生活理念、生产生活方式，以及流传下来的诸多谚语、俗语、语言、传说、神话故事中，都能看到、找到准确反映人与自然和谐相处的精美诗句和文章。

蒙古族崇尚节俭，对牲畜的饲养、宰杀、食用都以遵循草原自然生态环境为己任。保留至今的四季轮牧制就在遵循草原生长规律，不要牲畜吃尽所有"干粮"，给予草原"休养生息"的机会。蒙古族有不食动物内脏的习俗，宰杀五畜时要把一部分东西扔向草原，给草原上的其他生灵留有生存空间。蒙古包的搭建用材简单，取于动植物皮毛

---

① 那仁敖其尔、赛音德力根：《成吉思汗与蒙古文化》，乌恩奇译，内蒙古文化出版社 2007 年版，第 79 页。

② 同上书，第 41 页。

和方便携带且可多次重复使用的木材，都反映出蒙古族对生态的保护。蒙古族敬火敬水的习俗也反映出人与自然和谐的生态观，与当今提倡的绿色生态观遥相呼应，准确回答了人与自然不是征服与被征服、利用与被利用、开发与被开发的二元对立关系，而是同为一个生态系统相互依存、和谐共生的关系。

与蒙古族相比，其他民族对待人与自然的关系时有过错误的认识，认为人与自然是利用与被利用的对立关系，这种观念一直到 20 世纪 70 年代，人类社会面对工业文明的快速发展，资源约束趋紧，环境破坏日趋严重，生态系统严重退化的严峻形势，这才意识到，赖以生存的地球环境已经没有能力支撑工业文明继续发展，人类需要开创一个能够与地球和谐共生的环境用以支撑人类的繁衍与持续发展。人类开始反思游牧文明中的进步元素，汲取其中的先进元素，号召国际社会携手共建一个人与自然、人与社会，甚至是人与人能够和谐共生、良性循环、全面发展、持续繁荣的社会形态。1972 年，联合国在斯德哥尔摩召开有史以来第一次关于人类与环境关系的会议，并通过了《人类环境宣言》。这次会议被认为"揭开了全人类共同保护环境的序幕"，意味着承认人类与环境是生态系统的组成部分，必须和谐共生。1983 年 11 月，联合国成立世界环境与发展委员会，1987 年该委员会发表题为《我们共同的未来》长篇报告，首次提出"可持续发展模式"概念，认识到保护生态环境的重要性，是功在当代、利在千秋的事业。1992 年，联合国环境与发展大会通过的《21 世纪议程》中，再次高度凝结环境对人类未来发展的影响，以及对可持续发展理论的深刻认识。为保护环境、维护生态系统的良性和可持续发展，国际社会高度重视环境治理、生态发展，并将生态环境发展确认为人类继农业文明、工业文明之后的第三大文明。生态文明的前提是，"以人与人、人与社会和谐共生为宗旨，建立可持续的生产方式和消费方式为内涵，引导人们走向持续、和谐的发展道路为着眼点"，与蒙古民族传承的"约孙观"核心要素一脉相承，即尊重人与自然、人与社会、人与人之间和谐发展的规律。

二　蒙古族的法制观对生态环境及野生动物保护的重要意义

生态环境安全是中蒙俄经济走廊建设的重中之重，经济社会发展与生态承载力达到动态适应，有利于实现多要素的可持续发展。中蒙俄经济走廊建设，就是把我国的丝绸之路经济带与蒙古国的发展之路、俄罗斯的跨欧亚大铁路相互衔接，依据欧亚草原等自然资源生态环境的时空格局，加强三国合作构想，明确合作方向，为实现"一带一路"倡议做出应有贡献。

蒙古族《成吉思汗法典》（即成吉思汗《大札撒》）规定了草原保护的相关内容。其第五十六条规定：草绿后挖坑致使草原被损坏的，失火致使草原被烧的，对全家处死刑。[①] 可见，早在成吉思汗时代，蒙古族的先民已经意识到保护草原的重要性。《成吉思汗法典》以法律的形式明令保护草原，并对破坏草原的人给予最为严厉的处罚，从而最大限度地保护草原，促进人与自然的和谐发展。另外，《成吉思汗法典》的主要特点之一，是继承蒙古族游牧业经济的古代传统，依法保护草场，禁止施放草原荒火和坑攉草地；依法保护野生动物，围猎要在规定季节进行，解围时放走母畜和仔畜，注意草原生态平衡。蒙古族保护草原生态的法制观对中蒙俄经济走廊建设中加强多边生态环境保护的交流互鉴与构建多边的生态环境保护与建设的法律规范提供了智力支持和理念保障。

以内蒙古自治区为例。1963 年，为了更加明确"禁止开荒，保护牧场"的方针，在全国率先颁布《内蒙古自治区草原管理条例（试行草案)》，经过三年调整，封闭 400 多万亩开垦不当的草场。1965 年 4 月，内蒙古自治区人民政府修改并发布了《内蒙古自治区草原管理条例》。改革开放后，1980 年再次启动《内蒙古自治区草原管理条例》

---

① 参见内蒙古典章法学与社会学研究所编《〈成吉思汗法典〉及原论》，商务印书馆 2007 年版，第 9 页。

的修改，1982 年 3 月颁布了《内蒙古自治区草原管理条例（试行）》。从 1985 年 1 月实施《内蒙古自治区草原管理条例》，到 1987 年全区形成配套性法律规章 46 件，初步形成草原管理法规体系框架。1991 年、2004 年，为适应牧区形势变化和上位法律规范，自治区立法部门对《内蒙古自治区草原管理条例》进行修订。2011 年 9 月，内蒙古自治区第十一届人民代表大会常务委员会第二十四次会议通过《内蒙古自治区基本草原保护条例》，并于 2016 年 3 月通过决议予以修正。至此，内蒙古形成《内蒙古自治区草原管理条例》《内蒙古自治区基本草原保护条例》为基本框架的草原保护法规体系。可见，内蒙古在对自然资源和生态环境保护的法制建设上已经取得显著成效。

由于历史原因，中国内蒙古、宁夏、新疆以及蒙古国、俄罗斯的一些省区沙漠面积占有相当大的比重，给当地的经济发展造成严重困难，特别是对农牧业的发展危害极大。另外，进入 21 世纪，我国在蒙古国、俄罗斯投资的企业和个人逐年增多，多数从事矿产资源开发。因此，在中蒙俄经济走廊建设中，也应着力加强多边环境保护合作。

（一）生态环保合作是中蒙俄经济走廊建设的根本要求

要高度重视绿色"经济走廊"建设。主动做好环保规划，加大生态环境保护力度，着力深化环保合作，有力有序有效地将绿色发展要求全面融入"政策沟通、设施联通、贸易畅通、资金融通、民心相通"，构建多元主体参与的生态环保合作格局，携手打造绿色经济走廊。尤其在投资贸易中突出生态文明理念，加强生态环境、野生动植物多样性保护和应对气候变化合作。这是践行生态文明和绿色发展理念、提升"经济走廊"建设绿色化水平、推动实现可持续发展和互利共赢的根本要求。

（二）生态环保合作是实现"经济走廊"区域绿色转型发展重要途径

"经济走廊"沿线国家的大多数地区为不发达地区，有些地区还属于贫穷落后地区，普遍面临工业化和城镇化带来的环境污染、生态退化、经济乏力等多重挑战，期望加快转型、推动绿色发展、提高生活水平的呼声不断增强。当前，中国一些投资企业在蒙古国、俄罗斯积极探索生态环境保护与自然资源开发平衡模式，大力发展绿色经济，已经取得一些成功经验。因此，开展生态环保合作，有利于促进"经济走廊"沿线国家有关地区生态环境保护能力建设，推动沿线国家有关地区坚持绿色发展理念，处理好经济发展和环境保护关系，积极应对挑战，这是实现区域经济绿色转型的重要途径。

（三）生态环保合作是落实《"一带一路"生态环境保护合作规划》的重要举措

中蒙俄经济走廊是"一带一路"首个多边经济合作建设的走廊。当前，绿色发展已成为世界各国发展的共识。我国环保部制定的《"一带一路"生态环境保护合作规划》旨在共同提高"一带一路"沿线国家国民的长远福祉，明确提出绿色发展与生态环保合作的具体目标，为未来沿线各国可持续发展和多边国际环保合作指引方向。中蒙俄经济走廊生态环保合作必将有力促进沿线有关国家和地区实现可持续发展与绿色生态环境保护的目标与愿景。

三　蒙古民族开放、包容精神是欧亚大陆文明和文化多样性留存保障

牧民的生产生活方式决定了他们的价值观，以及对待生活的宽容、包容态度。恶劣的气候条件以及相对落后的抗风险能力决定游牧人必须用开放的胸怀接受来自大自然的各种意想不到的"馈赠"：或者是风调雨顺、五畜膘肥体壮的丰厚礼物，或者是滴水不降、蝗虫肆虐、人畜被迫迁移的困境灾难。这一切都是"上天的馈赠"，必须接受。这就磨炼出蒙古族开放、包容、接纳的民族性格。

受自然环境影响，游牧人靠游牧获取的生产资料有时难以满足自身的生活需要。"游牧是一种不能自给自足的经济生产模式，因此，游

牧社会人群与外在世界人群有各种互动模式，以获取外来资源。"① 蒙古族常年游牧于高寒干旱的蒙古草原地区，恶劣的自然环境和气候条件决定了蒙古族无法脱离与之相符的社会组织，必须与之保持稳定的关系，以开放与包容心态接纳其生活的自然环境、气候条件、生态环境，才能满足其游牧的一切需要。成吉思汗将蒙古族群具有的小我开放与包容提升到国家层面，以严格的纪律予以明确规范。根据马可·波罗的记载，"每征服一个地区后，他（指成吉思汗——作者注）都不会欺负当地的百姓，也不会剥夺百姓的权利，只是在率部离开该地继续进行新的征服行动时在当地百姓中安插几个自己人而已"②。由此可见，在所有征战过程中，对于被征服地区的百姓奉行的是不欺不辱的严明纪律。正因如此，蒙古各部对成吉思汗的爱戴、认可、认同度逐渐增高，许多敌人的部下逐渐变为成吉思汗忠心耿耿的奴仆。《蒙古秘史》中记载的故事很多。例如，邀请阔阔出、维吾尔人塔塔统阿等为其服务和不给勃斡儿出受封的故事都反映了成吉思汗对"异族"、异族文化包容和一视同仁的态度。"他宽厚待人，使百姓'手有所做，足有所置'，让臣民享受到从未有过的幸福安康。"③ 正是因为成吉思汗开放、宽容的态度，不同部众、族群的百姓不断加入队伍，由此壮大"乞颜"部落的"臣民队伍"。四大汗国确立的朝政制度也体现其宽容、包容的思想，为蒙古族走向世界奠定了坚实的群众基础。

窝阔台在位期间（1229—1241 年），通过"南征北战"先后灭金朝、南宋，并通过"长子西征"将蒙古国的权力扩展到今匈牙利、布达佩斯等地，基本打通欧亚大陆的草原通道。忽必烈又将中原王朝囊括其中，形成一个横跨欧亚大陆的"草原蒙古帝国"。窝阔台汗和忽必

---

① 王明珂：《游牧者的抉择》，上海人民出版社 2018 年版，第 16 页。

② 哈罗德·兰姆：《成吉思汗——全人类的皇帝》，伦敦，1928 年版，第 69—70 页。转引自［俄］额邻真·哈拉－达旺《成吉思汗：一位统帅及其遗产》，陈弘法译，内蒙古教育出版社 2008 年版，第 46 页。

③ ［俄］额邻真·哈拉－达旺：《成吉思汗：一位统帅及其遗产》，陈弘法译，内蒙古教育出版社 2008 年版，第 51 页。

烈汗不断完善帝国内部政治、经济制度。通过"设立站赤""设置探马赤""立朝仪""典领百官""订立赋税制度",规范、规整蒙古帝国的朝令典章。其中,"驿站制度"为亚欧大陆东西两端的互联互通提供了高质量的服务。在亚欧大陆出现一条崭新的商贸之路,即从中原地区向北越过古阴山(今大青山)、燕山一带的长城沿线,西北穿越蒙古高原、南俄草原和中西亚北部,直达地中海北陆的欧洲地区的通道。因为蒙古帝国极为重视驿站的管理和驿路的维护,"止则有馆舍,顿则有供帐,饥渴则有饮食"①,使得这条通道保持了长久的通畅,"从克里米亚到中国的道路完全畅通,没有危险"②。通道的西半段,经过察合台汗国、钦察汗国到达东欧与西亚。东段分为三条干道:帖里干道、木怜道和纳怜道,都以蒙古帝国的故都哈剌和林为起点,经过诸多城镇,到达元朝的首都上都和大都。

尽管元朝与蒙古其他汗国存有名义上的宗主权,无实质管辖权,但是蒙古帝国时期制定的保护商人、维护商路畅通的"札撒"(法律制度),各汗国仍然坚持遵守,与元朝一起,维持丝绸之路的畅通。如钦察汗国,第二代汗拔都大力维护驿站和商路,"力图把侵占的所有各地区过去的贸易活动恢复过来";第八任可汗脱脱在内乱后注重保护过往商队,让"那些国家的货物和珍奇物品在中断了一个时期后,如今又能畅销各处";待到第十任可汗月即别时,更是不惜人力、物力维修道路,设置驿站,并派重兵保护,保证来往使节和商队的"衣食住行"。一些重要的驿站随着商贸物流的发展,演变为重要的商业城市。例如,金帐汗国的都城——萨莱城就是在 1243 年拔都西征回来后建设的,1395 年毁于战事。察合台汗国地处中亚,是联通东西方的枢纽。其商路以撒马尔罕为中心,北上渡过锡尔河,到达塔什干、奇姆肯特,再

---

① (明)宋濂等撰:《元史》卷 101《兵志四·站赤》,中华书局 2008 年版,第 2583 页。

② A. Evans, *La Pratica della mercatura*, Cambridge: The Medieval Academy of America, 1936, pp. 21–23.

向东经塔剌思河、楚河，抵达伊塞克湖附近，再向东抵达阿力麻里，北上沿巴尔喀什湖到达叶密立和霍博，再通向元朝。南下经铁门，抵达忒耳迷，从忒耳迷向南渡过阿姆河，折向西可抵达伊儿汗国、西亚、北非乃至东欧。因此，历任可汗都很重视维护商路发展和商业城市，尤其到第十七任可汗答儿麻失里时，在撒马尔罕为中心的河中地整饬商路，使得这里发展出一万多家客店，为行人提供食物和马料。"大量商人涌到他的汗国，满载着对他的赞誉而归，以至于他的领地成了这些商人行商的通道和经常性的交易场所。"①

正是在元朝和各蒙古汗国的共同努力下，新开辟的丝绸之路商业往来极为通畅，乃至有学者认为这是人类历史上第一个"世界时代"，是日后新世界的铺垫。② 在元代，一个商队从欧洲到元朝的首都大都仅需要 275 天左右，包括货物在旱路、水路来回装卸的时间。一路上，"平安无事，毫无惊险风波"，而且"不需为马匹携带饲料，也不需为跟随商队同行的人们携带粮食。此外，商队不带向导，因为草原与农业地区有着人烟稠密的畜牧业和农业居民点，只需付出若干报酬即可获得一切必需物资"。③ 从留存文献记载以及遗址中可以看出，威尼斯商人、阿拉伯商人、突厥商人、波斯商人的足迹遍布欧亚，特别是中亚地区的重要城镇。

四 诚信、守信、简单的"约孙观"再次打通"欧亚商道"

游牧民族生产生活方式之一就是候鸟般地迁徙。每一次迁徙就是一次搬家，家的主人必须亲自动手，什么需要带走，什么需要留下，什么东西有用，什么东西无用，从搬迁的工具到托运的牲畜等大小事

---

① 乌马里书，西德译本，第118—119页，引自刘迎胜《察合台汗国史》，上海古籍出版社 2006 年版，第 427 页。

② ［美］杰克·威泽弗德的《成吉思汗与今日世界之形成》、杉山正明的《忽必烈的挑战》等著作均持此观点。

③ ［苏联］格列科夫、雅库博夫斯基：《金帐汗国兴衰史》，余大钧译，商务印书馆 1985 年版，第 221 页。

情和细节都要经过仔细的考量，且履行说到做到的诚信、守信责任。搬迁过程中遇到需要帮助的人，必须出手相助。这也是草原游牧民族在恶劣环境下养成的见义勇为、有难必帮的英雄主义精神。这种口耳相传、身体力行的诚信与守信精神和简单明了的生活观逐渐成为游牧民族诚信、守信的民族性格。

由于高原生活条件恶劣，不断迁徙本身对人体就是一种消耗，加之有猛禽野兽等其他动物的袭击，受制有限的医疗条件，游牧族群的生育率普遍较定居人口低，成活率也低，且寿命短。加上各种传染病、疾病的肆虐，蒙古高原游牧族群人口始终没有定居、群居农耕民族人口多。地大物博、人口稀少是蒙古高原自然生态的一大景观。游牧人对路人有一种特殊的亲切感，秉承开放、诚信、守信的世界观。"夜不闭户，出不锁门"，真实反映了草原游牧人真诚、守信的生活态度。

综观蒙古族历史，不难发现他们诚信、守信、开放、包容的民族精神。蒙古帝国四大汗国领地相继被当地民众在文化、制度、宗教信仰等方面影响与同化，一个原因就是蒙古族的开放与包容。《成吉思汗法典》第一条指出，"我们（指成吉思汗）吩咐所有的人信奉上天——天地的创造者、贫富生死的赐予者、诸事的主宰者。"言外之意，只要是信奉"天地的创造者、贫富生死的赐予者、诸事的主宰者"的人，无论是什么宗教的信徒，都是蒙古帝国的臣民。成吉思汗从法律上允许"异教""异教徒"以及"异教文化"的存在，就是承认多种文化、文明的存在，并将其作为民族精神予以提倡、传承。这种开放、包容精神与当今中国"一带一路"倡议中提倡的"开放合作""和谐包容"理念相向而行。

正是蒙古族传承的这些基本精神，有元一代，在中国形成陆海对接的全方位商业圈。在南方，以江浙行省为中心的海路贸易，在北方便是蒙古高原草原地区为主要通道的陆路贸易。古代"丝绸之路"进入元朝，其所经之地兴起一系列商业城市，如应昌（今内蒙古赤峰市克什克腾旗鲁王城）、德宁（今内蒙古包头敖伦苏木古城遗址）、净州

（今内蒙古乌兰察布市四子王旗城卜子）、丰州（今内蒙古呼和浩特市赛罕区白塔村半州古城遗址）、亦集乃路（今内蒙古阿拉善盟黑城遗址）、集宁（内蒙古乌兰察布市察哈尔右翼前旗巴音塔拉乡土城子村北）等都成为当时重要的商贸都会。这些商贸都会与中国北方其他商业城市如保定、卫辉、真定、大名、济南、东平、晋宁、冀宁、大同等一起构成一个巨大的商业圈。

在这种空前繁荣的商业环境中，北方及中原城市迅速治愈了战乱的创伤。"一些有悠久历史的城市，如北方和中原地区的涿州、真州、太原、平阳、奉元（陕西西安）、开封、济南"，都"继续有所发展"。[1] 山西地区的"制造业和商业十分兴盛"，"商人遍布全国各地，获得巨大利润"，黄河沿岸"有许多城市城堡，里面住着大批的商人，从事广泛的贸易"，农业、丝织业极为发达。[2] 陕西西安"是一个大商业区，以制造业著称。盛产生丝、金丝织物和其他绸缎，军队所需的各种物品也同样能够制造。各种食物也十分丰富，并能用中等价格购得"[3] 山东济南"水陆辐辏，商贾所通，倡优游食颇多，皆非土人"[4]。作为首都和当时最大的商业城市，大都的繁荣成为当时全国城市之冠。据韩光辉统计，从中统五年到至元十八年的 17 年中，大都城的人口增长了 17.95 万户。到至元十八年，大都的人口已经达到 21.95 万户，88 万人。如若算上往来经商谋生的流动人口，足可达到"人烟百万"的程度。王颋的《元代商贸都会考》列举了《元典章》中提出商税额在三千锭以上的 35 个商业城市，即大都、上都、保定、卫辉、真定、大名、益都、济南、东平、晋宁、大同、和宁、奉元、汴梁、成都、中庆、大理、武昌、天临、龙兴、广州、泉州、福州、温州、庆元、杭州、平江、镇江、集庆、扬州、淮安、庐州、真州、江陵、

---

① 韩儒林：《元朝史》，人民出版社 2008 年版，第 400 页。

② 《马可·波罗游记》，梁声智译，中国文史出版社 1998 年版，第 153—156 页。

③ 同上书，第 157—158 页。

④ （元）于钦：《齐乘》卷五《风土》。

北方城市占据半数以上，亦可作为当时北方经济繁荣的佐证。①

作为中原外的上都，在元代也是商贸重地。据史载，上都城垣周长八公里余，城内有官署约 60 所，手工艺管理机构和厂局 120 余处，佛教、伊斯兰教、基督教各种寺庙堂观 160 余处。全城由宫城、皇城、外城三重城墙组成。坐落在城池中部偏北的宫城是全城的核心，有东华、西华、御天三门，宫城内建有水晶、大明、鸿禧等殿，大安、延春等阁，华严、乾元等寺庙，皇城"装饰豪华，整个建筑令人叹为观止"。城西还有离宫西内，周围十里，设有方圆 25 公里的大御花园，里面饲养着各种珍禽异兽。元人周伯琦的《上京途中纪事》一诗赞曰："行宫临白海，金碧出微茫。"城中常住人口 11 万，经商的流动人口则达数十万，乃至上百万之多。胡助《纯白斋类稿》称之："都城百万户，丧车早暗阛。"要维持如此庞大人口的粮食及各种用度，只能依赖商业贩运。"自谷粟布帛，以至纤靡奇异之物，皆自远至。官府需用百端，而吏得以取具无网者，则商贾之资也。"②

根据已探明的元代城镇遗址，除上述几处外，包头燕家梁遗址、赤峰城子乡松山州古城、察哈尔右翼中旗广益隆古城、托克托县西白塔古城、武川县东土城乡古城、四子王旗净州路古城、察哈尔右翼后旗韩元店古城、察哈尔右翼前旗察汉不浪古城、乌审旗三岔河古城等，均有大量瓷器、钱币、丝织品等文物出土。这说明元代北方草原与农耕交错的内蒙古地区商业活动异常繁荣。

但是到了元代末年，政治腐败和天灾频仍，导致了波及全国的大动乱。至正十七年（1357 年），红巾军兵分三路北伐，其中中路军攻入腹里、辽阳、集宁、应昌、上都等城市被攻陷劫掠，居民逃散。汪古部内部爆发灭里部落的起义，德宁等城市被焚毁。

---

① 王颋：《元代商贸都会考》，《中国历史地理研究》第四辑，西安地图出版社 2007 年版。

② （元）虞集：《贺忠贞公墓志铭》，《全元文》卷八九一，江苏古籍出版社 2001 年版。

历史经验已经证明，与时俱进，遵循、顺应社会与时代发展潮流，彼此尊重，彼此理解，走和平发展道路，就是为人类留下一个多种文化、多种文明共存发展与繁荣发展的美好局面。顺之者昌，逆之者亡。依靠武力对外扩张最终都是要失败的，这是历史的规律。当今世界更需要和平发展，"只有国家都走和平发展道路，各国才能共同发展，国与国才能和平相处"①。因此，蒙古族历史发展经验以及优秀精神基因对当今中国对外合作与交流、构建中国特色社会主义大国外交关系、推动中蒙俄经济走廊建设，都具有重要的现实意义。

第三节　蒙古民族精神对中蒙俄经济走廊建设的启示

中蒙俄经济走廊建设是中国"一带一路"建设大框架下的一条向北开放，为中国、蒙古国和俄罗斯相关地区合作发展提供的跨国平台。其合作宗旨是，积极有效利用国际经济合作平台，促进三方各自发展思路的对接，进一步加强三边合作，促进地区经济一体化。因为中蒙俄经济走廊是三国首脑彼此认同的国际性工程，顶层设计发挥重要引领作用。

2014 年 9 月，中蒙俄三国首脑杜尚别"首晤"提出"中蒙俄经济走廊建设"共识，到 2015 年 7 月乌法"第二次握手"时批准《中蒙俄发展三方合作中期路线图》，再到 2016 年 6 月"第三次握手"出台《建设中蒙俄经济走廊规划纲要》，一年一个纲领性文件，高速引领，快速布局，成为"'一带一路'框架下首条正式开建的多边经济走廊"。"三国将以走廊为依托，加快区域合作步伐，提升区域合作水平，培育亚洲地区新的经济增长极"②。中蒙俄经济走廊建设对中蒙俄三国合作

---

① 《习近平谈治国理政》（第一卷），外文出版社 2018 年版，第 249 页。
② 张军：《共绘中蒙俄合作新蓝图》，《人民日报》2016 年 6 月 24 日。

乃至整个东北亚地区的发展具有重要意义。

一 中蒙俄经济走廊建设的区域战略意义

中蒙俄三国加强沟通与合作，不仅巩固了中蒙俄三国双边关系，还可强化以中俄为主的多边合作机制，对东北亚经济圈构建、中亚区域合作一体化具有压舱石的稳定作用。

（一）地区安全稳定的保障

中蒙俄三国是欧亚大陆最东端三个面积最大的国家：俄罗斯地跨欧亚两大洲；蒙古国虽然属于北亚国家，其东部地区与东北亚连接，西部又与中亚接壤，是东北亚进入中亚最近的陆路通道；中国东北三省和华北五省区市与东北亚国家经济联系密切。随着"丝绸之路经济带"建设构想的落实，西北五省区与中亚国家经济联系也会呈上升态势。中蒙俄三国合作不仅是东北亚地区稳定与发展的基础保障，也是重要地区稳定与发展的保障。

（二）开辟东北亚区域经济一体化合作新路径

在国际经济一体化发展趋势下，中蒙俄三国应保持求同存异、兼容并蓄的合作理念，坚持共商、共建、共享原则，推动区域合作，促进共同繁荣，提升在国际市场的联合竞争力，推动构建东北亚区域合作的新模式、新范式。

截至2020年5月，中蒙俄三国负责实施《建设中蒙俄经济走廊规划纲要》项目的牵头部委，正在积极推进合作纲要中重点项目的实施与落实。三国在海关联检、"中欧班列"跨境运输、地方跨境合作、跨境旅游等方面取得实效性成果，以旅游业为主的新型绿色产业合作成为新亮点。

2019年6月，在乌兰察布市召开第四届中蒙俄三国旅游部长会议，就三国开辟跨境区域旅游路线、合作模式达成共识，并签署《第四届中蒙俄三国旅游部长会议纪要》。借助三国各具特色的自然景观、民族文化和风土人情开展各种形式的跨境游，推动文旅产业创新发展，对发展三国边境地区经济、构建跨国合作起到积极作用。

中蒙跨境经济合作区的发展，加快了三国区域合作步伐。2019年6月4日，中蒙签署《关于建立二连浩特—扎门乌德经济合作区的协议》，这是两国落实"一带一路"和"发展之路"的具体举措。它与2014年6月22日蒙俄边境地区启动阿拉坦布拉格经济合作区形成南北对应的两个跨境经济区一样，未来可成为中蒙俄三国区域合作的两个重要经济区。借助这两个跨境经济区，以三国丰富的能源、资源为依托，引进三方缺少的人才、技术，共同开发，创建三国区域合作模式，将进一步加快三国的跨境合作步伐。

中蒙俄经济走廊建设的中坚力量是中国和俄罗斯，蒙古国因其地缘关系，全部参与到该合作中，在国际运输通道、边境技术设施建设、跨境运输组织等方面发挥不可替代作用。中俄不仅是联合国常任理事国，而且是地区大国、新兴经济体，又是大国关系的典范国家。蒙古国因其在东北亚的中立地位及其与中亚国家在历史上千丝万缕的族亲、族源、文化认同关系，未来也会在中俄之间发挥不可预估的作用。

二 中蒙俄跨境区域合作的优劣势

无论是传统的区域经济学理论，还是新国际劳动地域分工理论，对于区域经济合作的定义都是实现资本、市场、技术、人才合理和有效以及低成本运转，从而实现区域国家经济效益、利益最大化。区域经济合作率先在邻近周边国家实施，通过低成本的运输、自由流动的人才、高度互补的技术差异，通过相互取消贸易壁垒、贸易关税实现经济福利的不断增加。中蒙俄开展区域经济合作既存在优势，也有需要克服和解决的瓶颈问题，需要协商共进，采取更有利于三国发展的合作模式，促进三边合作，构建符合东北亚区域经济合作的地区合作模式。

（一）中蒙俄开展三边合作的优势

1. 三国相互毗邻而居提供了跨境区域合作的地理优势

中蒙俄三国是欧亚大陆最东端面积最大的三个国家。俄罗斯东连太平洋，西接大西洋，东西长 9000 多千米，横跨 11 个时区，南北宽 4000 多千米，其领土面积的 70% 在亚洲，分别与蒙古国和中国接壤。蒙古国夹在中国和俄罗斯之间，没有独立出海口，但是是俄罗斯远东和中国东北地区进入中亚地区最近的陆路通道。

2015 年 1 月，经国务院批准，我国把建设中蒙俄经济走廊正式纳入国际级战略版图。国家发改委确定中蒙俄经济走廊分为两条线路：一是从华北京津冀经内蒙古呼和浩特，再经蒙古国与俄罗斯西伯利亚大铁路并轨进入西欧；二是东北地区起点是大连向北经沈阳、长春、哈尔滨通过内蒙古的满洲里口岸进入俄罗斯外贝加尔的赤塔与俄罗斯的欧亚大通道并轨，进入欧洲地区。两条走廊互动互补形成一个新的开放开发经济带，统称中蒙俄经济走廊，并将其列入"一带一路"六大国际经济合作走廊。中蒙俄相互接壤毗邻而居的地理状况，为开展区域经济合作提供了低廉的运输成本。目前已经卓见成效的是"中欧班列"。

中蒙俄经济走廊建设的核心区域位于三国的毗邻边境地区和边疆省区，是三国社会经济发展整体落后的民族聚集区域。因为蒙古国是蒙古族为主体的单一民族国家，中俄与其毗邻地区属于蒙古族为主的游牧民族区域，蒙古族文化底蕴深厚，民族文化认同度较高，成为两国参与地方合作与交流的重要抓手。

中俄都是多民族国家，在国内已经形成民族之间你中有我、我中有你的兼容并蓄的发展理念。多民族、多种文化并存的多元一体化发展，是中俄两国国家文化发展的突出特点。尽管蒙古国的民族成分相对单一，由操蒙古语的部落构成，这些部落也是在历史长河的相互学习、相互认同与相互接纳中形成蒙古国的主体文化。民族文化之间的兼容并蓄，是中蒙俄三国开展合作的重要文化基础。在以中蒙俄经济走廊建设为平台的跨境区域合作中，中蒙俄三国在历史发展的长河中历练出来的开放、包容精神是今天开展合作的基础，人与自然和谐共生的发展理念是三国开展合作的底线，生态环保是发展的方向。

在东北亚、中亚地区错综复杂的国家关系和地区格局中，只有中蒙俄三国的双边、三边关系最为稳定，且处在历史最好时期。故此，中蒙俄三国关系未来走向对东北亚乃至中亚、东亚具有深远意义。正如国家主席习近平出席杜尚别首届"中蒙俄元首会晤"所言："在当前复杂多变的国际和地区形势下，三国元首首次举行会晤，就彼此关切的合作问题进行沟通，可以增进三方互信，促进互利共赢合作，实现优势互补，共同发展，推动东北亚区域合作进程，很有必要，也具有重要意义。"① 中蒙俄良好的双边、三边关系是东北亚和中亚政治局势趋善发展的润滑剂。

2. 良好的三边关系是区域合作的政治保障

2014 年 5 月普京总统访问中国时，两国首脑签署了《中华人民共和国与俄罗斯联邦关于全面战略协作伙伴关系新阶段的联合声明》，两国关系从全面战略伙伴关系再次提升到新阶段。2015 年 11 月，蒙古国总统额勒贝格道尔吉应邀访问中国，两国元首就深化双边关系达成共识，并签署《中华人民共和国和蒙古国关于深化发展全面战略伙伴关系的联合声明》。2009 年，俄罗斯与蒙古国签署《战略伙伴关系联合声明》。尽管 2014 年 9 月俄罗斯总统普京访问蒙古国时双方没有签署提升两国关系为"全面战略伙伴"的联合声明或者宣言，但是从普京在蒙古国发表的署名文章《帐篷靠支杆撑，生活靠朋友帮》(*Вюрте опора — шест. В жизни опора — друг*) 一文中描述，"我相信，未来会构建多层级的战略伙伴关系，把俄蒙两国人民的光荣传统发扬光大"②。两国签署包括《关于俄蒙两国公民互免签证的协议》在内的 15 个涉及政治、经济、文化、教育、军事等领域的务实合作协议，从一个方面反映了俄罗斯与蒙古国战略关系的实质。中俄蒙三方互为"战略协作伙伴关系"，说明三国政治互信基础在不断加深、夯实，是

---

① 《习近平出席中蒙俄三国元首会晤》，2014 年 9 月 12 日，新华网。

② Путин: В юрте опора – шест. В жизни опора – друг, 4 сентября, ru. montsame. mn, 2014 年 9 月 6 日，http: //asiarussia. ru/news/4142/。

三国开展区域经济合作的政治保障。

在蒙古国前总统额勒贝格道尔吉的穿针引线和积极斡旋下，中蒙俄首脑实现2014年9月的杜尚别首次会晤，催生中蒙俄经济走廊建设构想的诞生，再次搭建了继联合国开发署牵头的图们江国际次区域经济合作后东北亚区域内多边经济合作的平台。

3. 中蒙俄三国已经构建的地方合作是推动多边合作的宝贵经验

俄罗斯与蒙古国的双边贸易以及合作传统，可以追溯到苏联和蒙古人民共和国时期。中俄、中蒙贸易经济合作始于20世纪90年代的边境贸易，经过近30年的发展，三国的双边经贸合作日趋成熟。三国将国内区域经济合作与周边国家毗邻地区结合起来，出台开展边境地区对外经济合作的发展规划。三国互为贸易投资重要伙伴国家的发展现实，也是中蒙俄区域合作的主要推动力。

2014年6月22日，蒙古国与俄罗斯启动阿拉坦布拉格自由贸易区。2018年、2019年是中俄地方合作年。在这两年中，两国地方合作成果满满。其中，中俄同江大桥建成通车，加快了黑龙江和俄罗斯毗邻行政区经济、人文、物流的互联互通速度。中俄正在进行的在满洲里、绥芬河、黑河、珲春等口岸建立跨境贸易合作区的工作已接近尾声。2019年6月，中蒙签署《关于二连浩特—札门乌德跨境经济合作区》，为中蒙两国未来合作搭建平台。边境地区的合作与发展不仅带动两国边境地区的经济繁荣，更重要的是，可以发挥以点带面的联动效应，把双边合作提升到三边合作，进而起到提升中国在东北亚区域内经济主导地位的作用。

4. 三国的资源禀赋和资金、技术的互补性是推进区域经济合作的物质基础与资金保障

众所周知，俄罗斯远东是世界的资源宝库，蒙古国境内的煤炭、矿产资源位于亚洲和世界前列，中国的西北、华北和东北地区也是重要的资源富集区。东北三省既有中国"粮仓之称"，也是工业、产业基地；内蒙古既是中国六大畜牧业基地之一，也是中国稀土之乡。资

源禀赋的同质性反映出三国在能源开发以及生产领域具有很大的合作空间。在中蒙俄三个国家中，中俄工业产业部门齐全，产业结构相对合理，产业基础相对厚实，技术相对先进，有些技术处于世界先进水平，不仅具备产业能源合作的技术条件，也具有在技术升级方面的合作空间。此外，中蒙俄都是 WTO 和 APFC 以及亚行等国际经贸、银行合作组织成员国。这些都是发展三国区域合作的必备条件和积极因素。

5. 亚投行和丝路基金提供了中蒙俄区域经济合作的资金保障

除了世界银行、世界货币基金组织、亚洲银行等国际金融组织能为中蒙俄区域合作提供必要资金，成立于 2015 年的亚投行和丝路基金，则是由中国倡导组建的专门应对中国"一带一路"国际合作而设立的金融机构，是为服务"一带一路"沿线国家基础设施、资源开发、产业合作和金融合作等与互联互通有关的项目提供投融资支持的金融机构。作为"一带一路"倡议实施的重要国际合作走廊，蒙古国和俄罗斯又是"一带一路"建设的重要参与国，中蒙俄经济走廊在投融资方面享有优先使用权。

(二) 中蒙俄区域合作的制约性因素

尽管中蒙俄经济走廊建设已经为中蒙俄三边合作搭建平台，中蒙俄三国首脑就三方合作进行了"顶层设计"，但这毕竟是东北亚地区三个不同种族、民族、文化、宗教的国家进行合作。尽管中国倡导的包括中蒙俄经济走廊建设在内的"一带一路"倡议不限国别，不搞封闭机制，秉承共商、共享和共建原则，但是由于三国的历史、文化、宗教和国家体制存在差异，在三方合作过程中一定存在一些瓶颈和制约性因素，主要体现在以下几个方面。

1. 中蒙俄三边不对称关系制约中蒙俄经济走廊建设

尽管中蒙俄双边关系处在历史最好阶段、最稳定阶段，但目前，中俄、中蒙经贸总额与总量高于蒙俄。2018 年，中俄如期实现双边贸易量超过 1000 亿美元的期待；中蒙贸易额 79.9 亿美元，尽管同比增长

24.7%，但没有实现 100 亿美元的双边预期。俄罗斯与蒙古国的双边贸易仅有 20 多亿美元，不仅数量上不对称，合作质量上也有差异。中蒙、中俄贸易与投资的进出口多数是"能进轻出"，即中国从俄罗斯和蒙古国进口的能源、矿产品多，出口以机电、纺织品等轻工产品为主。俄罗斯与蒙古国双边贸易中，这种结构性比例不是很明显，它们都是资源出口国家，蒙古国进口俄罗斯的石油产品——汽油较多。其余双边贸易因同质性程度较高，没有特别差异。这种不对称经贸关系必然影响中蒙俄经济走廊建设在能源、矿产品领域合作。2018 年 9 月，蒙古国总统出席在俄罗斯符拉迪沃斯托克召开的第四届东方经济论坛时，第一次透露出蒙古国与俄罗斯已经就天然气合作达成共识："蒙方愿使俄罗斯至中国的天然气管道经过蒙古国领土方面开展合作。我对俄罗斯总统普京支持该建议表示谢意。"此外，蒙古国总统提出构建"东北亚超级能源网"倡议，"东北亚超级能源网是为地区国家开辟合作、发展新机遇的同时将成为加强地区国家互信的重要步骤"①。蒙古国和俄罗斯属于东北亚地区的"能源仓库"，构建东北亚能源网就是实现上述两个国家能源出口多元化的路径，也可以让它们成为能源输出国家，发挥能源合作的主导性作用。作为能源进口国家，在新型能源没有完全替代传统能源的背景下，中国还要依赖对矿产能源的进口。中蒙俄经济走廊建设在能源领域合作的空间大、潜力大，但存在蒙俄"希望增加能源、矿产品附加值出口，出口多元化"和"中国希望低价进口，国内增值"的矛盾。

2. 历史情结仍然阻碍三国经济深入合作

尽管中蒙俄三边的政治关系逐步稳定提升，但是民间的互信程度尚未达到政府预期的目标。尽管最近两年俄罗斯和蒙古国主流媒体对"一带一路"政策、原则、理念的报道和宣传以正面宣传为主，有力推动双边合作，但因俄罗斯和蒙古国都是多党制国家，媒体众多，仍有

---

① 《蒙古国总统哈·巴特图拉嘎出席第四届东方经济论坛国家元首、总理会议并发言》，《蒙古国消息报》2018 年 9 月 13 日。

部分媒体在中俄、中蒙关系亮点增多的时候，发出不和谐声音。

3. 俄罗斯与蒙古国的安全法治化是中蒙俄经济走廊建设不可忽视的因素

中蒙俄经济走廊建设是一个涉及三方的国际合作平台。它不仅是一项经济政策或者经济合作项目，而且是一个基于共同利益的举措，未来将全面覆盖三方的政治、经济、文化、安全等领域的合作及交流。尽管三方签署了《中期合作路线图》和《建设中蒙俄经济走廊规划纲要》，为三方合作做出规划，但俄罗斯和蒙古国都是非常重视国家安全的国家，这是两国的共性特点。一切对外合作都以安全为前提，为保证安全，上述两个国家对外合作中的"法制化"和"法治化"程度较高，经常调整法律条文。例如，俄罗斯和蒙古国都有保护边境安全的边境法、国界法，用于保护边境跨境经济合作。蒙古国甚至还制定了专门针对中俄口岸合作的口岸法。此外，为保证国家安全，上述两个国家经常调整外来移民在国内务工人员的比例，用以限制引入单一国家的劳务人员数量，以保证国家安全；在经济合作中，是"综合安全评估优先，合作项目在后"。这与中国"安全"和"合作"分别处理方式不同。在合作中经常出现签署合同后，蒙俄开始做综合安全评估，中国则希望尽快启动项目。俄罗斯与蒙古国甚至会因为各种安全问题而推迟项目的实施，甚至不惜搁置项目。这种合作理念上的不对称导致合作难以高效对接，影响中蒙俄经济走廊建设持续、深入推进。

第四节　弘扬传统优秀文化，实现新时代高质量发展下的中蒙俄区域合作

尽管中俄两国境内的蒙古族，或者是操蒙古族语言的游牧族群，在衣食住行、生产生活方式、语言、风俗习惯等方面与蒙古国蒙古族

发生很大变化，价值观、世界观、人生观存在差距，但对民族历史文化都有很高的认同感，特别是对成吉思汗的历史作用、成吉思汗的"大札撒"、成吉思汗家族的"约孙观"都很认同。这些隶属蒙古族传统文化的重要组成部分，与当今中蒙俄经济走廊构建过程中提倡的"共商、共建、共享""互利互惠""开放包容""和谐共生""生态文明""可持续发展"等理念一脉相承。

一　开放包容才能有所鉴、有所不鉴

13 世纪蒙古族能够再次贯通欧亚商路，凭借的是强大的军事组织能力，但更多的是对征服后和平的保障。从成吉思汗、窝阔台汗到忽必烈制定和遵循的"驿站制度""国以民为本，杀了人即使夺了地与国何益？况且杀害无罪者，也就促使敌人增强其抵抗决心"等一系列措施，与当代"只有各国都走和平发展道路，各国才能共同发展，国与国才能和平相处"的新时代发展理念殊途同归。正是蒙古帝国不以邻为壑、不以牺牲"异域、异地"文化的宗旨，保障了欧亚大陆商道畅通，使得中国的四大发明能够传到欧洲，留下《马可·波罗游记》《鲁布鲁克游记》《史集》等传世之作；正是蒙古民族的开放、包容精神，才使中亚地区有了构成新民族的时机。和平发展是世界进步的源泉。每个国家和民族的发展都离不开和平的国内外环境，"只有各国都走和平发展道路，各国才能共同发展，国与国才能和平相处"[1]。

以史为鉴，历史上的欧亚商道毁于战争，今天的区域合作必须在和平环境中进行。作为联合国常任理事国、新兴经济体代表之一，中国在继承传统外交方针基础上，又提出"亲、诚、惠、容"周边外交理念，"坚持睦邻友好，守望相助；讲平等、重感情；常见面、多走

---

① 习近平：《更好统筹国内国际两个大局，夯实走和平发展道路》，这是习近平总书记在主持十八届中央政治局第三次集体学习时的重要讲话要点。载《习近平谈治国理政》（第一卷），外文出版社 2018 年版，第 249 页。

动；多做得人心、暖人心的事；增强亲和力、感召力、影响力"，让古代欧亚商路焕发新的生机。

在现代国际关系体系下，国与国之间的交往更需要理性的发展理念，任何违背人类历史发展规律的"新规则"都将被历史淘汰。元代以后，欧亚北方商路的中断就是因为人为的战争和侵略，致使"在北方草原地区出土的明清金银器中，很难看到有西方文化的因素，用事实说明了草原丝绸之路在沟通中西文化交流中衰落的状况"①。这是历史的经验教训。

中蒙俄经济走廊建设不存在战争的阴霾，但有不信任、不包容的阻碍因素。这就需要三边多走动、常见面，不仅国家层面的领导人要常走动、多见面，地方更应该如此。不仅如此，还要多做得人心、暖人心的事，这样才能缩小认同上的差异，形成共识，进而构筑起共同的利益观，打造符合三国长远发展利益的命运共同体。

"国之相交在于民相亲。"不断推进三国文明、文化的交流与互鉴，才能为构筑中蒙俄经济走廊提供良好的民意基础。在互联互通的大工程中率先实现民心相通，平等、包容、尊重中蒙俄三国历史遗留的东西方文化差异，正确面对斯拉夫文明、游牧文化和农耕文化、东正教文化、萨满教、儒释道文化之间的优点和缺点，求同存异，共谋合作大计，寻求人文领域的软实力合作，为"中蒙俄国际合作寻求文化对话意义上的最大公约数，消除误解与分歧，促进理解、互信与合作，为中蒙俄经济走廊建设创造良好的人文基础"②。从国际合作的视角加强与俄罗斯和蒙古国在人文领域的交流与合作，是实现文化认同的重要途径。

---

① 张景明：《从明清金银器看草原丝绸之路的衰落》，《通化师范学院学报》2013 年第 5 期。

② 孙玉华、彭文钊、刘宏：《中蒙俄经济走廊人文合作中的文化认同问题》，《东北亚论坛》2015 年第 6 期，第 43—57 页。

（一）中蒙俄区域经济合作中需要统筹俄蒙政治、经济关系的特殊性

俄罗斯越来越清楚地意识到，蒙古国的政治地缘、资源以及地理优势是其远东发展战略、亚太战略中不可忽视的伙伴和盟友，是其实现"欧亚经济联盟"以及"欧亚联盟"战略构想的重要参与者。蒙古国需要在中俄两个国家之间保持一种优先认同俄罗斯的"平衡"关系。中蒙区域合作需要三方平等参与合作。尽管中蒙俄经济走廊坚持开放、包容、市场运作和互利共赢的原则，但鉴于俄蒙已经构建的双边合作机制和模式，中国与俄蒙合作时必然要与俄罗斯在蒙古国问题上构成合作的竞争关系。蒙古国的传统产业，尤其铁路基础设施建设与俄罗斯的关系密切，中国的资金、技术若要参与其中，需要合作的不是蒙古国而是俄罗斯与蒙古国的"合体"。这种合作是东北亚国家合作中未曾有的先例，需要运用多边平台，弱化俄蒙两国对中国资金投入的"捆绑"。

（二）针对蒙古国政党缺少应对东北亚、东亚地区新局势变化经验，中国有必要加强与蒙古国各主要党派的接触与交流

尽管转型、转轨20多年来蒙古国各党派的执政能力有所提高，治理国家的经验日趋丰富，内政外交理念日趋成熟，但与中国和俄罗斯比较，还是缺少执政经验和历练。在民主主义、国家利益和国家安全三大关系平衡发展方面摇摆不定，既想实现国家利益最大化，又在对中俄合作中保持警惕心理，畏首畏尾；既想保持国家安全，又把第三邻国引入外交战略构想平衡安全；既想成为美国赋予的"亚洲民主化国家典范"的楷模，又担心民族主义思潮逆潮流发展。这就导致其治国理念左右摇摆，政策多变，招商引资环境遭到破坏。中国应该加强与蒙古国和俄罗斯党派之间的交流与合作，讲好中国发展故事，让理性的合作认同观念走进蒙古国，让"亲华派"更信任中国发展道路，让"非亲华者"在实践中感受到中国的发展，转变观念。

（三）积极扶持地方智库、民间智库和社科研究单位对俄蒙毗邻地区社会经济等地方法律政策的研究

鉴于中蒙俄经济走廊建设是从地方区域开始，因此首先要了解俄罗斯与蒙古国边境地区的社会经济发展以及对外合作需求，这样才能找到合作的契合点。中国沿边9省区共接壤14个陆地国家，但向北开放仅有俄罗斯和蒙古国两个国家。多年来，中国一直重视双边经贸合作，但缺少对毗邻地区的系统研究，造成"一省区对两国、一国对多省区"交叉的碎片化研究，缺少系统性和整体性，使"走出去"的企业、对外合作部门难以执行"一口径"合作政策，降低对俄蒙开展区域合作的话语力度。

二　包容并蓄才能长治久安

"平衡是国际关系的黄金法则，是国际战略稳定的重要基础。"[1] 这句话不仅适用于国际关系，也适用于国际区域经济合作。无论何种合作，自觉自愿或者说你情我愿是合作的重要基础和条件。自觉自愿中就包含包容并蓄、平等、互利、互惠，只有具备共同的刚性需求，才会形成共同的利益和市场。三国领导人已经为中蒙俄区域合作做好顶层设计，如何落实到位，普惠三国百姓，不是一句话就能解决的问题，需要三国从地方到部门共同认识到合作的重要性，树立彼此尊重、理解、包容的新合作理念，实现高层提出的"相互尊重、平等互助、睦邻友好、互不干涉内政的原则上进一步扩大全面合作"的愿景。彼此理解，彼此兼容，彼此互助，才能让周边环境长治久安。

中蒙俄三国，尤其是中俄关系好坏直接影响到地区的稳定与和谐。中俄都是联合国常任理事国，两国在地区和国家问题上的态度，对地区和国际社会来说至关重要。2019年6月5—10日，国家主席习近平对俄罗斯进行国事访问时，双方签署《中华人民共和国和俄罗斯联邦

---

① 赵华胜：《国际格局视角下的中俄国际合作》，载《当代国际关系体系转型：中国与俄罗斯的应对与抉择》，上海人民出版社2010年版。

关于发展新时代全面战略协作伙伴关系的联合声明》和《中华人民共和国和俄罗斯联邦关于加强当代全球战略稳定的联合声明》两份重要政治文件。前者对"两国关系整体发展和各领域合作作出规划部署，核心是推动两国关系提质升级，共同开启中俄关系高水平大发展的新时代"，后者是"针对当前国际安全特别是全球战略稳定领域的新形势，就涉及国际战略稳定问题发表联合声明，体现中俄坚持多边主义，合力应对战略安全领域面临的挑战，加强在地区安全热点问题上战略协作的共同立场和决心"。[①] 这是中俄两国在汲取历史经验的基础上做出的科学理性的顶层设计。"双方汲取历史经验，立足两国和两国人民，致力于实现和平发展、合作共赢，推动中俄关系达到历史最好水平，树立睦邻友好、合作共赢的典范。"经过70年的风雨兼程，中俄关系进入新的历史时代。这个时代要求中俄两国人民在两国关系、国际关系上兼容并蓄，这样才能实现长治久安。

2019年是中蒙建交70周年，借助这个节点，两国高层互访，推动双边关系发展。2019年4月，蒙古国总统巴特图拉嘎受邀，对中国进行国事访问，并出席第二届"一带一路"国际合作高峰论坛。中国国家主席、总理相继会见巴特图拉嘎，并见证双边为纪念建交70周年签署的《中蒙建交70周年纪念活动计划》。这是根据《中华人民共和国政府与蒙古国政府关于纪念中华人民共和国同蒙古国建立外交关系70周年的谅解备忘录》精神，商定在2019年举行的一系列纪念建交70周年的活动之一。其内容丰富、务实，包括政治、经济、人文和地方交流与合作4个领域的70项内容。截至2019年7月底，双边已经落实完成近一半的活动，体现中方对蒙古国发展的重视与关切。2019年7月15日，应蒙古国总理呼日勒苏赫邀请，国家副主席王岐山访问蒙古国，参加中蒙建交70周年的系列纪念活动，切实体现双边的战略伙伴关系

[①]《习近平访俄期间中俄元首将签署两份重要联合声明》，2019年5月30日，央视网。外交部就国家主席习近平出访俄罗斯举行中外媒体吹风会，外交部副部长张汉晖介绍习主席这次出访的相关情况。

和"国家间友好合作典范"的意义，也体现了中蒙关系在中国周边外交中的重要位置。中方"将中蒙关系放在周边外交的重要位置，不断赋予两国关系新的内涵与活力。欢迎蒙古国搭乘中国经济发展的快车，推动'一带一路'倡议和'发展之路'深入对接，使两国经贸合作取得更多实质成果。中方愿同蒙方共同举办好第三届中蒙博览会，加强边境口岸交流和基础设施建设，推动建设持久稳定、共同发展繁荣的中蒙边界。建议举办一系列暖人心、接地气、影响大的庆祝建交70周年交流活动，不断增进两国民众相互理解，巩固中蒙友好基础。中方愿与蒙方加强国家和地区合作，积极推进中蒙俄三国合作，加快中蒙俄经济走廊建设进程"①。增强两国民众相互理解，就是希望中蒙两国民众相互理解，兼容并蓄，共同发展。

历史经验证明，一个国家、地区或民族的发展进步与其是否开放、开放的程度多大有着直接的关联。历代草原丝绸之路沿线上的国家、地区或民族，无不恪守"践行开放"的草原文化理念，与周边地区保持不同程度的交流往来，表现了古代欧亚草原上的发展常态。

三 和谐共生才能繁荣发展

2014年，国家主席习近平出席杜尚别首届"中蒙俄元首会晤"就明确指出："在当前复杂多变的国际和地区形势下，三国元首首次举行会晤，就彼此关切的合作问题进行沟通，可以增进三方互信，促进互利共赢合作，实现优势互补，共同发展，推动东北亚区域合作进程，很有必要，也具有重要意义。"② 和谐共生不仅是人与自然之间的关系，还要人与人之间、国家与国家之间都相互配合，营造一种和谐环境，才能繁荣发展。这与汉族谚语"家和万事兴"和蒙古族谚语"只要弟兄间相互帮助，彼此支援，再强大的敌人也战胜不了你们"的寓意是一样的。

中蒙俄经济走廊建设是由中蒙俄三国借助彼此优势共同构建的经济

---

① 《王岐山访问蒙古国》，2019年7月20日，外交部网站。
② 《习近平出席中蒙俄三国元首会晤》，2014年9月12日，新华网。

一体化新格局。这就需要中蒙俄三个国家首先理性和谐对待，本着各自的发展思路寻找相互借力的战略契合点。无论是在寻找契合点过程，还是在落实这些契合点，需要三方本着互利互惠的原则开展，倡导彼此包容思想，保持"以更加开放的胸襟和更加积极的态度促进地区合作"的理念，坚持"正确的利益观，有原则、讲情义、讲道义"，并将此作为彼此遵循的行为准则，让彼此得益于彼此，从彼此获得利益中获得各自发展的利益，形成一个紧密联结的"共同利益网"，进而才能形成和谐共生的命运共同体意识。中国在 2013 年提出的"人类命运共同体"倡议已经被写入联合国文件，这是中蒙俄三国合作的终极目标。

打造中蒙俄经济走廊，开展全方位、多领域的合作，必须得到相关国家人民支持，加强人民友好往来，增进相互了解和传统友谊。在区域合作过程中，对作为合作对象的异文化要采取多元文化认同原则。中蒙俄三国具有多元文化认同的共知基础，只要遵循求同存异、相互理解、相互尊重的多元文化认同原则，保持和谐共生理念，避免单一文化认同，就能通过文化对话消除误解，排除障碍，增进理解，达成共识，夯实中蒙俄经济走廊建设的民意基础。

以成吉思汗为代表的蒙古诸多思想家们，对于世界上不同的宗教、信仰，采取与他们的信徒团结和睦相处的开放、宽容思想，不仅让蒙古民族精神文化撒播在世界各地，而且再次复兴欧亚商路，带来欧亚大陆的再次繁荣与发展。

中蒙俄经济走廊要实现彼此宽容，需要三边加强人文领域的交流与合作。2019 年是中蒙、中俄建交 70 周年，无论是俄罗斯还是蒙古国，都非常重视双边关系深入发展。其中，人文合作已经成为双边积极合作的新领域，只有坚持交流与合作，才能"以文明交流超越文明隔阂、文明互鉴超越文明冲突、文明共存超越文明优越"，使中蒙俄不同文明之间取长补短、共同进步，让文明交流互鉴成为推动三国合作的动力和维护三国和平的纽带，释放出三国各自潜力，实现经济大融合、发展大联动，从而打造一个和谐共享的区域合作亮点区。

第 三 章

草原丝绸之路文化遗产中蒙古族
价值理念及其现实意义

  价值是文化的核心。价值理念能够决定或制约一个人、一个社会群体、一个民族的思维模式和社会行为模式。由于自然生态环境、人文历史经历、生产生活方式和文化信仰的不同，世界各民族形成各自的价值理念传统。价值理念作为人类普遍的生存法则和生活遵循，既有广泛的共性特点，也有鲜明的民族个性特点。蒙古族在漫长的历史进程中形成了适合"草原"这一特定生存环境的"游牧"的生活模式、社会模式，以及自身价值理念体系。例如，崇尚自然、效法自然、顺应自然、敬奉天地、神化山水、天人相谐的生态价值理念；索取有度、实用为主、简朴节约的生活价值理念；草场为家、五畜为贵、黄金唯尚、不追求太多物质财富的财富价值观；尊重商人、重用外籍商贾、扶持商业、重视"互市"、开辟驿站、发展交通、推行纸币的开放和多元商业价值观；珍惜血缘、热爱家族、尊敬祖先、尊重妇女、爱护幼弱、推崇和睦的家庭伦理观；诚实守信、坚守誓言、忠于"安答"，团结合作、维护集体利益，视"欺、诈、讹、谎、骗、盗、抢、淫、不孝、不忠、不信"为"大恶"的社会道德观；尊重他者，平等对待不同人、不同民族、不同文化、不同宗教的包容和平等的社会人际关系价值观；不畏艰辛、英勇彪悍、坚持正义、乐观上进、忠于部族、效忠国家，为民族和国家利益誓死奋战的精神品格等，都是蒙古族传统价值理念的基本内核和具体体现。

共建"一带一路"既是一个利益共同体、命运共同体的重构过程，也是一个以价值理念为基础的文化共同体的塑造过程。不同人文价值理念和经济商贸价值理念的相互借鉴、平等交融、和谐共融，是事关"一带一路"国际工程实际进程和最终成果的一个具有决定意义的政治前提和人文桥梁。蒙古族作为一个具有世界影响的古老民族，作为一个分布于中蒙俄三国的现代跨境民族，在"丝绸之路经济带"的建设中有着自身独特的政治、经济、文化地位和作用。蒙古族崇尚自然、天地为上的生态价值理念，顺应自然生态法则的生活理念、物质财富理念，开放、包容、多元的文化价值理念，以及平等、公正、合作、互助、互利的国际关系传统等，对"一带一路"新价值理念共同体的建立有着独特的借鉴、启迪意义。

第一节 蒙古族尊重与平等理念对中蒙俄经济走廊建设的价值和意义

人类生存于社会中，其一切的生产生活活动离不开与他人的联系。由于世界各民族生活环境、生产方式及文化意识的不同，人际关系的方式、频率和空间也有所区别。综观人类社会交往发展历程，以氏族和家庭为人际关系发生基本单位是普遍现象。在传统农业社会，人们的关系被限定在某个定居村落。社会发展到今天，商业和贸易的需求使人际关系从乡村到城市，甚至延伸到各国间，形成"地球村"。

不同时期，不同社会环境中，每个团体和个体都因所处的环境和生产生活方式形成社会交往的态度。这种态度在长期的历史实践中形成一种约定俗成，被人们有意识或无意识地遵循和规守。尊重与平等理念就是产生于草原环境和游牧生产生活的蒙古族人际关系态度，并在长期的历史发展过程中形成人与人、群体与群体间交往的基础观念，被一代一代传承至今，甚至上升为治国的制度和理念。

"一带一路"体现了中国全面对外开放的总体思路。中蒙俄经济走廊建设是"一带一路"倡议的重要组成部分。中蒙俄三个国家的蒙古族有着相同的历史渊源和文化认同。蒙古族平等与尊重理念具有悠久的历史和丰富的实践经验。应当继承、弘扬这一优良传统，巩固三国战略合作伙伴关系的人文基础，促进政治互信，推动经贸等诸方面合作进程，最终助力中蒙俄经济走廊建设，实现合作共赢和成果共享。

一 蒙古族尊重与平等理念的根源和发展历程

(一) 蒙古族尊重与平等理念的文化根源

从生存条件看，严酷的自然环境、艰苦的游牧生活以及征战的经历，凝练了蒙古族不畏艰险、自强不息、开拓进取的精神特质，也练就了蒙古族对他人尊重、对待生命倍加珍惜的人生态度，从而形成人与自然、人与人之间平等与尊重的理念。

从生产特点看，居无恒所、逐水草而居的游牧生产生活方式决定了蒙古族"取之有道、用之有度"的人生观和不积累过多财富的生活习性。游牧民在过"食畜肉、饮乳汁、衣皮革、被毡裘、住毡制帐幕"的游牧生活时，以有限地索取换来与草原生态的长久共生。不积累过多财富，也就意味着不与他人产生争夺过度的利益竞争行为。在这种利益关系中，作为脆弱的生命，游牧民族人与自然界的一切有着千丝万缕的依存关系，因此，自然就有了人与自然界万物平等、彼此尊重、和谐共处的生存理念和人际关系态度。

从传统信仰看，蒙古族崇尚自然。他们认为，在自然界里，草原上的动植物及不同种群之间是协调共生的，人作为自然界的组成部分，与其他动植物资源是平等和共存的。作为高级动物的人类，他们彼此间的平等和尊重更是理所当然的。

总之，生存环境、生产特点和传统信仰，所有这一切都是蒙古族平等与尊重理念产生的历史文化根源。这一精神品德世代延续并传承至今，在影响蒙古族民族性格的形成和作用于政治、经济、社会、文化上的特征是十分显著的。

（二）蒙古族尊重与平等理念的内容和形式

1. 蒙古族尊重与平等理念的内容十分丰富

尊重与平等理念中，既有人与人的平等与尊重，亦有人与自然的平等与尊重；既有不同民族的平等与尊重，亦有不同地区间的平等与尊重；既有不同文化间的平等与尊重，也有不同制度和法律间的平等与尊重，可谓无处不在、无时不有。

以家庭为例，蒙古族是敬老、爱老，具有孝亲传统的民族。孝敬长辈、礼遇兄长是他们的传统美德。蒙古族格言说："与其到庙中求佛，莫若在家中孝敬父母。"除了对待长辈，在家庭内部，蒙古族对待女性也拥有平等与尊重的理念。

在社会上，蒙古族对待医生、老师和喇嘛是格外尊崇的。医生被尊称为"utach burhan"，即"佛"。自古以来，草原上识字的人很少，所以尊崇书籍和老师是普遍的道德观念。喇嘛是掌握多项技能的人，社会地位高，备受尊重。蒙古族对待客人非常热情、好客和尊重。以人与人之间的问候语为例，不同场合、不同条件下，不同年龄段的人，有多种不同的身体动作和问候语以表示尊重。例如，除了简单的"你好"，更多的时候根据不同情况问"您身体可好？""全家人都好吧？""近来雨水可好？牲畜可好？""冬天过得还好吧？""路上可好？"等，表达对他人的尊重和关心。问候语作为尊重他人的表现形式，在日常生活、节日庆典、路途、不同季节、不同专业领域，都有多种说法。例如，根据对方的身份和角色，对放羊的人会问："今年的草场怎么样？"对放马的人会问："马群可好？"对打草的人会问："草是否浓密？"对拉水的人会说："水是不是源源不断？"等带有祝福的问候。尊重和问候是具有人际往来特征的双向行为，因此被人问候后必须做出答复以表示接受问候并反映给对方。除了口头表达的问候，在长期的人际交流中，蒙古族还形成身体动作的问候，如轻微弯膝盖、磕头、拥抱、用哈达问候、交换鼻烟壶等多种形式。所有这些都是蒙古族崇尚人和人平等与尊重理念的体现。

2. 蒙古族平等与尊重理念的表现形式多样

蒙古族平等与尊重理念的表现形式多种多样，在蒙古族生产生活、社会活动、人际关系交流中无处不体现。在各个历史时期的文献资料中，在世界各国作者的游记记载中亦有充分体现。以文献古籍中的蒙古族尊重与平等理念为例，普兰诺·迦尔宾在其游记中说：蒙古人"十分尊敬他人，相互间都是友好的"。蒙古族人对父母和长者特别尊敬与顺从，并且把祖先和长辈视作具有丰富人生经验与智慧的人，恭听并重视他们的训导。他们常把其他老人和长辈称作"阿布""额吉"，在蒙古包中正对着门的地方是专门留给长辈或尊贵客人就座的固定位置。

正因为看重对人对事的尊重与平等理念，当蒙古族被他人平等对待并给予尊重时，他们会抛开一切戒备心理，敞开胸怀，全然地接受对方。翻阅相关文献记载不难发现这一点。例如，旅蒙商学习用蒙古语问候，学会使用鼻烟壶等对草原地区蒙古族游牧民生活习俗的尊重和融入行为，使他们更快地实现与蒙古族牧民的物品交换和买卖，也使得这种关系长期地保持下去。

（三）成吉思汗关于平等的思想

蒙古族平等与尊重的人际关系态度来源于生活，来源于民间。在长期的历史发展过程中，它逐渐成为一种道德理念和约定俗成，并不断凝练成一个民族的精神特质。成吉思汗时期，平等与尊重的思想被提升到治国理念的层面，成为蒙古族历代坚持的政治思想和政治原则，也是成吉思汗统一蒙古高原各部落、影响世界、取得成功的重要法则。成吉思汗坚持平等的思想体现在以下几方面。

1. 在法律面前人人平等的思想

成吉思汗坚持平等的思想最鲜明地表现在法律上，即成吉思汗"法律面前人人平等"的思想。法律是人类行为的规范，平等与公正是立法的基本准则。成吉思汗认为，失去该准则就意味着失去公信力和执行力。攻打塔塔尔时，当成吉思汗直系亲属出现犯法情形时，他对此进行严惩，认为：上层人士犯法容易引起混乱，必须整顿军政秩序。对此，罗卜桑却丹在《黄金史》中说："汗国不能迷失于黑暗，不能听信于朋友，坚持己见，不能任人摆布。国家的法律是平等公正的，在任何条件下不偏向任何人，法律面前没有高低贵贱之分，一视同仁的思想包含在其中。"众多实例都充分证明成吉思汗"法律面前人人平等"的思想。

2. 在劳动面前坚持平等的原则

成吉思汗认为，增加社会资源，实现社会稳定，必须制定民主与平等的规范。这样的规范可以增加人民的责任义务，又满足国家需要。制定平等的劳动规范，能够有效提高劳动者的劳动积极性和创造性，提高劳动效率，促进国家发展。因此，国家法律规定：无关财产与权利的不同，人人享有平等的劳动权利。《世界征服者史》中记载："他们遇到紧急情况，急需人员物资的时候，会把这一任务交由万户去解决，而万户又交由千户，层层下达到十户长。"这里就包含着平等理念，没有财产与权威的不同，一视同仁，每个人的劳动量都一样。

3. 在功勋面前人人平等的原则

成吉思汗认为，平等是治国之道。对于国家的建立，人民的功劳是不可埋没的。成吉思汗深刻意识到，民众的功劳以及对民众功劳平等对待的重要性，由此发布命令指出："若不爱惜功臣，往后慎献功劳。之所以宝古尔赤先来贡献，我更加重视他。"他还说："机制完善之后继位的，九族不能犯错。宝古尔赤右手臣民知晓。"成吉思汗认为，无论是朝臣还是平民，功勋面前女子也有平等的权利。根据《蒙古秘史》的记载，争夺救都莱的功劳时，成吉思汗听取事情的原委后根据功劳大小将此功给予阿拉塔尼。由此可以清晰地确定成吉思汗实现功勋面前女子也有平等被授予的权利。

4. 成吉思汗平等对待宗教的原则

建国兴邦的过程中，除了萨满教，成吉思汗还接触到基督教、伊斯兰教、佛教、儒教、道教等，他对这些宗教采取了平等自由的政策。当然，平等自由不是绝对的。但是至少在当时的蒙古帝国，人们在传播宗教和选择宗教方面，平等自由是显而易见的。因此，对于不同宗教信仰的平等自由思想，也是成吉思汗平等与尊重理念的重要体现。

综上所述，成吉思汗深知立国之本以及国家的兴衰与平等治国的理念密不可分。他认为平等地治国才能实现国家的稳定发展，才能得到民心。根据罗卜桑却丹在《黄金史》的记载："汗王治国之道，像太阳般灿烂，像湖水般清澈。"这也是成吉思汗平等思想得到拥护与支持、实现振国兴邦的缘由所在。

（四）基于尊重与平等的蒙古族人际关系特点

上面讲述了蒙古族尊重与平等理念的历史根源及其发展历程，可知尊重与平等理念是蒙古族发展人际关系的基本认知和遵守，包括亲属间、村落内，乃至国家和部落间。那么，基于尊重与平等理念的蒙古族人际关系具有哪些鲜明的特点？这些特点是怎样促进和强化平等与尊重理念的？

1. 互助合作

由于北方草原自然环境恶劣，灾害频繁，畜牧业生产劳动又艰苦而具有挑战性，加之野生动物的袭击和征战的动乱，人的生命显得极其脆弱。面对这样的生产生活条件，生命的价值倍加珍贵，也因此形成蒙古族崇尚生命、尊重人的价值观。这与追求金钱和利益的价值观是绝不能相提并论的，因为尊重生命，才有了对待生命平等和尊重的理念与态度。因此，崇尚生命是蒙古族尊重与平等理念产生的缘由。

面对上述对生命具有挑战的不确定因素，在传统游牧社会，草原上的牧民通常由几户形成一个"浩特阿寅勒"扎营和迁移，重大的畜牧业生产活动几乎都是靠邻里或"浩特阿寅勒"的互助合作去完成，以便疾病和灾难等不幸来临时，能够及时互相帮助。蒙古族谚语"上空有一个暖阳，身边有一户人家""远亲不如近邻""没有百年的父母，却有百年的邻里"等，都充分体现了对邻里和"浩特阿寅勒"的重视。可见，看似牧民的住所（如蒙古包）零星散落在广阔的草原上，事实上，牧民的关系是非常密切的。基于彼此的需求，互相扶持和帮助，尤其对于需要帮助的人伸出援助之手，是蒙古族有史以来的道德传统。《蒙古秘史》中，铁木真在童年时期多次遇到不幸，同时也得到好心的兄弟们给予真诚的帮助。这种关系不仅解决了当时的困难，更是打下铁木真与他的"安答"（朋友）终生友谊的基础。

因此，互助合作是传统游牧社会人际交往关系最基本的需求，也是崇尚生命的具体手段，是尊重与平等理念的具体体现。

2. 知恩图报

知恩图报是互助合作的结果。互助合作无处不在，无时不有。知恩图报也是没有终点的。它是尊重与平等理念的进一步延伸，体现了尊重与平等理念的无限延续性。蒙古族民间谚语中有很多关于知恩报德的例子，民间往来中也十分重视回报和报答。

当每个人都心怀感恩，懂得知恩图报时，人际交往关系就会越来越深，情谊就会越来越长。因此，知恩图报是蒙古族维持人际关系的纽带。没有互助关系的人，不能建立长久的社会关系，不懂得知恩图报，只会让自己在人际关系面前举步维艰。

3. 保持距离，但联系紧密

家庭是人类文明产生以来社会的基本单位。在游牧生产生活中也一样，家庭是独立的生存个体。牧民虽然以"浩特阿寅勒"为单位迁移和扎营，以便相互关照，但居住和扎营均保持一定距离。这能避免在日常生活中为琐碎的事务产生冲突而破坏友好关系。虽然居住有一定距离，但不能因此产生感情疏远。因此，除了在重大生产劳动时彼此互助，逢年过节和各种传统民间活动时，牧民经常相互拜访，交流情感，以表示惦念的心情。同时，通过交换礼物来表达感情，巩固关系。这也是蒙古族尊重与平等理念的重要体现。

二 尊重与平等理念对中蒙俄经济走廊建设的价值和意义

随着时代文明的进步和社会变迁，人们对于平等的追求和对自身获得更多的尊重越来越渴望。无论是一个个体，还是一个群体或国度，不论性别、年龄、种族、民族，不论一个人取得的成就大小、职位高低、富贵与否，其内心深处都渴望平等和被尊重。

中华人民共和国成立以来，各族人民相互尊重，相互信任，相互帮助，共同进步，形成、巩固和发展了平等、团结、互助、和谐的民族关系。尊重少数民族风俗习惯，保护各民族平等的权利，在《中华人民共和国宪法》中得到充分的体现，成为中国政府解决民族问题的基本原则和根本政策，也是中国各项民族政策的基础。《中华人民共和国宪法》规定："中华人民共和国各民族一律平等。国家保障各少数民族的合法的权利和利益，维护和发展各民族的平等、团结、互助关系。禁止对任何民族的歧视和压迫，禁止破坏民族团结和制造民族分裂的行为。"国家和自治区各级政府都明确各民族有保持或改革本民族风俗习惯的自由，并制定一系列政策、法规，尊重和照顾少数民族饮食、衣饰、年节、婚姻、丧葬等方面的习俗。就是因为在长期共同生活中践行了平等和尊重理念，我国各族人民结下了深厚的情谊，并对建立平等互助的国际关系产生深远的影响。

2014 年 8 月 21—22 日，国家主席习近平对蒙古国进行国事访问，在演讲中指出，"国之交在于民相亲，民相亲在于心相通"，强调人文交流在两国关系发展中的特殊作用。随后，2014 年 9 月 11 日，习近平主席在出席中蒙俄三国元首会晤时提出"共建丝绸之路经济带"倡议，获得俄方和蒙方积极响应。2016 年 6 月，三国政府签署了《建设中蒙俄经济走廊规划纲要》，中蒙俄经济走廊建设步入全面实施阶段。平等、尊重的理念同样在国际交往中产生了广泛而深远的影响。在这一理念的积极作用下，中蒙俄经济走廊得以建立并平稳运行就是最好的例证。

（一）平等与尊重理念是中蒙俄经济走廊建设的人文基础

文化作为特定社会共同体拥有的物质和精神财富的总和具有明显的内聚性和排他性。不同地区间的交流与对话要以深层次的精神和心理认同作为基础。中蒙俄经济走廊建设需要一个和谐顺畅的区域文化大环境，需要认同度高的文化"共情"点。

中国的蒙古族人口约440万，俄罗斯的蒙古族人口约90万，蒙古国的蒙古族人口约280万。尽管蒙古族人口分布在三国境内，却有着共同的民族精神、价值取向、思维方式、审美兴趣、行为模式和风俗习惯。三个国家蒙古族的聚居地也是"一带一路"互联互通的重要节点和关键纽带。因此，三国的顺利合作具有坚固的民族文化基础。蒙古族尊重与平等理念是它的精髓。在平等和尊重理念上，三国蒙古族具有共同的文化起源、风俗习惯和历史积淀。这是促进三国蒙古族消除文化壁垒、提高亲和力和凝聚力、促进"民心相通"的便捷途径和纽带，也是对经济走廊建设产生深刻情感认同的根基，更是实现"互利、互惠、互鉴、共赢"的人文基础。

（二）平等与尊重是政治上增进互信、打造命运共同体的起点

构建人类命运共同体是2012年11月党的十八大提出的倡议，旨在追求本国利益时兼顾他国合理关切，在谋求本国发展中促进各国共同发展。这是在国际关系中中国政府反复强调的关于人类社会的新理念。当今世界政治多极化、经济全球化、文化多样化、社会信息化趋势不可阻挡，各国间的联系和依存日益加深，但也面临诸多共同挑战。气候变化、资源短缺、环境污染、粮食安全、跨国犯罪等全球性问题已屡见不鲜，对国际秩序和人类生存均构成严峻挑战。无论人们身处何国、信仰如何，也不论是否愿意，构建人类命运共同体的现实需求已不可逆转。因此，形成共同的价值观，以应对共同挑战，构建面向美好未来的人类命运共同体迫在眉睫，时不我待。然而，"中国威胁论"的产生也使中国与中亚地区加强文化交流和中国文化走向中

亚面临挑战。因此，蒙古族平等与尊重理念的挖掘、弘扬把三国人民紧紧联系在一起，推动经济走廊建设具有十分积极的引领作用。这同时也与国家主席习近平在 2015 年博鳌论坛上提出的迈向命运共同体的"四个坚持"，即"坚持各国相互尊重、平等相待，坚持合作共赢、共同发展，坚持实现共同、综合、合作、可持续的安全，坚持不同文明兼容并蓄，交流互鉴"高度契合，并为构建人类命运共同体的"四个坚持"提供了蒙古族文化的支撑，证实了在中蒙俄经济走廊建设中蒙古族所能做出的贡献。

（三）尊重与平等理念是三国合作互补推动区域经济发展进程的前提

中蒙俄经济走廊的建设不仅对中蒙俄三国的经济发展具有重要作用，对三国互补推动区域经济发展进程也意义重大。首先，中蒙俄三国的经济发展具有很强的互补性。中国正处于工业化的中期阶段，具有资金、技术和基础设施建设方面的先发优势；俄罗斯属于以重工业为主、轻工业欠发达的国家，但资源富集；蒙古国属于以畜牧业为主的典型农牧业国家，工业发展刚刚起步，但其地理位置独特，是以最短距离连接中俄、联通欧亚的最佳纽带。可见，在经济走廊建设中，三国各有优势和劣势，平等交流、尊重彼此正是三国发挥各自优势、劣势互补，使中蒙俄三国的经济联系更加紧密、技术合作更加深入、发展空间更加广阔的合作前提。

其次，中蒙俄经济走廊的建设也遇到很多问题和困难。遵循平等与尊重原则，是打破种种沟通障碍、信任障碍以及合作障碍，引领我们走出这些困境的有效措施。随着三国经济走廊建设的进一步发展，三国贸易的发展速度和稳定度也会进一步加深，但平等与尊重是始终应该把持的原则。我们应本着平等尊重的原则，让中蒙俄三国任何有合作意愿的市场主体都可以平等参与、多元合作、共商共建这条经济发展之路，共享其建设成果，最终实现差异互补、互惠互利、合作共赢。

　　再次，内蒙古是"一带一路"框架下中蒙俄经济走廊的重要节点地区，肩负着我国向北开放的重要职责，是实施中蒙俄经济走廊建设的主阵地，其作用至关重要，无可替代。同时，内蒙古参与中蒙俄经济走廊建设，可以弥补资源短板，加强互补性合作。内蒙古现在已经构建了中蒙二连浩特—扎门乌德跨境经济合作区、满洲里综合保税区等深化合作平台，推动互市贸易区深度开放，并建立了政府、人文等多领域协商合作机制。内蒙古地方政府也从实情出发，制定了可行的经济政策，促进"中蒙俄经济走廊"建设。未来，内蒙古应充分发挥蒙古族尊重与平等理念，抓住中蒙俄经济走廊建设的重大历史机遇，从战略高度和长远角度出发推动三方开展全面合作。

　　因此，尊重与平等理念是三国对接各自发展思路、互补推动区域经济发展进程的重要前提。

　　（四）物质文化的尊重与交换是中蒙俄经济走廊建设的民间基础

　　中蒙俄互为邻国和战略伙伴，三方合作不仅有良好基础，更有巨大潜力。物质文化的交流是精神文化交流的基础和前提，是三国经济走廊建设良好的民间基础。在古丝绸之路形成之时，各民族对彼此的物质文化相互尊重，具有来者不拒的接纳态度。因而，中国的丝绸、铁器、瓷器等各种商品都成为丝路沿线各族群喜爱的物品；西域的毛织品、马鞍、金银饰品以及花生、马铃薯、向日葵、番茄等农作物也顺理成章地进入中华族群的物质生活。今天的经济走廊建设也一样。多年来，尤其是2014年后，内蒙古各地区每年举办中蒙俄商品博览会和各种展销会，深受内蒙古民众的青睐。博览会不仅为蒙古族"足不出户"购买皮、毛制作的民族产品提供了条件，大多数汉族也被质地优良、价格合理的俄蒙特色商品所吸引，形成广泛的物质产品交流活动。这种物质文化的交流不仅是中蒙俄经济走廊建设的民间基础，也是不同国家地方政府和企业间交往合作的商品交易盛会，有益于推动双方在农牧业、教育文化、跨境旅游等领域的深入交流合作。

（五）精神与制度文化的尊重是中蒙俄经济走廊建设的关键

合作是中蒙俄经济走廊建设的主要特色。中蒙俄经济走廊建设提倡的合作既有经济和物质领域的合作，也包含精神等领域的合作。只有在平等和谐文化对话基础上构建的合作，才是真正公平、合理、扎实有效的合作。尊重与平等理念是能够合作和开展好合作的核心与前提。数千年来，有着不同肤色和操着不同语言的人们在草原丝路上你来我往、互学互鉴、相互融合的基础，就是这种尊重与平等理念在发挥着作用。从历史上丝绸之路区域各族群的交往历史看，丝绸之路之所以能够延续数千年，关键在于族群之间对精神文化的尊重。华夏族群以儒学为代表的中华优秀传统文化与北方族群自然崇拜文化的开明品格，形成各种文化兼收并蓄的风格，在中华文化荟萃的区域和时期都得到充分的尊重。

成吉思汗时期，蒙古汗国范围内宗教文化的平等就是各族群在精神生活上互相尊重的鲜明例子。当时，萨满教、基督教、伊斯兰教等可以相安无事地平等相处。这种精神文化的相互尊重，更加促进和加快各族群间物质、文化交流的热情，因而形成东西方物资的大流通、文化的大交流，形成族群大流通的世界化大格局。因此，成吉思汗被西方学者称为"全球化第一人"。可见，在数千年的历史交往中，具有不同制度习俗、文化特质的人们能够和平友好、互利互惠地进行经济贸易和文化交流，得益于他们交往中对各自制度习俗和精神文化的尊重，这是人类社会和谐发展的基础。

中蒙俄经济走廊建设实施以来，我国与俄蒙两国艺术文化和非物质文化的交流也频繁起来，为人民群众的相互了解和尊重提供了机遇。例如，以在兴安盟乌兰牧骑宫举办的"2018年内蒙古兴安盟中俄蒙国际绿色有机产品博览会暨2018内蒙古兴安盟乌兰巴托文化活动日"为例，中俄蒙演员组成的演出团队表演了长调、呼麦、柔术、民族乐器演奏、民族服装秀等精彩节目，展现了各自的特色文化和异域风情，并组织召开"中国·兴安盟中蒙投资贸易对接会"，100余名俄蒙企业家进行了对接洽谈和项目签约。

综上所述，蒙古族尊重与平等理念和"互利、互惠、互鉴、共赢"的国际事务合作原则高度吻合，有益于形成"和平合作、开放包容、互利共赢"的理念，向世界敞开胸怀，促进三国人民友好往来和全面务实合作，对共建中蒙俄经济走廊具有重要价值和非凡意义。

第二节　蒙古族商贸观对中蒙俄经济走廊建设的现实意义

游牧形态是人类历史上的三大文明之一，是古代草原族群在"草原"这一特殊的自然地理和生态环境条件下缔造与发展的具有特定形式、内涵和价值的经济生活模式。在我国，自古以来，北方游牧经济人群和中原农耕经济人群相互交错、相互依存，在政治、经济、文化上相互交流、交融，彼此促进，共同为中华文化"多元一体"格局的形成和发展做出过各自不同的积极贡献。其中，商贸作为重要的社会经济交往形式，对草原文明与中原农耕文明的交流、融合起过特殊的作用。

一　蒙古族商贸文化价值观的形成历程

蒙古族是较典型的游牧文化群体。由于游牧经济以草场为基本生产资料，以家畜为财富标准的特殊属性和移动性强、不需要太多不动产以及物质财富的特定生活方式，蒙古族的商业意识与农耕定居群体相比比较淡薄，既没有形成专门的商人队伍，也没有发展成发达的商业文化体系。但是因为游牧经济结构较为单一，手工技术相对落后，随着生活需求的增加，越来越依赖农耕定居文明，在古代北方游牧群体中逐渐产生渴望和注重商贸的普遍心理需求，不仅与中原农耕区域形成历史悠久的"马市""茶马交易"等以物易物的商贸形态，甚至出现用武力开通边贸、运用军事手段掠夺财物的"武力贸易"。我国历史上北方游牧人群的多次南进、南侵，是以获得财物为主要目的的经济行为。蒙古族的商业意识、商贸价值观是在与中原农耕文明的经济、文化、政治关系中逐渐形成和发展而来的，特别是成吉思汗草原统一的政权和元朝的建立，使蒙古族的商贸文化得到新的发展，形成富有民族特色的商贸价值观。

（一）成吉思汗时期的商贸及其商贸观

1. 成吉思汗的贸易观

成吉思汗有过非常艰难的少年时期。父亲被害，部众叛离，自己也差一点遭到泰赤兀惕人的毒手。这些悲惨的经历使他过早地懂得生活的艰辛与不易。他对财物的意义也有切身的体会。他在 8 岁那年以未来女婿身份寄住在弘吉拉部，就目睹金国商人换走那里的牛、马、骆驼、羊、皮、毛和食盐等，对贸易有了最初的认识。因此，建立草原统一政权之后，成吉思汗非常重视商贸，主张自由贸易。1215 年，西域花剌子模国的使者来蒙古汗国，成吉思汗热情接待，并把三位商人带来的商品全部买下，以示和花剌子模建立友好商贸关系的心愿。他让使者转告花剌子模国王摩诃末："我们两国的国界与钦察汗国国境相毗邻，所以最好让两国商人自由商通。"并同其他国家约定，"允许所有商队在无危害的情况下，自由经过他的国土"。1218 年，成吉思汗为了与西域地区建立稳定的商贸关系，派出以马合木为首的使团回访摩诃末，同时组建由后妃、诸王、大臣、商贸代表组成的450 人商队，用 500 峰骆驼载金银、丝绸、皮毛等货物到花剌子模贸易。但商队抵达花剌子模边镇讹答剌时，守将亦纳勒出黑贪图商队财物，污蔑商人是间谍，并经过摩诃末许可处死商人，没收所有财物。成吉思汗闻讯后非常气愤，即刻派使者质问杀人越货之事，要求交出凶手。狂妄自大的摩诃末却杀害了使臣兀忽纳，拔掉余者胡须，逐出国境。

花剌子模国王违背商贸信条、残杀使者的行为，引起成吉思汗的震怒。他说:"撒儿塔兀勒切断了我们的'黄金绳索',还能饶他吗?给兀忽纳等100名使臣报仇雪恨……"① 即刻带领20万铁骑攻打花剌子模,蒙古的西征由此开始。可以说,商贸纠纷是成吉思汗最终选择武力,踏平欧亚草原的重要起因。在西征过程中,成吉思汗及其部将非常重视收罗能工巧匠,掳掠了那些优秀工匠,使他们从事各种工作,并明确规定工匠免死,"惟工匠四百及童男女若干得免死为奴,余尽被杀",并将这些人"分赏其诸子、诸妻、诸将"。② 这些工匠为蒙古大军制造战争所需的箭、弓、云梯,筑路造桥等,也生产蒙古族民众所需的大量日常用品,为以后元朝的手工业生产打下了基础。成吉思汗在其统治后期,十分重视商贸安全,不仅开通从蒙古高原腹地直通西亚的商贸通道,还积极保护通商安全,为东西方商业交往奠定了坚实的基础。因此,蒙古人西征的目的源于商业复仇,结果是东西方政治、经济和文化交流得到深化。

2. 商业的重视与扶持

在成吉思汗时期,商人很少纳税,几乎都是免征赋税,由此鼓励商业发展。《黑鞑事略》中说:"国初盗贼充斥商贾不能行。凡有失盗去处周岁不获正贼令本路民户代偿其物。"即任何人不能损害商人利益,即使商人谎报被偷、被抢,朝廷也要当回事,由附近的居民赔偿所丢失的金银。成吉思汗在《大札撒》中明确规定,"保护国家之间的商业贸易",在每个危险的关口都按商人的希望安排真诚的向导,保护他们的人身和财产安全。如果有谁排斥、欺压或杀害商人,就要将其严惩处治。"为了给商业提供便利,在每一关口上驻守军队,完成警戒任务。"正因为采取了如此严厉的法规,蒙古地区偷盗、抢掠商人的行为得到遏制,为各地商人营造了往来无阻的良好环境。《世界征服者史》记载:"成吉思汗统治后期,他营造一片和平安定的环境,实现繁荣富强;道路安全,骚乱止息;因此,凡有利可图之地,

---

① 《蒙古秘史》第254节。
② 陈献国主编:《蒙古族经济思想史研究》,辽宁民族出版社2004年版,第73页。

哪怕远在西极和东鄙，远近商人都向那里进发。"① 这为西方商人来东方进行商业贸易提供了安全、宽松的条件。

成吉思汗在《大札撒》中规定："凡进入国界的商人，应一律发给凭照，而值得可汗受纳的货物，应连同物主一起送到大汗那里。"② 他积极要求将领和他们的子女学习经商之道，规定"军队的将领们……并让他们像坚毅的商人那样地掌握他们所知道的本领"③。特别是成吉思汗购买三名花剌子模商人商品的故事体现了蒙古族在商品交换中遵循诚实、公平交易的原则。

通过战争建立的蒙古政权实行政商合一经济管理模式。在商业贸易中，当时的蒙古人虽然是商业经营的拥有者，却不是商业经营的主体。国家商业领导权掌握在蒙古帝王和贵族手中，他们运用政治地位，以权力交易的方式，采取"翰脱商业"方式收取"翰脱钱"。从成吉思汗伊始，商人成为政治官僚，诸如回鹘富商镇海、阿合马、桑哥及汉族卢世荣等均为商人出身，拥有很大的经济权力。这种商业官办、政商合一的经济模式主导着国家的商业发展。"上至皇亲国戚、贵族，下至普通商贾、喇嘛僧人都成为特殊阶层，依靠其权威和财富，通过政府的法规、命令、措施，保护自己的商业行为，从而形成了包括减免商业税在内的各种优惠的条件。尤其封建皇帝、王妃、官吏等都是高利贷的直接受益者。他们向回回等商人转移现金，从而吃高利。基于官商一致的格局，商业贵族拥有诸多的商业特权。在商业贸易中，如果商人出现亏本、遭遇意外，遭到劫掠等重大损失，要由附近的居民赔偿。商人到达的地方，要求提供饮食，派遣士兵保护。"④

在窝阔台执政时期，蒙古地区的商业、手工业得到进一步的发展。

---

① 志费尼:《世界征服者史》上册，何高济译，内蒙古人民出版社 1980 年汉文版，第 90 页。

② 同上。

③ 拉施特:《史集》第一卷第二分册，余大钧译，商务印书馆 1983 年版，第 357 页。

④ 额斯日格仓等:《蒙古族商业发展史》，辽宁民族出版社 2002 年版，第 68 页。

1235 年，窝阔台汗诏令：以"从汉地带回来各种工匠和各行各业技师"①，在鄂尔浑河上游大兴土木，建筑都城哈剌和林，开始建造宫殿、寺庙、手工作坊，并在都城四门分别设东门谷物市场，西门山羊绵羊市场，南门牛、车辆市场，北门马市场，还开设回回市场及货店、酒馆。窝阔台汗还在漠北、漠西地区建造如康堆城、镇海城、谦谦州、博赤城等城镇，为蒙古地区的手工业、商业及经济带来新的发展。窝阔台汗还采纳耶律楚材的建议，在漠南地区和原金朝管辖区实施"乙未籍户""五户丝制"等，登记人口、户数，建立赋税机构，收取粮税、科税、诸税等赋税，增加国库储备，囤积战争所需的大量物品和财物。

（二）元朝时期的商业及商业观

1260 年，成吉思汗之孙忽必烈在开平府（今内蒙古正蓝旗）即可汗位，建元中统。1271 年，建国号为"大元"，次年定都大都（今北京），开始实施中原王朝的政制，推行汉法，建立了包括中原在内的强大封建王朝。忽必烈建立元朝后继续推行成吉思汗以来的扶持商业、优待商人的政策，并结合当时社会经济实际加强和调整了商贸的管理手段及机制，使元朝的国内国外贸易得到空前发展与繁荣。

1. 整顿赋税制度，推动商业发展

元朝在赋税制度方面因地制宜，采取南北不同的制度。在北方，实施"科税""丁税""地税"等赋税政策，按行业、户数、耕地面积收税。南方沿用南宋两税制，收夏税、秋税。夏税交棉、布、丝等，秋税交粮食。税收数量根据耕地的多少、收成的多寡来决定。朝廷还控制酒、盐、酱醋等使用量大的日常用品，获取利益。如个人私自酿酒会受到严厉惩罚。尤其是盐业大权由国家垄断，以获取巨大利益。元朝一年盐税收入高达 7660 万银锭。元朝还统计商贾数量，为商人发行所谓营业证书的"引"，按"引"收规定税收，并收取海外贸易赋

---

① 《元史》第 2 卷，第 68 页。

税，控制犀角、象牙、黄金等贵重商品交易，增加国库储备。元朝对金、银、盐等实施专营，严格控制国内外贸易，政府获得了大量的财政收入。

站役是元代重要的徭役制度。元朝完成大一统后，为了疏通南北经济商贸通道，在全国各地建立很多陆路、水路驿站及海关，统一调度南北货物。忽必烈为了打通货运通道开凿了从长江到大都的货运河，不仅更快捷有效地收取南方税收，也为南北两地的经济、文化往来提供了空前的便利。

元朝还大力发展多种经济，鼓励各地商人开发经营不同货物、贸易。在全国各地建立盐、酒、金、铁、锡、铜、玉、珍珠、瓷器、丝绸、木材、竹子等产业和贸易市场的同时，结合地域物产发展多种经济，如南方的茶叶、北方的盐和铁等。利用发达的陆路、水路驿站，贸易通道积极发展海外贸易。"当时从上都、大都以至各省、州、路、县的大大小小城镇中店铺鳞次栉比，商人叫卖声此起彼伏。阿拉伯商人将西域的香料、珍珠带到中国，将中国的丝绸、瓷器和土特产运到西域，这是很普遍的事情。"① 随着商贸业的发展，手工业得到迅速发展。《马可·波罗游记》记载："临安城有十二种职业，各业有一万二千户，每户至少有十个人，中有若干户多至二十人，四十人不等。其人非尽主人，然亦有仆役不少，以供主人指使之用。"由此看来，元代已经有了专门的产业户和产业阶层。同时，手工业在蒙古地区也得到长足的发展。当时在哈剌和林有专门生产铁器的作坊，上都设有官营的制毡局、毛织局、皮革局、鞍子局、器物局、金银局等行业较全的"协作组"②。从考古实物看，当时的蒙古高原腹地还有不少制陶、制瓦、制瓷器、金属器、制石器的作坊和集市店铺。

2. 重商扶商政策

随着元代大一统的完成，蒙古的政治、经济、文化中心南移，统

---

① 额斯日格仓等：《蒙古族商业发展史》，辽宁民族出版社 2002 年版，第 63 页。
② 额斯日格仓等：《蒙古族商业发展史》，辽宁民族出版社 2007 年版，第 65 页。

治阶层更加依赖和重视商业。在当时，国内外商贸的操纵权基本集中在朝廷和贵族、官僚、僧侣、大商贾手中。朝廷为了垄断商贸专利，在对金、银、盐、铁、茶、酒、醋、农具等实行专卖的同时，通过与大商贾、寺庙僧侣等联手控制商业命脉，建立很多官商结合的商业中心和基地。"斡脱"是类似后期商会的商业合作性质的组织。它在朝廷的授意下进行商贸活动，拥有免除赋税、使用驿站、急需时可以动用军队保护财产的特权。"斡脱"是元朝官商合一商业模式的直接产物，对当时的商贸业产生了深远的影响。元朝统治者为了鼓励商业行为，对于商人减免赋税，给予了很多特权。来蒙古地区做买卖的中原商贾及来自西域的商人一般都有减免赋税、自由出入各地的优待。

对于西域等地外来商贾，蒙古统治阶层给予特别照顾，与阿拉伯、波斯等外国商人建立合作关系，给予其极高的政治经济地位，支持他们从事商贸活动或合资经营贸易，从中谋利。元朝政府为了发展海外贸易，设立专门管理海外贸易的行政机构——市舶司，并在泉州、庆元、温州、杭州、广州等地增设分支机构，专门管理海上贸易。当时中国商人东到朝鲜、日本，南达印度、南亚各国，西至中亚、波斯、俄罗斯及阿拉伯各国、地中海东部及非洲东海岸。据统计，大概与97个国家与地区有贸易往来。① 泉州是元朝最大的国际贸易自由港。这里停靠着来自东南亚、波斯、阿拉伯等地的商船，各种货物堆积如山。其中，花剌子模商人福联依然就有80多艘商船。来自不同国家的商人在此经商、居住，与当地人和睦相处，在东西方文明、文化交流史上留下了不朽的一页。

陆路海外贸易上，蒙古统治者通过钦察罕国与当时的蒙古四大汗国及中亚、西亚、欧洲国家建立起广泛的经济贸易关系。忽必烈时，元朝的商业关系扩展到230多个国家，来中国的外商、传教士、旅行家

---

① 额斯日格仓等：《蒙古族商业发展史》，辽宁民族出版社2007年版，第69页。

的人数超过历史上的任何朝代。与此同时，漠南、漠北地区的商业也呈现出一片繁荣景象。哈剌和林、上都、应昌、丰州、集宁、全宁等都是北方商业重镇，设有马市、牛市、羊市、车马市、粮市等商业专区及销售各地各类商品的榷场、店铺。大量西域和内地商人、当地各族商贾云集于此，将南方的粮食、绸缎，北方的马匹、牛羊、畜产品，西域的奇珍异宝运来交易或销往各地。尤其是上都南靠中原，地处大都与哈剌和林的中枢地带，来此经商或转运货物的四方商贾、驼队、商队络绎不绝，商业集市十分发达、繁华。

3. 发达的驿站体系及商贸运输

交通运输和信息传达是商贸业发展与运行的重要条件。元代驿站是在北方游牧民族传递信息的"传话"基础上发展而来的。成吉思汗在1219年西征花剌子模时，为了确保战争信息的快速传递，在占领区建立了通往各地的驿站。忽必烈执政以后大力发展驿站体系，在管辖地区共设立1500所驿站，建立起连接南方北方、漠南漠北，通往西域、西亚、东南亚、印度的驿站网络体系。其中，从哈剌和林通往西域的驿站共4条线路。从漠北通往上都和大都的驿站分东路、西路两条，共6条线路。从蒙古腹地通往中原的主要有东路帖里干道（车道）、中路木怜道（马道）、西路纳怜道（小路）3条线路。驿站每隔70里设一铺，每铺有站户1000。从哈剌和林到大都的路上有57个帖里干道（车店）、38个木怜道（马店）、24个纳怜道（路站），共设119个铺。[①] 在中原地区，以元大都为中心设立了东至朝鲜、东北至奴儿干、北至吉尔吉斯、西南到伊尔汗国、西南至西藏、南达缅甸的四通八达的驿站体系。对于各路驿站，由朝廷直接管理，"有监察人，每日巡查驿站，有站卒怠慢而处罚之。对站户不征赋税，反有赐给"[②]，并派专门官员，监察驿站运行情况。在水路、海路方面，开凿修通从临安直到大都的运河，不仅极大地提升将南方粮食运往大

---

① 额斯日格仓等：《蒙古族商业发展史》，辽宁民族出版社2007年版，第79页。

② 同上书，第81页。

都的速度和能力，也为南北商贾的货运提供了很大的便利。元朝的海运于 1276 年伯颜入临安后开通，逐步发展成向北到渤海、黄海入海口，向外通往地中海、东南亚、非洲各地的海运网，将海上丝绸之路推向新的发展阶段。

13—14 世纪是蒙古人掌控欧亚大陆的蒙古时代。横跨欧亚大陆的元朝不仅是人类历史上版图最大、民族和宗教最多元的草原政权，也是东西方两大文明板块经济、文化往来和民族融合最为频繁和紧密的特殊时代。从大都、上都及内地通向西域、中亚、西亚、东南亚、欧洲和非洲的驿站与商贸通道，使中国与世界各地的人文往来及经济贸易达到空前繁荣、多元。来自不同国家和地区操有不同语言、有着不同肤色的商人，运载中国内地、漠北草原、波斯、阿拉伯、地中海、东南亚各地不同物产和商品的驼队、货船，及手持从元朝皇帝那里得到金银令牌的各国使者、传教士、旅行家，穿梭于陆上、海上丝绸之路，彼此和睦相处，相互交流、融合，为人类的国际合作树立了历史性的典范。

4. 纸币与金属货币结合的金融体系

货币作为商品交换不可或缺的媒介，在整个经济贸易领域有着极特殊的价值和意义。人类使用货币，大致经历了贝壳币、金属币、纸币等发展阶段。贝壳币是最早的货币，形成于新石器时代晚期或青铜时代早期。金属货币大致出现于青铜时代早期或中期，主要用青铜、金、银、锡、铁等铸造，是古代人类普遍使用的货币。世界上已知年代最早的纸质货币是我国宋朝的"交子"，但只流通于四川、福建、浙江、陕西等地，未能发展成普遍的通用货币。元朝是将纸币当作流通货币推广全国、推向国际的朝代。元中统七年（1260 年），忽必烈下令印制"中统元宝钞"，并颁布法令在全国范围内使用。规定纸币以银为本，与银并用。此种纸币用特制的桑树纸印制，"制造之法极为严重，俨同纯金纯银，盖每张纸币之上，有不少专任此事之官吏署名盖章。此种程序完毕以后，诸官之长覆盖用朱色帝印，至是纸币始取得一种正式价值，伪造者处极刑"①。可见，纸币的制造、印制程序非常严密，以防伪造假币，扰乱市场。元朝政府"视钞重于金银"，制定出严酷的法律制度，严惩抗拒使用者、伪造者。元朝统治者为了确保纸币的流通、使用效率，有效推广纸币，建立专门印制、发行、储存纸币的官僚体系，制定纸币和金银的兑换率，采取改造印制方式、废止铜钱和宋"交子"等措施。

在朝廷强有力的推行下，纸币不仅成为全国的通用货币，而且来华经商的外国商人也广泛使用纸币，因而纸币的流通范围扩大到高丽、东南亚国家。1284 年，元朝纸币传入伊尔汗国。1294 年，伊尔汗海都下令制造纸币，发行全国。伊尔汗国的纸币制度基本上照搬了元朝模式，虽然只流通几个月，但对西亚地区产生深刻影响，让阿拉伯人认识到纸币的重要性。直到现在，波斯语中还保存有"钞"这个词。② 元朝"中统元宝钞"是世界上第一种流通全国，并流向国际贸易领域的纸币，比美国（1692 年）、法国（1716 年）、英国（拿破仑入侵时期）、俄国（叶卡捷琳娜二世时期）等西方国家发行的纸币早近 700 年。可以说，纸币的发明和使用是中国人对全人类的一大贡献，标志着商贸业进入一个新的历史阶段。

元朝货币除了纸币，还有铜钱、银元宝、贡钱等金属货币。元代铜钱铸造不多，但种类繁多，大体分为官钱、供养钱两种，背皆有八思巴文干支或纪数，很有民族特色。官钱，即官铸流通钱，仅铸于世祖、武宋、顺帝三朝，有大朝通宝、中统元宝、至元通宝、至大通宝、至正通宝、至正之宝等。贡钱不流通，主要是寺院用来祭祀的钱币，如元宝、通宝等名号或用年号来命名的铜钱，多数属于贡钱范畴，这与元朝政教并行政策有更多的关系。元代纸币以金银为本，所以当时铸造的银元宝，金银是作为流通的储备金储藏的。③ 另外，在元代经贸

---

① 《马可·波罗游记》，黑龙江民族出版社 1978 年蒙文版，第 325 页。
② 额斯日格仓等：《蒙古族商业发展史》，辽宁民族出版社 2007 年版，第 93 页。
③ 同上书，第 91 页。

领域，还有波斯、阿拉伯等西方金银货币在一定范围内流通过。纸币作为元王朝主推的流通货币，也跟随朝廷政治经济的盛衰而上涨下跌，或贬值泛滥，最终随元朝的灭亡完成了它的历史使命。总之，元朝的多元货币及纸币与当时元王朝多民族、多元文化的政治文化背景以及蒙古民族包容、开放的文化特质有着密切的联系。

元朝统治者为鼓励商业发展，对于商人采取减免赋税政策，给予各种优待和特权。窝阔台时期的商业税是 1/30，到了 1283 年（至元二十年），元朝规定，"敕上都商税六十分取一"。9 月，又规定"徙旧城市肆局院，税务皆入大都，减税征四十分之一"①。元朝对商业的税收政策，极大地促进商业发展。对从中原地区来上都做生意的商人，朝廷规定"置而不征"的免税待遇。对于封建贵族和大商人阶层，归降蒙古的，能够获得各种优待和特权。

（三）北元时期的蒙古族商业

自 1368 年妥欢帖睦尔败走大都后，北元与中原地区再度陷入对峙状态，明朝政府的军事打击、经济封锁等策略，导致蒙古地区的经济趋于瘫痪，物资匮乏，粮食短缺，出现"衣用全无，毡裘不耐夏热，段布难得""生锅破坏，百计补漏之，不得已至以皮贮水煮肉为食"的饥荒状况，商品贸易随之进入低谷，十分萧条。

1. 以武力开通贸易的军事活动

北元统治者为了摆脱经济困境，从 14 世纪末开始主要采取战争掠夺的传统方式，迫使明王朝开通小规模边境贸易，满足自己的需要。当时蒙古地区急需的物质产品主要包括食品、纺织品、铁器等必需品，为此进行的武装抢掠、侵犯是双边商业贸易关系中的常见现象。当时的蒙古人一方面企图通过抢掠、侵犯方法，从明朝获得所需东西；另一方面，希望与汉人建立正常的贸易关系，通过派使者送礼获得边境贸易权。北元蒙古封建主除战争掠夺外，与中原地区的商业贸易主要

---

① 宋濂：《元史·世祖本纪九》，中华书局 1976 年版。

通过"通贡"和"互市"的方式进行,从而使得在北方游牧区域与中原农业区域间延续数千年的以物易物传统贸易再次恢复。

当时的通贡贸易是一种带有政治前提的贸易形式,它以北元政权对明朝的政治臣服为条件,接受明廷封赐的蒙古贵族按照指定的时间、路线向明廷供奉物产,明廷则按照朝贡者的地位和贡品的数量,回赐相应的彩绸、生活用品等。到了也先时代,这种朝贡贸易达到高潮,瓦剌使者"络绎于道,驼马迭贡于廷",人数最多时,一个使团有数千人,竟然成为也先逼迫明廷、讹诈财物的手段。如在 1447 年,瓦剌使臣皮儿马黑麻率领 2472 人来朝,贡马 4162 匹,貂鼠、银鼠、青鼠皮12300 张,明朝回赐大量的丝绸、布帛、茶叶等。1452 年,瓦剌两次派人来明朝进行朝贡贸易,总人数达 3000 余人,明朝"回赐"的物品"各色织金彩素纻丝二万六千四百三十三匹,本色并各色阔绢九万一百二十七匹,衣服三千八十八匹,鞋袜毡帽等件全"①。也先这种不公平的朝贡贸易引起明朝官员的极大不满,最终导致土木堡之变的发生。

瓦剌部首领也先在与明朝的商贸关系中,一方面以"朝贡""互市"方式进行易货贸易;另一方面,继续以军事手段侵扰明朝边界掠夺人口、财物。但他对蒙古百姓相关的经济发展关注不多,在统一蒙古各部的过程中,主要依靠军事掠夺和通贡贸易来应付经济需求,导致整个蒙古地区的经济十分脆弱,商贸业没有大的发展。明朝时期,回族商人拥有较高的政治地位和经济基础,且多为富商、巨商。也先在与明朝通贡贸易中,倚重回族商人,利用他们的经商优势,让回商以官员身份出使明朝,与明朝贸易。例如,也先在 1448 年派往明朝的贸易使团中,回族商人占了 42%。

1449 年发生的土木堡之战,是也先与明朝之间基于商业贸易的军事冲突。尽管此次战役中也先以少胜多取得了军事胜利,俘虏明英宗,但出于双边贸易的军事战争并没有使双方走向更深的军事冲突,相反,

---

① 《明英宗实录》景泰四年正月丙戌。

以遣返英宗皇帝为标志，双方的经济贸易重新回到正常轨道。在也先统治时期，蒙古地区的畜牧业得到快速发展，与内地的牲畜和皮毛交易每年达到几千万头（张），双方的民间贸易得到较大的发展。16 世纪，蒙古土默特部俺答汗崛起，成为与明朝对峙的又一个强大军事力量。俺答汗在其执政初期多次用武力侵扰明朝边境，或抢掠财物，或逼迫明朝开通边贸。1550 年，俺答汗在多次的通商要求被拒、派去的使臣被杀的情况下，采取一次大的军事行动，分几路进攻明朝，围攻大同，兵临北京，迫使明政府答应通商要求，开通大同等地的马市。历史上将这一事件称为"庚戌之变"。武力通商是整个北元对明朝采取的常见贸易手段，也是一种被迫无奈的非常规促商行为，对双边的人民均带来深重的灾难。

2. 马市、木市为主的交易市场

由于通贡贸易不能满足蒙古社会下层民众对日常生活用品的需求，明朝政府在蒙古封建主的强烈要求和武力胁迫下，最早于长城沿线一带开设指定的交易市场，允许双方在指定时间进行商品交易。此类边贸以马市、木市交易为主。到明朝后期，随着明王朝的衰弱和阿拉坦汗的崛起，蒙汉双方互市贸易得到进一步发展。特别是 1571 年俺答汗接受明朝所赐"顺义王"爵号后，双方的关系从战争转向和平，贸易往来进入新的阶段。当时在东起辽东、西至肃州的长城沿线增设数十个市场，双方交易范围扩大，从最早的马匹、木材发展到粮食、布、绸缎、马尾、盐、纸张等，甚至包括明朝查禁的兵甲、弓矢、刀剑等。自 1550 年"庚戌之变"，尤其是 1571 年明朝册封俺答汗为"顺义王"以后，北元与明朝延续百余年的流血冲突基本消除，呈现出边界无战事、双边民众和谐相处的空前和平景象。俺答汗实际控制蒙古草原后，在守土拓疆、发展军事实力的同时，积极发展经济，主动接纳和鼓励流亡到土默特地区的汉族群众，开发土默特平川。16 世纪后期，土默特聚集了十多万汉族农民，形成新的农业生产区域。特别是，呼和浩特的建成使蒙汉交易更加繁荣，交易的商品种类日益繁多。蒙古方面输出的物品有马、骆驼、骡子、驴、牛、羊、皮革、毡子、皮衣、马鬃、盐碱、薪炭、木材等，输入物品有粮食、布匹、衣服、农具、铁锅、纸张、药、漆、茶叶等日常用品，并且数量巨大。仅以1571—1664年的马匹交易为例，通过官方市场进入内地的马匹超过300万匹，年均43万匹。蒙古方面的马匹供应已经成为中原地区马匹的主要来源。另外，除了与明朝的贸易，俺答汗还与蒙古喀尔喀部和瓦剌、青海等地建立过较广泛的商贸往来。

在明朝的贸易往来中，俺答汗为了规范和促进双边贸易，总结以往的经验教训，和明朝政府分别制定了互市贸易规则。如俺答汗制定《规则条约》，明朝政府制定"市场法五条"，相互派官员管理市场，对双边商业贸易的发展起到积极的推动作用。在《阿拉坦汗法典》中，有不少关于保护促进农业、畜牧业以及明朝贸易等的直接或间接的规定。俺答汗和明朝之间结束武装冲突，全面开通互市以后，不仅双边的商品贸易、人文往来得到加强，而且北元的经济也趋于稳定，为社会发展，特别是畜牧业生产的发展提供更加宽松、稳定的环境。商业贸易的发展，结束了传统蒙古社会以武力掠夺财富的历史，为后来的发展奠定了基础。

（四）清朝时期的蒙古族商业及其商贸理念

蒙古地区归入清朝统治后，清政府对蒙古各地实施"盟旗制"，严格限制蒙汉两地的经济、人文往来，使整个蒙古族地区进入一个封闭的发展阶段。但是到了清朝后期，随着清王朝的腐败没落，禁止蒙汉往来的法律开始松弛，内地商人或明或暗地深入蒙地做买卖，进行商贸活动。特别是鸦片战争以后旅蒙商崛起，成为蒙古地区的商业主流。同时，俄、日等外国商业开始渗透到准噶尔、喀尔喀及内蒙古地区，成为影响清后期蒙古地区商业发展的重要因素。

旅蒙商是清政府对蒙古地区实施的政治经济政策的直接产物，也是蒙古族封闭的游牧经济的必然结果。旅蒙商输入的商品以消费品为主，质次价高。在商品交易中，直接物物交换。旅蒙商的出现虽然有力推进蒙古族地区经济商贸业的发展，但却给广大牧区民众带来新的经济剥削，造成负面影响。不少商人利用蒙古族百姓天性善良、直率和单纯的特点，采用欺骗、调包、灌酒等方式，以低价值物品换取牧民的牛、马牲畜，特别是通过赊账的方式诈骗蒙古人的牲畜。"旅蒙商人把货物高价赊给，价钱则以羊羔或母羊折算，并设定羊羔一年或几年后都按成年羊以及包括繁殖的后代在内、连本带息地收回，以这种极高的高利贷剥削着牧民。"① 这种赊账方式购买商品的交易，使蒙古牧民陷入不能自拔的高利贷的圈套。旅蒙商业的大面积渗透，使整个牧区的经济命脉几乎都被控制在旅蒙商的手中，本土传统经济遭到破坏，因而在蒙古族民众当中产生了依赖并敌视旅蒙商的复杂心理。大约在清朝中后期，特别是鸦片战争以后，随着旅蒙商和大量内地移民的涌入，在蒙古族地区的王府、寺庙附近开始形成以大量店铺、手工作坊为中心的集市与商贸街道。在农牧交错地带，甚至蒙古高原腹地出现了像大同、集宁、张家口、呼和浩特、包头、库伦等商业城市，较有力地推进蒙古地区商贸经济的发展。

在西蒙古地区，自 17 世纪下半叶，准噶尔部噶尔丹汗开始与俄国人建立贸易往来关系，以农畜产品换取米、面等农产品及军用设备，并一直延续到 1755 年准噶尔汗国归入清朝。在喀尔喀蒙古，俄国人根据《尼布楚条约》，通过恰克图关口以及建立在库伦、乌里雅苏台、科布多等地的商业铺子等开展贸易活动，形成与旅蒙商人共同控制蒙古族地区商业经济的格局。

1840 年鸦片战争以后，沙俄和日本对内蒙古地区进行政治和经济侵略，毫无忌惮地侵占和掠夺内蒙古地区的矿产、森林及畜牧业资源，使得原本十分落后的牧区经济更加贫穷、滞后。总之，近代蒙古地区商业在帝国主义的经济侵略，清朝政府各种封闭、限制政策，以及蒙古王公、喇嘛、旅蒙商贩的盘剥下，走向坎坷多变的畸形发展之路。

---

① 《蒙古民族简史》，内蒙古人民出版社 1988 年蒙文版，第 461 页。

二 蒙古族商贸价值观的基本特征及当代意义

（一）蒙古族商贸价值观与财富观

谈蒙古族商贸观离不开蒙古族对待财富的认识。"食畜肉、饮乳汁、衣皮革、被毡裘、住毡制帐幕"的游牧生活方式，造就了蒙古民族不重视不动产、不注重积累过多物质财富的生活习惯和价值理念。崇尚天人合一，强调人与自然、社会和谐发展的理念，追求简便节约生活，是贯穿蒙古族整个观念体系、价值体系的核心思想。蒙古族对待财富的观念概括起来有如下特点和表现。

1. 视五畜为最贵的财富观

财富观是指人们对财富价值的理解认识观，亦是价值观的重要组成部分。在汉文中，"财"字的结构是"才"从"贝"，贝也就是钱的原始形态，因此，财富首先着眼的是金钱的积累。将财富与金钱画等号，是货币高度发达时代的产物，在人类文明历史初期，作为财富最主要形态的还是实物。随着生产力的日益发展，社会生产的复杂化，货币关系成为重要的社会关系，财富的货币积累风潮开始流行。继而，财富的积累带来了资本的膨胀，直接推动整个社会的变革。

蒙古族形容生活的富足为"bayan targvn"。其中，"bayan"是富有，"targvn"是肥胖的意思。这个肥胖指的是牲畜的肥胖，即牲畜多，膘情好，意味着富足。五畜的头数决定生活质量，也是衡量贫富的标准，因此，蒙古族歌词和祝福语里通常都用"盆地"和"山脉"形容畜群规模。对蒙古族而言，牲畜这种财富不仅仅是物质财富，更重要的是种包含情感因素的财富。在五畜中，蒙古族尤其重视马。有时也用"aduu mal"一词概括家中全部财产，aduu 是马，mal 是牲畜，也就是说，马可以说是蒙古族财产的代表，也是最贵重的赠礼。一匹好马价格贵重于任何物品，这种理念有深厚的社会缘由。因为对于牧人来说，衣食住行一切需求的满足来源于马和其他牲畜。马是对外贸易的重要商品，北方草原民族与中原农耕民族延续数千年的"马市"，是其最有代表性的例子。

根据社会阶级的不同，蒙古族对珠宝财富的享用程度也不同。蒙古族很重视仪表，喜欢质地优良的贵重物品。由于游牧生活的特殊环境，自古以来，草原游牧民族普遍有崇尚黄金的特殊习俗。他们把黄金当作财富、地位的象征，让自己的汗王贵族戴金冠、金腰带、金饰品，居住金色的金帐、金宫、黄帐，乘骑饰有金马鞍、金马具的骏马，死后陪葬为数众多的金制品、金饰品，形成别具特色的草原金文化传统。古代蒙古人将成吉思汗的家族奉称为"黄金家族""金骨人"，把汗王及国家历史经典称作"黄金史""金册""金史"等。但总的来说，无论是贵族阶层还是平民百姓都追求节俭简便的生活，没有过多的财富欲望。同时，蒙古人十分讲究卫生和仪表。他们不随便遗弃生活垃圾，搬迁时将所有的生活垃圾掩埋地下后才举家迁徙。如果走进蒙古包，会看到虽然物品不多，但摆放得非常整齐、整洁。蒙古族谚语说："富人以无私为贵；穷人以无贪为上。"不追求财富、不贪财，崇尚自然和谐的生活，是包括蒙古族在内的草原游牧民族最普遍的财富价值观。

2. 牧猎结合的二元经济

狩猎是古代蒙古族重要的辅助经济方式。它有以下实际意义：一是猎取生活所需的兽肉、兽皮做平日生活补给，尤其是遇到自然灾害或战乱时用狩猎解决食物短缺等生存危机。二是获取贸易交换所需的珍贵兽皮、兽毛、药材等物品。三是通过适度狩猎或有组织的季节性围猎来猎杀繁殖过度的食草动物、危害家畜的食肉动物，使草场与食草动物、家畜、野生动物的关系及数量保持合理的比例。四是演练骑射技能，模拟作战演习。古代蒙古族的狩猎，分为民间散猎和大型围猎两种类型。民间散猎是指在规定的狩猎季节或物资匮乏的非常时期由1—2个猎人或少数猎人组成猎人团队，在指定地界内进行的狩猎，主要捕猎黄羊、盘羊、鹿、狐狸、兔子等野生动物，猎取生活所需的肉、皮、毛等。围猎是有组织的、大规模的狩猎活动。中国古代的契丹、蒙古、女真、满洲等北方民族的朝廷还设有管理狩猎事宜的专门机构、官吏及面积巨大的皇家猎场，经常举行气势宏大的围猎活动。这种大型围猎的主要目的不是猎取猎物，而是操练军队，提升部队实战能力。围猎时，往往模拟战争中的先锋、两翼、中军等兵力部署，采取侦探、引诱、迂回、包抄、围歼等战法。有些帝王参加的大型围猎，范围数百里，参加的猎手、兵丁数万人，延续时间可达1—2个月。凡是接到通知的猎手、壮丁必须按指定时间到指定地点集合，并严格按照各自规定的任务、职责参加围猎活动。围猎结束，奖赏表现英勇、机智的猎手、兵丁，授予"莫尔根""彻辰""巴特尔"称号。另外，狩猎还有一定的商贸意图。自古以来，珍禽异兽、珍贵的动物皮毛是草原游牧、游猎群体对外进行贸易和修好双边政治关系的特殊商品或贡品。据文献记载，古代的匈奴、突厥、勿吉、靺鞨、契丹、女真、蒙古等北方游牧游猎民族常常将珍贵的兽皮、鹿茸、麝香及异兽当作贵重商品或贡品与中原地区进行交易或来朝献贡。《蒙古秘史》载：成吉思汗在统一蒙古诸部之前，在父亲被害、部众叛离、孤立无援时，曾将夫人孛儿帖作为嫁妆带来的黑貂皮端罩赠给父亲生前的安达克烈部首领王罕，请求援助。当成吉思汗遇到部族被袭击、妻子被掠的危机时，王罕果真伸出援助之手，和他联合打败了蔑儿乞惕人。蒙古族在猎物和狩猎方面有较为规范的行为准则。从《喀尔喀》法典中可以获知，为保护野生动物，一些地区在特定时期有"禁猎"的法规。"每月初8、15、25、30日禁止杀生"[①]，忌讳猎取怀孕的母兽、吃奶的幼兽和领群的公兽。17世纪初明朝萧大亨的《出使蒙古记》记载：打猎虽然是蒙古人经常性的事务，但也有关于保护和繁育野生动物的理念，每个季节对打猎有不同的规则和禁忌。

3. 物质财富的储存与节约意识

游牧是以马、车、毡帐三者为核心载体和标志的移动生活模式。

---

① 《喀尔喀法典》，第172页。

在长期逐水草而牧的游牧生活中，北方牧业群体逐渐形成十分简便节俭的生活习俗。首先，在饮食方面与农耕定居民族不同，肉食、乳食为主，谷物类食物比例很少。以蒙古族饮食为例，肉和奶类食物的供应很有季节性，即夏秋季节牲畜抓膘，肉奶产量好的时候才挤奶、宰杀，春季和冬季基本不会从牲畜身上获取食物。因此，牧民习惯在奶食最丰富的夏秋季节加工各类肉制品和奶制品，储存起来供冬春时节食用。例如，干肉、肉酱、黄油、奶豆腐之类的食物，就是保质期很长的干食物。无论是这种过冬的储存食物，还是其他日常食品，人们都很节俭食用，绝不会浪费。普兰卡尔宾在《蒙古游记》中说："蒙古人视浪费食物为罪行，他们不允许把没有吃干净的骨头扔给狗吃。"①

由于游牧民的很多生活必需品一般是通过武装掠夺和有限的边贸交易获得，可谓来之不易，代价极高，所以形成十分珍惜、节约生活用品的传统。以蒙古族人为例，他们非常爱惜衣物，特别是用绸缎、布帛制作的衣帽、腰带等，一般很少在日常生活、劳作中穿戴，不仅整整齐齐地存放在指定位置，还有不少与衣服、衣领、腰带、帽子有关的禁忌与敬畏习俗。古代蒙古人特别尊崇祖先留下来的腰刀、银碗、兵器、马具、衣物等，往往当作传家宝世代保存、敬奉。另外，像锅、碗、瓢、盆及其他生产生活器具，除非破烂不堪不能再使用，否则不会轻易扔掉。忌讳浪费、崇尚节俭节约是蒙古族家庭教育的重要内容，也是整个民族遵循至今的价值信条。

蒙古语中，称"买卖"为"hodalda"，商人为"hodaldaqin"。有学者认为"hodalda""hodaldaqin"的词根为"hodal"，意即"欺骗""蒙骗"，可见蒙古族人将"买卖""贸易"看作一种唯利是图、不仁不义的欺诈行为。另外，以蒙古族谚语、成语和语言词汇为例，有关商业买卖的术语、词句十分有限或很不发达。总之，由于游牧经济、生活的特定环境和北方草原地区艰苦的自然条件，征战不断、风云多

---

① 《蒙古游记》（蒙古文），第78、82页。

变的社会环境，使得蒙古族没有形成像中原农耕定居民族那样发达的商贸文化，以及职业化的商人阶层和崇尚商贸的文化心理。但是因为生活生存的必然要求，却普遍有了渴望贸易、依赖商贸，并藐视、厌恶买卖和商人的双重文化心理。

（二）蒙古族商业价值观的当代意义

当今世界正处于百年未有之大变局，世界多极化、经济全球化、文化多样化、社会信息化已经成为人类社会发展的普遍趋势。面对日益严重的生态危机，不断加剧的霸权主义、单边主义、极端宗教主义、恐怖主义，需要全世界各国政府和人民团结起来共同应对。中国政府主导和倡导的"一带一路"倡议、"人类命运共同体"构想，为21世纪世界各国的合作与发展提供中国方案、中国智慧，绘制出一幅互利互惠、共存共荣的发展蓝图。"一带一路"建设要以政策沟通、设施联通、贸易畅通、资金融通、民心相通和产业合作为主要内容。其中，政策沟通、设施联通、资金融通是条件，贸易畅通是目的，民心相通是基础。

蒙古族商业价值观是一个多元的历史文化概念，是蒙古民族在发展进程中基于自身游牧经济、生活，汲取不同民族商业文化、经济文化元素逐渐形成和发展过来的多元价值体系。蒙古族商业价值观既有独特的民族性，也有融合多民族文化的多元性。包容、开放是蒙古族商业价值观形成的思想基础，节俭节约、适度获取、追求实用、绿色自然是其最显著的特色和优点。蒙古族作为建立过人类历史上版图最大、民族和宗教最多元的世界帝国的草原民族，曾对人类文化、文明的发展，东西方经济、政治、文化及民族的交流与融合做出特殊贡献，产生过深远的影响。蒙古族的历史文化影响、独特的经济商贸理念和价值观，对包括中蒙俄经济走廊在内的"一带一路"国际合作新秩序的构建，有着自身积极而独特的借鉴意义、启示意义。

1. 包容、开放的商贸思想与中蒙俄经济走廊的贸易合作

包容、开放是蒙古族文化的一大传统。因为有了宽容对待不同文

化、包容接纳四方人士的开放品格，由最初人口不到百万、经济社会发展十分落后与原始的蒙古民族才能够建立起横跨欧亚大陆的庞大草原帝国，使东西方经济文化交流及商贸往来达到历史新高点。例如，从元朝的大都、上都、哈剌和林、扬州、楚州、河西走廊等多个地点通向中亚、西亚、欧洲，通往东南亚、非洲的陆路与海路驿站、贸易路线，贯通中国各地及蒙古高原、西域的交通与商贸网络，遍及古丝绸之路沿线的商贸城镇，产自世界各地的商品物产和穿梭于中国内地、蒙古高原、欧亚各地操着不同语言和有着不同肤色的商人、商队、驼队等都是开门纳谏、包容地接纳异质文化，与不同国家地区的民众、商贾平等合作与互利互惠的结果，也是不同地区、民族的人民共同缔造的国际合作样板。元代是在世界历史上第一个将纸币当作流通货币推向国际贸易的朝代。这一创造性举措不仅为国内贸易和对外贸易合作带来极大便利，也对金属货币占主导地位的传统金融体系引入崭新的运行模式，开启了纸币主导的国际商贸体系的先河。

中蒙俄经济走廊是"一带一路"规划建设中的六大经济走廊之一。2014 年 9 月，中蒙俄三国元首在杜尚别举行首次会晤，对中国丝绸之路经济带同俄罗斯跨欧亚大铁路、蒙古国"草原之路"进行对接并达成共识，正式宣布共同打造中蒙俄经济走廊。2015 年 7 月，三国元首在俄罗斯乌法举行第二次会晤，批准《中蒙俄发展三方合作中期路线图》，签署《关于编制建设中蒙俄经济走廊规划纲要的谅解备忘录》等相关合作文件，中蒙俄经济走廊建设进入实质性合作阶段。近年来，三国围绕政策沟通、设施联通、贸易畅通、资金融通、民心相通五项合作目标进行有效合作，相互间的外交、产业、商贸、基础设施、文化教育、媒体、旅游等领域的交流与合作不断深化，互鉴、互利、互惠、共赢的战略伙伴关系更加紧密。目前，中国是蒙古国的第一大贸易伙伴国和第一大进口货源国，是俄罗斯的第一大贸易伙伴国和第一大进口货源国、第二大出口市场国。俄罗斯是蒙古国的第二大贸易伙伴国、第二大进口货源国和第一大出口市场国。三国在经济、贸易、产业领域的合作前景广阔，潜力巨大。

中蒙俄经济走廊作为"一带一路"国际工程的重要组成部分，合作是其最具决定意义的核心基础。如何在中蒙俄三国及相关国家建立包容、开放、多元的合作关系，形成互鉴、互利、互惠的协作态势，是中蒙俄经济走廊建设成败的关键。以蒙古族为代表的元朝人宽容、开放的商贸思想，跨国家民族的国际化商贸网络，发达便捷的驿站交通体系以及推行纸币的金融举措等，对今天包括中蒙俄经济走廊在内的"一带一路"国际化经济贸易体系的构建具有自身独特的启示意义。

2. 公正诚实的商贸原则与"一带一路"的互利共赢

经济领域的合作、互利、互助和共赢是"一带一路"建设的初衷和最终目的。中国国家主席习近平指出："一带一路"建设不是中国一个国家的独奏，而是沿线各国的合奏。"一带一路"作为多国合作的国际工程，需要沿线各国及相关国家地区真诚有效的合作与共建。国际合作以公正、公平、平等、真诚的政治共识，互利、互惠、互助、共享、共赢的合作精神为前提，以利益共同体、文化共同体的构建为目标。

蒙古族具有诚实守信、豁达耿直、崇尚公正的优秀文化传统，在对待买卖、交易上以诚实、公正为美德，很少有欺诈蒙骗、以次充好、以假充真等行为。成吉思汗的《大札撒》和元代法典《喀拉喀——卫拉特法典》等古代法律经典中有不少保护商业、商人、惠及贸易、惩罚商业欺诈，以及严惩行骗、盗窃、撒谎、不守信用、誓言等的专门条款。元代蒙古统治者在依法保护商人利益、净化营商环境、为商人商业提供诸多优惠政策的同时，对不同民族、地区的商贾公正对待，以才选人，巧妙利用回回人精于商道，精通多种语言，了解西域、西亚、欧洲文化的优势，大量招募和启用阿拉伯、波斯、回鹘、粟特、花剌子模等异族、异地商人来中国经商，甚至给予很高的政治待遇，掌管国家商贸体系，从而建立起联通欧亚大陆、辐射东南亚、非洲的国际化商贸网，空前地拉近欧亚两大文明板块的经济、文化联系。蒙古族的这些商贸思想和合作理念对当今"一带一路"真诚、公正、互利、共赢国际经贸合作关系的构建具有一定值得借鉴与提炼的实际价值。"一带一路"陆海内外联动、东西双方互济的全面开放的国际合作新秩序的构建，同样需要跨国家和跨文化的大思路、大举措。中蒙俄三国不仅是山水相连的邻邦，而且人文联系紧密、历史渊源深厚。当今的中国、蒙古国及俄罗斯不仅拥有很多特征相同的历史文化共同遗产，还有如蒙古、哈萨克、鄂温克、鄂伦春、图瓦以及汉族等相同语言、文化的民族群体。特别是中国的蒙古族各部族，蒙古国的喀拉喀、布里亚特蒙古部族和俄罗斯的卡尔梅克、布里亚特蒙古部族，以及图瓦、鞑靼、哈萨克、乌孜别克、诺盖等后成吉思汗时代形成的民族群体不仅语言、文化相同或相近，而且内在族源联系紧密，都有很深的成吉思汗情怀、蒙古情怀。

民心相通，陆路相通。民心是"一带一路"建设不可或缺的决定要素和最大公约数。中蒙俄经济走廊建设同样以民心相通为基础。民心相通需要有深厚的人文基础、相同相近的文化价值观，需要有跨文化的和谐沟通、交流和相互尊重，以及平等互信、诚实相待、真诚合作、互利共赢的心态和机制。在当今世界，文化不再是经济的附庸，而是国家和民族内聚力、外张力与软实力的重要标志，在经济文化建设及对外交流合作中起着不可替代的重大作用。国际合作，以文化为先导。近年来，中蒙俄三国人文领域的合作交流有了长足的发展。新闻媒体、影视艺术、学术研究、留学生教育、跨境旅游、文化节庆、文化博览会等具体合作项目日渐增多，日益多元。中蒙俄经济走廊的共建，以三国的文化合作、文化共识为媒介，以共同的文化利益为起点。包括蒙古族在内的草原民族诚实、坦荡的人文品格，公正仁义、坚守信义的商贸价值观和朴实无华、讲究实用、简便节俭的生活习俗及以其为共同特点的区域民族文化，都是中蒙俄经济走廊诚实、公正、互利、互赢经贸新格局和新同盟，值得挖掘、提炼、借鉴、继承、发扬的宝贵历史资源和当代人文资本。

3. 简朴节俭的生活价值观与"一带一路"绿色廉洁的商贸文化

绿色、生态是当代世界经济发展的核心目标。"一带一路"建设所提倡的是绿色、低碳、廉洁、高效，即绿色为主题的高效和节能的经济、文化新体系。自工业革命以来，人类的科学技术、物质文明和财富创造能力得到空前的发展，一年所创造的物质财富总量超过过去几百万年创造的物质财富的总和。但是由于对自然资源的过度索取及掠夺性开发利用，人与自然的关系发生巨大变化，走向相互冲突、制约的对立面，不断出现危及人类生存与发展的生态危机、生态灾难。面对日益严峻的生态问题、环境问题，当今的世界各国不仅需要携起手来共同应对、共同解决，也需要重新思考和审视人与自然的关系和对自然生态的态度，构建符合当前和切合未来的经济技术体系、价值理念体系、物质文化精神文化体系与生产生活新模式，走生态化的绿色发展之路。

蒙古族是较典型的生态文化民族。他们在生产生活方式上选择了顺应草原生态环境的游牧经济及生活，在物质生活、物质财富方面索取有度，实用为上，不追求太多财富的朴实节俭的价值观，在对待自然生态的态度和理念上形成崇尚自然、视天地为父母、关爱生态、尊重生命、取之于自然、还之于自然的生态价值观及信仰文化传统。绿色、低碳、廉洁、高效作为"一带一路"建设的核心主题，以绿色生态为基础，以绿色经济、绿色商贸为杠杆，以绿色发展为最终目标。这就要求，"一带一路"沿线各国不仅在政治、经济、文化领域形成利益共同体，而且围绕绿色经济贸易目标形成更多的理念共识、行为共识、民心共识。

当今的"一带一路"在线路和地域范围上与古代丝绸之路相重叠，中蒙俄经济走廊也与"古草原丝路""万里茶道"相重叠。包括中国的北方草原、蒙古国和俄罗斯的远东、西伯利亚均地处欧亚草原的核心地带。在广阔区域仍有很多生活习俗、文化传统相同或相近的游牧民族与游牧文明，仍在坚守着欧亚草原的绿色天地、绿色屏障。处于活态传承的这些游牧文明，既是中蒙俄经济走廊的绿色人文资源，也是构建中蒙俄经济走廊绿色经济文化同盟最有普遍意义的民心桥梁。包括蒙古族在内的草原民族绿色生态经济、生态文化传统是中蒙俄经济走廊在内的"一带一路"绿色与高效经济文化和商贸文化意义独特的人文共鸣点。

第三节　蒙古族生态观对中蒙俄经济走廊建设的现实意义

2013 年秋，中国国家主席习近平在哈萨克斯坦和印度尼西亚提出共建丝绸之路经济带和 21 世纪海上丝绸之路的倡议，即"一带一路"倡议。2017 年 5 月 14 日，习近平主席在"一带一路"国际合作高峰论坛开幕式上又强调：倡议建立"一带一路"绿色发展国际联盟，并为相关国家应对气候变化提供援助。"一带一路"建设的总目标包含跨域、跨境生态环境整体性协同治理的内容，中蒙俄三国从整体性层面协同治理中蒙俄草原生态环境圈与草原生态是可行的、可操作的。这种可行性中既包含机制层面的，也包含模式维度的。2014 年 1 月，习近平总书记在考察内蒙古时的重要讲话精神更加明确地指出内蒙古草原生态治理的重要性。2009 年 8 月 22—25 日，时任中共中央政治局常委、国家副主席的习近平同志第一次考察内蒙古时，嘱咐内蒙古各族人民要做到"守望相助"，内蒙古各族人民团结一致，守好祖国北疆大门，守好内蒙古各族人民的精神家园，各族人民拧成一股绳，登高望远，从世界眼光、大局意识出发，做好各项事业。2014 年 1 月，习近平总书记考察内蒙古时特别强调"守望相助"的重要性，并指出"把祖国北部边疆这道风景线打造得更加亮丽"；"着力转变经济发展方式，着力抓好农牧业和牧区工作，着力保障和改善民生，着力搞好教育实践活动"；"我们干事创业，就要像蒙古马那样，吃苦耐劳、一往无前"。2016 年 2 月，习近平总书记在考察内蒙古时指出："天苍苍，野

茫茫，风吹草低见牛羊，内蒙古就有这样的美丽风光。保护好内蒙古
大草原的生态环境，是各族干部群众的重大责任。要积极探索推进生
态文明制度建设，为建设美丽草原、建设美丽中国做出新贡献。实现
绿色发展关键要有平台、技术、手段，绿化只搞'奇花异草'不可持
续，盲目引进也不一定适应，要探索一条符合自然规律、符合国情地
情的绿化之路。"内蒙古大草原是首都北京以至整个华北地区的重要生
态屏障，保护好这片大草原是一件具有重大战略意义的大事。亮丽之
要在于生态美丽、文化繁荣、社会和谐，而美好的生态环境是文化繁
荣、社会和谐的重要前提条件。

在求同存异、求进多赢的原则目标下，想实现中蒙俄草原生态环
境圈与草原生态治理，就必须深入探究同异所在和如何做到共赢的问
题，同时要贯彻好生态学原理中跨域利益分配的原则。其一，中蒙俄
经济走廊是国家主席习近平倡导的"一带一路"倡议的重要组成部分。
在中蒙俄经济走廊建设上，中蒙俄三国维系于共同的利益链条，都有
着强烈的发展愿望，有着国家层面的相互协作需求，这是三地整体性
协作治理草原生态的国家层面的支撑体系或机制保障，是实现习近平
主席提出的"和平合作、开放包容、互学互鉴、互利共赢为核心的丝
路精神"的体现。其二，就中蒙俄三国生态治理的民众基础而言，蒙
古族是中国内蒙古的主体民族，蒙古国，俄罗斯布里亚特、卡尔梅克、
图瓦均以蒙古族为主体，它们同族同源，历史文化有着诸多相似性。
这是三地生态治理极好的民众、民俗、文化、信仰等的支撑体系。其
三，从地理地貌、生态景观乃至生态受损实况来看，也有很多相似度。
三地均属于中蒙俄草原生态环境圈，深处亚洲内陆地区，干旱少雨，
生态环境脆弱敏感，牲畜超载、过度放牧与矿产资源开采频繁，均导
致草原地表损伤严重，寒区草原—荒漠复合生态系统特征明显，多地
无霜期短等均为上述区域的共同特点。生态受损实况也有很多相似度，
蒙古国近 10 年草地退化严重。生态环境是需要尽快解决的问题。布里
亚特在 1992 年前力主耕作，在世界第一大淡水湖——贝加尔湖南段沿

东地带大量开垦耕种，自然环境受到很大破坏。1992 年后虽放弃耕作，恢复游牧，但效果依然不佳。草原生态是我方与外方合作的重要资源载体。这种自然景观、生态条件、灾害本身的相似性是中蒙俄三国能够较好协同治理草原生态的重要前提，在中蒙俄经济走廊建设中占有重要地位。其四，尤其需要高度重视的是三地之间的自然灾害极容易相互波及，而且频率高、危害大。就蒙古国与中国内蒙古来说，便是一个现实的案例。当前，蒙古国最严重的自然灾害有三类：森林病虫害、草原蝗灾和草原火灾。其中，森林病虫害主要指雅氏落叶松尺蠖灾害，这种灾害以导致树木颜色由绿→黄→红→灰、树叶由茂密→稀疏→几乎完全掉落为主要特征。雅氏落叶松尺蠖灾害是蒙古国危害最严重的森林病虫害，导致蒙古国落叶松大面积死亡，这一地带距我国大兴安岭仅百余千米。大兴安岭以落叶松为主，其湿热环境更适宜雅氏落叶松尺蠖生存，一旦传入，破坏将是毁灭性的。所谓草原蝗灾主要指脊翅蝗和亚洲小车蝗灾，蝗灾在蒙古国几乎每年都有，蝗虫贪吃到只剩草根，一次可造成几百平方千米的草场荒漠化，难以恢复。目前脊翅蝗正从蒙古国向我国新疆蔓延，亚洲小车蝗曾传入内蒙古草原，成为典型的跨境蝗灾。所谓草原火灾，主要指蒙古国草原火，这种火灾几乎每年都越境进入我国，成为最典型的跨境灾害。2019 年 3 月 29 日、4 月 19 日在内蒙古锡林郭勒盟东乌珠穆沁旗和呼伦贝尔阿尔山市边境地区发生的跨境大火，造成的损失极为严重。

生态学基本原理告诉我们，上风口、上水流治理不仅会使当地民众得到优惠，下风口、下水流民众也会受益。就中国和蒙古国的此种关系而论，蒙古国处于我国上风、上水地区，布里亚特又处于蒙古国上风、上水地区，而且两国防灾减灾能力相对薄弱。蒙古国跨境自然灾害直接威胁我国北方生态安全屏障。因此，开展中蒙俄跨境草原生态治理研究势在必行，刻不容缓，意义重大。应在中蒙俄经济走廊建设中采取有效的政策措施，协同蒙古国、俄罗斯加强草原生态治理。此举既可从源头上治理跨境草原生态，又从根本上有利于中国内蒙古生态环境建设，有利于把内蒙古构筑成为祖国北疆亮丽的生态风景线。

同时，蒙古族传统生态文化是蒙古族宝贵的生态智慧的结晶，并且蒙古族生态环境保护理念借鉴先进的文化理念。蒙古族传统生态环境保护理念乃至生产生活模式即便在今天也有着重要的借鉴和启发意义。

一 蒙古族历史形成的生态意识、环保理念是草原生态治理的重要思想资源

蒙古族的生产、生活方式及在此基础上形成的观念形态都是极其生态化的，在漫长的历史演进过程中，生产、生活及观念形态的诸多因素已经积淀成为蒙古族爱惜自然、呵护自然的生态理念。土地、草原、水资源、动物群落是蒙古族生存繁衍的基本生产资料和生活资料。正因为这些自然因素与蒙古人生息繁衍息息相关，他们十分珍惜这些自然要素，保护土地、草原、水资源、动物群落自然成为该民族的神圣职责。在草原地区挖土、取土，大型交通工具随意奔驰，对草原植被任何形式的破坏，对水资源的有意、无意污染对他们来说都是不能容忍的事情。

蒙古人的传统理念认为，上苍是人类的慈父，大地是人类的慈母，天地间所有物种均为慈父上苍所造、慈母大地所养，所以对它们的任何破坏都要受到报应。这种宗教中的阐述与恩格斯所指出的："但是我们不要过分陶醉于我们人类对自然界的胜利。对于每一次这样的胜利，自然界都对我们进行报复。每一次胜利，起初确实取得了我们预期的结果，但是往后和再往后却发生完全不同的、出乎预料的影响，常常把最初的结果又消除了。美索不达米亚、希腊、小亚细亚以及其他各地的居民，为了得到耕地，毁灭了森林，但是他们做梦也想不到，这些地方今天竟因此而成为不毛之地，因为他们使这些地方失去了森林，也就失去了水分的积聚中心和贮藏库。阿尔卑斯山的意大利人，当他们在山南坡把那些在山北坡得到精心保护的枞树林砍光用尽时，没有预料到，这样一来，他们就把本地区的高山畜牧业的根基毁掉了；他们更没有预料到，他们这样做，竟使山泉在一年中的大部分时间内是

枯竭的，同时在雨季又使更加凶猛的洪水倾泻到平原上。因此我们每走一步都要记住：我们决不像征服者统治异族人那样支配自然界，决不像站在自然界之外的人似的去支配自然界——相反，我们连同我们的肉、血和头脑都是属于自然界和存在于自然界之中的；我们对自然界的整个支配作用，就在于我们比其他一切生物强，能够认识和正确运用自然规律。"① 蒙古族的传统生态理念与上述恩格斯关于自然生态的思想何等相似。正是蒙古人这种生态理念促成该民族生态民族学或生态民族学的分支生态民俗学的诞生，这种生态民俗学的理论在保护动植物群落方面发挥了不可替代的作用。如到目前为止，在蒙古族地区对珍禽鸟类的禽蛋都有着极为细微的保护措施。在蒙古人看来，孵化时期的禽蛋是不能用手摸的，一旦手和禽蛋接触，人手的味道就会留在蛋体，禽类就会放弃孵化弃蛋而去。这是一个很简单的例子。这种观念或教育信条中可能有一定的科学成分，也可能是教育下一代的一种模式，但不管如何，这种教育方式的有效性是出人意料的。在春季的辽阔草原，一旦禽类进入孵蛋期，孩童们合伙去欣赏禽蛋，在孵蛋的雌鸟临时离开巢穴时，他们就会悄悄接近巢穴，在大约一米以外的距离欣赏，但无一人会动手摸拿禽蛋。这种教育模式几乎存在于每个动物类别中，如蒙古族认为蛇是小龙，绝不能伤害蛇类，即便蛇进入了人家，也应把它安全送出家门，并通过某种仪式把它放归自然，不能伤及其身。狼是草原畜牧业的天敌，即使如此，蒙古人也极为敬畏它，并教导孩童们不要把狼崽拿回家里。一旦拿回家里，成年狼群就会报复人畜。对家畜及幼崽更是呵护有加，日本著名生态学家后藤十三雄在蒙古高原进行野外调查时，不仅亲眼看到游牧人和家畜幼崽一起度过严冬昼夜的情景，而且详细记录了这件事情。

在建设生态文明、把内蒙古打造成为祖国北疆亮丽风景线的今天，生活在蒙古高原的人们的良好生态环保理念是难能可贵的遗产。将其

① 《马克思恩格斯文集》，人民出版社 2009 年版，第 559—560 页。

发扬光大，对蒙古高原地区真正走绿色发展道路必将产生积极作用。然而，随着极具生态民俗学知识、素养的牧区老者们的逐渐减少，也随着城镇化进程的加速推进，牧区、城镇蒙古族后代的生态保护意识逐渐淡化，对蒙古族传统生态民俗学知识也渐渐消退，这是一种可怕的现象。从长远意义上对草原生态的保护来说，生态环保意识可能比短期的政策措施、技术上的环保实践更能发挥重大作用。正因如此，我们要像遵循习近平总书记关于"足球要从娃娃抓起"之指示精神，在中小学积极培养足球人才那样，从中小学起就要抓好对青少年的环境保护、环境历史教育，在大学阶段开设生态哲学、生态经济学、生态民族学、生态人类学等课程，使生态环保教育为生态治理做出更大贡献，使增强全民的生态环保意识成为我们的文化自觉和社会常态。

二 针对变化无常的草原生态，需要制定灵活多样的政策措施，切忌"一刀切"

变化无常、常态因素和未知因素相互作用是草原生态的最主要特征。草原生态中既包括土壤性质、草原植被种类、矿产资源的分布等相对恒定的因素，更有年度、月份降水量，春冬季黑白灾，各种虫蝗灾，地表和地下水位的变化状况等未知因素，所以，草原生态预警系统是最难驾驭的领域。这些未知领域往往是决定草原生态的最主要因素，尤其是春夏季降雪、降水量是草原生态最重要的因素。由于春夏季不同月份降雪、降水量的不同，草原地带呈现出各种景观，这种不同性或差异性不仅在跨域地区，如不同的盟市旗县，而且在同域地带，如同一盟市旗县，直至同一苏木（相当于乡镇）、嘎查（相当于行政村）、牧户也呈现出极为明显的差异性。具体而言，内蒙古呼伦贝尔、锡林郭勒地区，由于地域辽阔，牧民草场面积从几千亩到二三万亩，不用说大范围的盟市旗县，就连牧户所拥有的草场，在春夏季不同地段的降雪、降水量也会呈现出不同的生态景观或小环境。这就需要草原治理或三牧政策具有灵活性，以及相同政策实施地区具有差别性。

圈养、禁牧也是如此。我们在同一地区实施禁牧政策时，视其植被长势应允许这一地区个别地方放牧。因为禁牧区的个别地方已经达到可以放牧的条件，这也符合草原植被生长规律。从春季草原植被生长规律来说，最先长出来的植被必定是杂草、毒草，因为这些草的生命力和适应力远比羊草旺盛。如若这些草不被牲畜啃食，它们就会占有土壤肥力，依然继续生长，使部分羊草失去生长的活力。如此延续不到三五年，杂草和毒草就可能完全占据优质土壤，导致羊草根系逐渐退化、种子渐渐稀少而退出优质土壤。这是现在内蒙古很多优质草场退化的主要原因之一。从最近几年的政策实施情况来看，我们只强调了圈养、休牧的重要性，但对植被生长规律没有给予足够的重视，甚至还处于对植被生长规律的半知或无知状态，结果是植被生长了，草原一定程度地绿了起来，但牧民没有得到应得的好处。从牧民视角来看，这种绿不是草原生态的进化、正面演替，而是退化，是草原在几年、几十年难以恢复到原生态状态的退化。所以，在牧民那里，绿色植被并不一定是优质草原，或更准确地说并不一定给牧民带来财富、福祉，反而可能带来灾难。可以说，牧民在春季牧场适量放牧，不仅仅是为了让牲畜吃饱，更不是为了让它们长膘，而是为了清除杂草和毒草，以便为真正羊草的生长准备条件。因此，基于小环境的差异性，需要同一政策的不同实施模式。依托现代科学的种种手段，如通过 GIS 空间分析、趋势分析法和景观生态学方法，以转移矩阵、变化速率、土地利用程度等指标，运用 PSR 动态优化理论与模型，准确把握不同草原带不同年份、月份的具体情况实施政策是草原生态环境得到有效治理的重要政策支撑。

三　政府科学决策、协调运作，兼顾不同治理主体、各种利益关系，是草原生态跨域治理的重要保障

生态环境治理是公共事务，公共事务最主要的主体是政府。这里既包括国家，也包括地方政府，其中最主要的是国家。政府职能是草原生态同域、跨域、跨境治理最主要和决定性的环节。这里草原生态的同域治理是指在同一个省区市、盟市旗县或苏木嘎查内的治理；跨域治理是指在不同省区市、盟市旗县或苏木嘎查之间的治理；跨境治理是指不同国家之间的草原生态的协同治理。如果政府层面不出台强有力的政策措施，并加以强行干预和实施，单靠民间是难以有所作为的。

草原生态的同域、跨域、跨境治理是完全有可能的，也是行之有效的。就同域治理而言，某个省区市、盟市旗县、苏木嘎查内部的协作治理或相互协作是完全有可能的。如内蒙古自治区锡林郭勒盟、呼伦贝尔市等优质草原地带，在其他地区遭遇草原灾荒时就可以协作营救，以有偿提供草场、有偿提供草料等形式减少他地牧民的部分损失。20 世纪在内蒙古自治区就实施过协同营救的措施：20 世纪60—80 年代，锡林郭勒、乌兰察布草原几次遇到百年不遇的灾荒，当时经自治区政府的努力和乌兰夫同志的亲自协调，把这两地的牲畜部分移牧呼伦贝尔，并从呼伦贝尔、蒙古国购进部分草料，解决了灾荒难题。跨域治理也是同样的道理，但是如果国家层面不出台强有力的政策措施，不加以强行干预，则可能会在利益的驱使下，难以协调不同省区市之间的关系。黄河上下游的部分省区市间由水资源引发的一系列事件就是典型的例子。草原生态的跨境协同治理更是如此，它几乎是国家与国家层面的事情。如蒙古国东部几个省份，由于它们草原生产力极高，对草原植被需求较低，每年要放火烧掉大量植被，这些植被实际上都是优质草原植被。俄罗斯的布里亚特亦如此。这对蒙古国、布里亚特来说无疑是一大浪费。中国内蒙古每年需要大量的优质草料，如果三国协同合作，从国家层面制定相应政策，对劳动力费用支出、草料费用、运费、检验检疫等做出可操作的规划，实现三赢目标是完全有可能的。当然，这里还有其他管理方面的细节问题，如自前两年开始，中国内蒙古从蒙古国进口了不少草料，但由于各种原因，蒙古国出口时每斤不到0.2 元的草料，到牧民手里已经涨价到每斤0.6—

0.7 元，使牧民利益受到损害。因此，国家之间出台相应政策，不同层级的地方政府通过协调运作，有效提高协作效率，保持协作成果成本的低廉，实实在在地惠及百姓，是一项亟须研究的内容。

四　科学利用各种补贴、补偿费用，使牧民做大、做强、走远，是生态治理重要的社会、经济条件

自党的十八大以来，在习近平总书记关于"人民对美好生活的向往就是我们的奋斗目标"指示的引领下，牧区政策走向科学化、正规化、明朗化，牧区民生得到前所未有的改善。这些都是有目共睹的。但是由于地方政府对牧民实际情况把握不到位或牧民本身素质存在差异性等，牧民做大、做强、走远的目标还是步履迟缓或未能实现。所谓牧民做大、走远、走强的目标，是指牧民依托国家政策和优厚的补贴，可以实现集体富裕的目标（做大、做强）。只有实现这种目标，牧民的幸福路才能走得更远，才能和我国其他人群实现强国、富民梦（走远）。目前，国家对牧区实施的政策较为优厚，发放给牧民的各种补贴也是前所未有。以某地区为例，政府给牧民发放的禁牧补贴每人每年达到 1.4 万元。以每户 5 口人计算，每户每年能得到 7 万元，每个嘎查按 30 户计算，应得 210 万元。这对牧区来说是不小的数字。苏木、嘎查层面为了能够实现做好、做大、走远的远景目标，把补贴如数发放给牧民。事实上，这种补贴模式未必能够让牧民们走出困境。大部分牧民可能将补贴用于买车、进城购物，乃至喝酒、赌钱等无益于改变困境的消费活动。同时，这种机械的补贴发放模式，可能致使牧民们变得更加懒惰，甚至让他们走向恶性循环。据我们调查了解，众多牧民依靠贷款，甚至是通过借高利贷来维持生活的情况屡见不鲜。这种现状在一定程度上增加了不稳定因素。如果地方政府转变思路，在各地集思广益，探索切合本地实际的诸如旅游业＋餐饮业＋本地特产业＋文化产业、畜牧加工业等的发展模式，牧民做大、做强、走远的目标应该能够更早实现。因此，科学发放与利用补贴是牧民做大、做

强、走远的关键。

草原生态的同域、跨域、跨境协同治理从传统文化层面和制度政策领域及技术操作层面都有较大的伸展、发展和突破空间。

首先，生态环境绝非孤立的，生态环境治理亦是如此。就我国五位一体发展总体布局而言，经济、政治、社会、文化等大要素及其每个小环节都与生态环境的治理息息相关。同域、跨域、跨境生态环境协同治理离不开国家和地方政府的协作。由于生态环境是个极为复杂的系统，它与经济、政治、社会、文化之间有着极为复杂且微妙的关系。这种关系正、负兼有，有时两者并存。从经济与生态的关系而言，发展经济对任何国家和地区来说都是必要的。但经济发展常常与生态治理产生矛盾。在极端情况下，发展经济和保护生态不能并存。如矿产资源极为丰富的地区鄂尔多斯有"羊煤土气"之美誉。羊是羊绒衫，"鄂尔多斯羊绒衫温暖全世界"的广告词已被世人所知；煤就是煤炭；土便是稀土；气是天然气。鄂尔多斯的兴起依托的就是开发这些资源。但是，这里也出现了难以回避或不得不引起人们重视的矛盾。就煤炭而言，挖掘煤炭不仅破坏草原生态，而且从地下挖掘一吨煤炭的平均用水量是三吨，这对鄂尔多斯年降水量在 100—300 毫升、年蒸发量在 2000—3000 毫升的地区来说，水资源无疑是惊人的消耗。这种大规模的煤炭资源开采，势必要大量消耗地下水资源。在缺乏湖泊、河流的地区，地下水位的急剧下降是必然的，也可能导致降水量的急剧下降。这既是鄂尔多斯的个案，也是内蒙古乃至蒙古高原所有地区的实情。

其次，发展是硬道理。在发展过程中尽量解决我们面临的各种问题，特别是生态环境治理问题，这种原理永远不会过时。习近平总书记在党的十九大报告中明确指出："我国社会主要矛盾的变化，没有改变我们对我国社会主义所处历史阶段的判断，我国仍处于并将长期处于社会主义初级阶段的基本国情没有变，我国是世界最大发展中国家的国际地位没有变。全党要牢牢把握社会主义初级阶段这个基本国情，牢牢立足社会主义初级阶段这个最大实际，牢牢坚持党的基本路线这个党和国家的生命线、人民的幸福线，领导和团结全国各族人民，以经济建设为中心，坚持四项基本原则，坚持改革开放，自力更生，艰苦创业，为把我国建设成为富强民主文明和谐美丽的社会主义现代化强国而奋斗。"① 这就意味着我国还处于并将长期处于社会主义初级阶段。当前，我国主要矛盾是："人民日益增长的美好生活需要和不平衡不充分的发展之间的矛盾。"这种矛盾的主要方面是发展的不平衡和不充分。正如毛泽东在《矛盾论》中所指出的：主要矛盾的主要方面决定事物的性质，正由于我国当前主要矛盾的主要方面是发展的不平衡和不充分，我国仍处于并将长期处于社会主义初级阶段的基本国情没有变，我国是世界最大发展中国家的国际地位没有变。这里有着科学、严谨的逻辑关系。

发展的最终目的是提高国家总体生产力和综合国力，实现全面建成小康社会和现代化国家直至实现共产主义，让人民过上幸福美好的生活。但眼下我国的发展还处于不平衡和不充分的阶段，尤其是内蒙古，虽然改革开放 40 多年有了较好、较快发展，但整体实力尚属薄弱。加之历史以来的各种原因，内蒙古草原生态环境遭到破坏。

这里有两个问题需要着重讨论：一是发展问题。为了发展而出台的政策措施稍微失当就可能成为生态环境的大敌，这种事情也屡见不鲜。如 20 世纪 80 年代前后，内蒙古地区的水库建设成为发展农业经济的重要举措。这些水库虽然在农田灌溉、工业发展方面发挥了重要作用，但在生态环境保护方面起到负面作用，水库下游的河流与部分植被的消失就是有力的证明。二是从内蒙古近些年的实际情况来看，经济、社会发展时期正好是生态恶化阶段。这也表明，经济、社会发展与生态治理并不总是正比关系，有时反而是反比关系。图 3—1 恰好证明了这一点。

---

① 习近平：《决胜全面建成小康社会　夺取新时代中国特色社会主义伟大胜利——在中国共产党第十九次全国代表大会上的报告》（2017 年 10 月 18 日），人民出版社发行，内蒙古人民出版社重印，2017 年 10 月第 1 版。

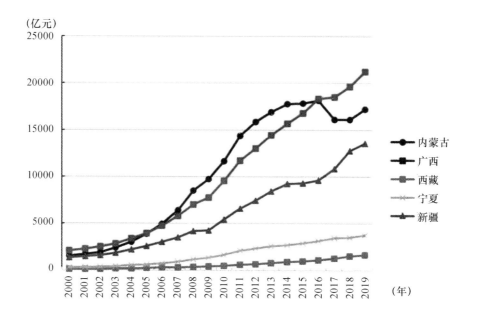

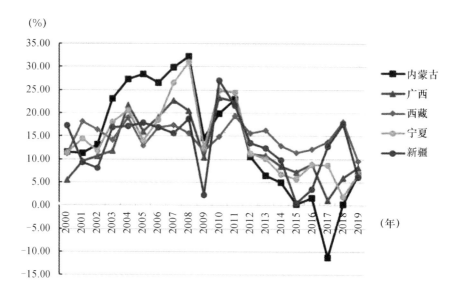

图3—1 2000—2017年我国少数民族地区GDP变化和
全国及少数民族地区GDP增长率

可以看出，2000—2013 年内蒙古 GDP 总量虽不及全国平均总量，但始终排在 5 个自治区之首；GDP 总量全国排名虽处中间段，但 GDP 增长率全国排名在 2004—2009 年一直处于前列。然而，2004 年至今恰好是内蒙古自治区水资源大量枯竭、河流湖泊大面积干涸之时，这不得不引起人们的深思。

最后，需要探讨我国五位一体发展视域中的生态问题与经济发展对生态治理的支撑体系问题。如果我们进一步讨论中国内蒙古和蒙古国、布里亚特或中蒙俄跨域生态环境整体性协作治理机制与模式的话，会出现更为复杂的多维因素。这些因素中的某个环节出现差错，跨域生态环境整体性协作治理就可能会遇到挫折。为了避免这种挫折，我们有必要深入讨论与跨域生态环境整体性协作治理机制与模式有关的问题。从中蒙俄跨域生态环境整体性协作治理机制与模式层面而言，这已不是简单的跨域问题，而是牵涉不同国度的跨境问题。由于中蒙俄的国家制度、体制和生态环境治理的机制、模式、措施等的相异，有必要从国家层面本着求同存异、求进多赢的原则制定相关的治理措施，减免不必要的审批手续，在严明必要的环节前提下提高工作效率。

第四节　蒙古族的法制观对中蒙俄经济走廊建设的现实意义

2016 年 6 月 23 日，在中国、蒙古国、俄罗斯三国元首的共同见证下，三国有关政府部门在乌兹别克斯坦首都塔什干签署了《建设中蒙俄经济走廊规划纲要》（以下简称《规划纲要》），这是"一带一路"建设的重要早期收获，标志着"一带一路"首个多边经济合作走廊正式实施，具有重要意义。9 月 13 日，国家发改委公布《规划纲要》。根据《规划纲要》，中蒙俄三国的合作领域延续了早期确定的方向，包括交通基础设施发展及互联互通、口岸建设和海关、产能与投资合作、经贸合作、人文交流合作、生态环保合作、地方及边境地区合作七大方面。近年来，中蒙俄经济走廊建设取得重大进展，充分体现了沿线各方秉持共商共建共享原则、加强发展思路对接、推进"一带一路"建设的决心和信心，也展示了"一带一路"建设的巨大潜力和广阔前景。地处祖国北疆的内蒙古与蒙古国、俄罗斯接壤，有 16 个口岸，在中蒙俄经济走廊建设中的战略位置十分重要。内蒙古的主体民族是蒙古族，其与蒙古国国民在历史上文化相同，为同一跨境民族。蒙古族自登上历史舞台开始就制定了法律，无论历史如何演变，蒙古族的法制建设都不曾中断，其法典律令对当时的社会及后世有着深远的影响，对中国法制的构建和发展做出了重要贡献。时至今日，蒙古族的法制观对推进中蒙俄经济走廊建设也具有可贵的现实意义。

一　蒙古族的法制观为依法治边提供了重要的借鉴

元朝是蒙古族建立的古代政权。元朝时期，统治者深刻认识到边疆在经济上的重大意义，更加重视对边疆的治理，较少有中原民族"华夷之别""内华夏，外夷狄"的思想偏见。元朝对边疆的治理，采用的是内地的统治方式，刻意经营，开办学校，建立驿站，积极发展边疆地区的交通，普遍征收赋税等。另外，在边疆特别是在边疆南部地区进行大规模屯田，开始加强制度建设，普遍推行土官制度，建立了军户制、社制等，创建并普遍实行旨在司法上能够协调各民族间法律纠纷的"约会"制度①。这对当时边疆地区的政治稳定和经济、文化的发展起到积极作用。时至今日，这些治理措施对于我们在经济上充分认识边疆的重要性，积极加强边疆的行政、法律、制度建设，拓展中蒙俄三国的边境地区合作，也有着积极的借鉴意义。

---

① 关于元朝在司法上的"约会"制度，可以参阅胡兴东《元代"约会"制度初探》，《云南师范大学学报》（哲社版）1999 年第 5 期。

（一）《陆地边境管理法》的制定符合中蒙俄经济走廊建设法律对接和国际边境管理立法的发展趋势

中蒙俄经济走廊建设的合作领域包括边境地区合作，边境管理法律法规制度衔接是一项重要的内容。从单一国家来讲，除美国、德国、加拿大等发达国家外，我国周边国家俄罗斯、蒙古国、哈萨克斯坦、越南也有专门的边境管理法。特别是俄罗斯、美国、德国等一些边境管理较为成熟的国家，历来重视立法对于边境管理的重要作用，体现了通过法律保障边境管理的国家意志，对建立标准化、规范化的边境地区管理制度起到十分重要的保障作用。因而，其边境防卫与管理卓有成效。现以我国的邻国俄罗斯为例，该国在20世纪90年代就已制定《国家边境法》，规定边防区的巡逻、执法统一由边防军负责，边防军则直属俄联邦安全局指挥。此后，多次修订和完善了该部法律的相关内容。上述国家依法管控边境具有4个突出特点：一是注重立法，依法行政；二是垂直领导，统一管理；三是部门精干，分工协作；四是装备先进，设施齐全。多年实践证明，其边防管理的一体化、规范化、法制化避免了多部门管理造成的重复建设和效率低下，提高了边防行政管理效能，有效维护了国家领土主权，促进边境地区的稳定和发展。因此，应借鉴俄罗斯、蒙古国、美国等国家的依法治边经验，通过制定国家层面的陆地边境管理法，依靠法律的规范性、强制性，实现边境管理和防务的一体化、规范化与法制化。因此，可以说，陆地边境管理法的制定符合国际边境管理与保护的发展趋势，也符合中共十八届四中全会做出的全面推进依法治国、建设中国特色社会主义法治国家的要求。

从国际上看，随着法治理念深入人心，各主权国家和国际组织都很注重法治建设，法治的前提和基础则是良好的法律制度。当前，边防管理体制的一体化、规范化、法制化是世界多数发达国家的普遍做法。例如，作为一个具有全球影响力的国际组织，欧洲联盟成员国间签订的条约即基本立法现已成为欧盟边境管理活动的主要法律基础。

这部分立法主要分成三类：一是综合性基本立法。这是欧盟边境管理法律的核心内容，此类条约主要包括 1957 年的《欧共体条约》、1986 年的《单一欧洲法令》、1993 年的《马斯特里赫特条约》以及 2009 年的《里斯本条约》等欧盟基本条约。二是专门型立法。其就欧盟成员国的公民自由流动、签证、边境检查、边境监管等边境管理问题进行专门立法，主要包括 1985 年的《申根协定》、1990 年《实施 1985 年〈申根协定〉的公约》，以及建立、提升警务和司法合作水平的《普鲁姆条约》等。三是欧盟自身颁布的法令。《里斯本条约》第 288 条规定，经欧盟委员会提议，理事会和欧洲议会依据普通立法程序，可以制定条例、指令、决定等具有普遍约束力的欧盟法令。涉及边境管理，主要是指关于边境检查、避难与移民政策方面的内容。2006 年颁布的规定欧盟边境管理制度的《申根边境法令》就很具有代表性。此外，还以意见、建议和信息通报等其他方式通过对欧盟边境管理具有指导意义的规范性法律文件。

（二）制定《陆地边境管理法》是加强边境治理的必然要求

在陆上与我国接壤的国家多达 14 个。其中，与祖国北疆接壤的国家是俄罗斯和蒙古国，这是协同推进"一带一路"建设的北方两个重要邻国。改革开放 40 多年来，陆地边境地区形势发生巨大变化，边境地区的军事冲突极少发生，边境管理的主要矛盾已由对邻国的军事防卫转向与邻国合作，合作搞好陆地边境的治安管理，严防和打击暴力恐怖活动，促进双方陆地边境地区的社会稳定和经济发展。党的十八大以来，随着我国周边外交工作取得突破性进展，陆地边境地区的安全形势日益好转，与有关国家的边境争议得到有效管控。特别是中共第十八届中央委员会第四次全体会议做出了"全面推进依法治国、加快建设社会主义法治国家"的战略决定。这是实现国家治理体系和治理能力现代化的必然要求，事关党和国家的长治久安。在此新形势下，中央立法部门应加强顶层设计，捋顺现行边境管理体制，及时制定出台《陆地边境管理法》，具有极端重要性和必要性。

（三）加强边境管理立法是推进边境地区发展的迫切要求

改革开放以来，我国积极发展与周边国家的睦邻友好关系，沿边地区开放力度不断加大，边境地区则借助与周边国家30多个少数民族跨境而居的优势，深化双边经贸合作关系，拓展社会文化交流渠道，从而在整体上促进边境地区经济社会的发展。但与沿海地区、内陆地区相比，边境地区的经济社会发展依然严重滞后，亟须通过边境管理立法改变现状，具体体现在以下几个方面。

一是现阶段，我国的经济中心、经济繁荣地区基本都集聚于几大城市群。边境地区的45个地州市盟除防城港市和昌吉州位于几大城市群范围内外，其余43个地州市盟都在城市群的范围之外，即便把丹东市、包头市、红河州等邻近辽中南城市群、呼包鄂榆地区、滇中地区的市州包括在内，也有40个地州市盟远离国内经济中心①。

二是在《中国农村扶贫开发纲要（2011—2020年）》中确定的11＋3片特困地区中，边境地区就涉及滇西边境山区、大兴安岭南麓山区、西藏和新疆南疆三地州4个连片特困区域；全国131个边境旗县中有42个国家级扶贫开发重点县，其中，西藏的全部边境县都为国家级贫困县，新疆32个边境县中14个为国家级贫困县，云南25个边境县中有16个为国家级贫困县，广西6个边境县中3个为国家级贫困县。②西北和西南边境地带都是贫困人口的集中分布地带。内蒙古19个边境旗县中有4个国家级贫困旗县（含县级市）、6个自治区级贫困旗县。

三是20世纪90年代初期，我国实施沿边开发开放政策以来，边境地区发展尽管取得了一些成效，但其与沿海地区、内陆地区的发展差距也日益拉大。2011年，45个边境地州市盟中35个地州市盟的人均GDP在全国平均水平以下。③部分边境地区人口开始向内陆转移，致使

---

① 黄征学：《中国边境地区发展面临的问题及对策建议》，《发展研究》2013年第8期。

② 同上。

③ 同上。

边防管理日益缺乏群众性依托。稳边固边需要正视边境地区发展面临的问题，迫切需要提高边境地区的经济要素集聚力和人口吸附力。

四是我国边境地区绝大部分深处内陆腹地，有高原、山脉和起伏的丘陵、群山环抱的盆地，也有雪山、戈壁、沙漠、沼泽、原始森林等。这种地理状况极大地制约着交通基础设施建设。同时，由于边境地区长期处于经济发展的边缘地带，是交通基础设施建设的薄弱地带，在此方面历史欠账比较多。

五是与欧美一些发达国家的边境地区经济一体化发展程度相比，我国边境地区与邻国的分割效应依然较为严重，当前，我国与陆地周边相邻国家的双边合作，在广度和深度方面都较为有限。如经济方面的合作多数停留在贸易便利化和贸易政策的合作，投资、产业等方面的合作还没有真正开展，更别说推进自由贸易区、共同市场、经济同盟等一体化形式。① 此外，由于长期受朝鲜半岛局势不稳的影响，东北与朝鲜相邻的边境地区开发进度缓慢，尽管具有地理上的区位优势。受中国在西藏、新疆部分边境段与印度存在长期争议、印度与巴基斯坦在克什米尔地区存在边境争议及阿富汗国内政局复杂等因素的影响，我国与南亚国家的经济合作十分有限，这给与这些国家毗邻的边境地区的发展造成不小影响，也给推进"一带一路"经济走廊建设带来阻碍。

综上所述，边境地区是我国全面建设小康社会的重点和难点地区，面临着繁重的发展任务。边境地区的合作又是中蒙俄经济走廊建设的一项重要内容。这就需要中央加快陆地边境管理立法的顶层设计，着力通过立法缩小边境地区与沿海地区、内陆地区的发展差距。制定陆地边境管理法的基本精神或者说其主要内容应是加快边境地区的发展，着力实现"兴边富民"的战略目标，还要实现与俄罗斯、蒙古国边境管理法律制度的对接，促进边境地区的合作。

---

① 黄征学：《中国边境地区发展面临的问题及对策建议》，《发展研究》2013年第8期。

（四）制定《陆地边境管理法》是贯彻落实习近平总书记周边外交工作系列讲话精神的具体体现

2014 年 10 月 24—25 日，习近平总书记主持召开了"周边外交工作座谈会"，并提出新形势下我国周边外交的基本方针，即坚持与邻为善、以邻为伴，坚持"睦邻、安邻、富邻"。2014 年 1 月底，习近平总书记在内蒙古考察工作结束时发表的讲话中提到，"希望内蒙古各族干部群众'守望相助'。守，就是守好家门，守好祖国边疆，守好内蒙古少数民族美好的精神家园。"2014 年 4 月以来，中国国家主席习近平先后访问韩国、蒙古国、印度等邻国，并发表重要演讲，凸显了我国"亲、诚、惠、容"的周边外交理念，有力地推动与被访国双边关系的发展。国际社会对此予以高度评价。近年来，中国、俄罗斯的关系达到历史最好水平。2018 年 6 月 9 日，国家主席习近平同俄罗斯总统普京、蒙古国总统巴特图勒嘎在青岛举行中蒙俄元首第四次会晤。习近平主席指出，中俄蒙三国毗邻而居，互为传统战略伙伴，开展合作有天然优势和良好基础；在经济全球化和区域经济一体化深入推进的今天，三方要合力走出互利共赢、融合发展的普惠之路，塑造邻国之间的合作典范。这是中蒙俄经济走廊建设取得的积极成果。因此，在新形势下，应按照"强边固防、睦邻友好、维护稳定、促进发展"的要求，着力加强国家层面的边防管理制度的顶层设计，进一步理顺边境管理体制，特别是要及早制定出台《陆地边境管理法》，这是贯彻落实习近平总书记周边外交工作系列讲话精神、整合地方立法规范、完善边境管理法律体系建设、加强依法治边工作、促进边境地区社会稳定和可持续发展以及顺利推进中蒙俄经济走廊建设的必然要求。

二　蒙古族的法制观对边境地区水资源保护和利用有切实的现实意义

根据《成吉思汗法典》第五十八条的规定："保护水源。不得在河流中洗手，不得溺于水中。"① 蒙古人认为水是纯洁的神灵，十分忌讳在河流中洗手或沐浴，更不许洗脏衣服、向河流中扔脏东西、向水中溺尿。可见，自古以来，蒙古人就能够认识到水的重要性，这主要是源于草原地区干旱缺水，无水则无法生存，保护水源、爱护水流、防止污染是关系到他们生存的大事。这种立法保护水资源的法制观念，对于我们在推进中蒙俄经济走廊建设过程中加强界河管理、治理和开发具有积极意义。

我国与周边国家享有 40 多条跨国界河流，主要的跨界河有 15 条，其中 12 条发源于我国境内，且多数为亚洲地区重要的国际河流。在祖国北部边疆，与俄罗斯有黑龙江、额尔古纳河、乌苏里江 3 条界河。内蒙古自治区呼伦贝尔市的贝尔湖是我国与蒙古国的界湖，其 4/5 的水域面积属于蒙古国，仅西北部的 40.26 平方千米为我国所有。近年来，我国的界河（湖）管理、治理与开发出现一些需要高度重视的问题。一是部分边境省区的界河治理虽然取得一定的效果，但是受到投资规模限制、欠缺防护工程、界河支流改道等因素的影响，国土流失仍未得到根本治理。更为严重的是，近年来，界碑冲入界河，各种边境军事设施被冲毁。由于河流改道、支流断流造成的边界不清，人员、牲畜越界事件时有发生，影响边境前沿地带的稳定。二是一些界河水质污染日益严重，引发邻国交涉。由于我国边境旗县大力发展地方经济，用水量显著增加，排水量也随之增加，特别是一些工业企业向界河干流或支流排污，导致界河水质不佳，引发俄罗斯、蒙古国等邻国就此与我方多次交涉。三是界河国土防护工程项目通常不能发挥经济效益，其所在区域又多为经济欠发达的民族地区、贫困地区或是革命老区，多数无力承担地方配套资金和日常维护资金。另外，优先利用国际河流水资源对于保障我国的水资源权益具有十分重要的意义，但目前国家在审批相关工程时往往比国内工程更加严格，审批环节更多，审批

---

① 参见内蒙古典章法学与社会学研究所编《〈成吉思汗法典〉及原论》，商务印书馆2007 年版，第 10 页。

时间更长，履行手续更多。基于此，关于中蒙俄经济走廊建设，在依靠法治对水资源管理、保护、利用方面，要从以下几个方面开展合作和磋商。

一是将国境界河管理、治理与开发纳入法治轨道，载入立法重要篇章。因为国境界河是陆地边境的重要组成部分，既有陆地，又有水域；既涉及水量问题，还涉及水质问题。特别是随着各国经济社会的发展和对水资源重要性认识的加深，对水资源的需求将持续加大，相应地对国境界河水资源的开发利用也日益重视，致使国境界河水资源问题逐渐演变为涉外的主要问题之一。因此，应将国境界河的管理、治理与开发作为经济走廊沿线各国制定或修改边界法的重要内容，依法促进界河管理、治理与开发的规范化、制度化、法治化。

二是关于国境界河的依法管理、治理与开发应与国际法和政府间协定相协调。作为国际上全面规范跨界淡水资源使用的多边性框架协议，1997 年在联大通过的《国际水道非航行使用法公约》（以下简称《公约》）于 2014 年 8 月 17 日正式生效，这是国际社会持续 17 年推动的可喜成果。十多年来，我国逐渐注重与周边国家合作，和平开发与利用国际水道或是国境界河，并与大部分周边国家签订了双边条约。例如，与蒙古国签订的《关于保护和利用边界水资源协定》，与哈萨克斯坦签订的《关于利用和保护跨界河流的合作协定》《跨界河流水质保护协定》，与俄罗斯签订的《关于合理利用和保护跨界水资源的协定》等。这些双边条约与《公约》相比较，可以发现《公约》的规则在近年来签订的双边条约中均有所体现，但不可否认也存在差距。因此，我国应重视《公约》体现的被普遍认可的国际法规则在缔结双边条约和完善国境界河管理、治理与开发立法方面的具体运用，以指导和规范跨界水资源开发和管理的国际合作。尤其是对诸如"公平合理使用""不造成重大损害义务""一般合作义务"等核心原则以及确立的"联合管理机制"在法律规范中的体现和表述，应当切实使用具体确切的措辞和用语，以增强有关协定的可操作性。

三是增加几点立法事项。在遵守国家法规范的基础上，立法应鼓励加快国境界河水资源的开发和利用，对审批环节予以简化或是放权；要求设立专门机构负责界河工程管理；加强国境界河水文站建设，着力强化水量、水质的监测；确定界河工程建设、维修养护费用以及收益情况等中央与地方的分摊比例；等等。

三 蒙古族的法制观对生态环境和野生动物保护、促进沿线国家实现中蒙俄经济走廊区域绿色转型发展有重要的先导意义

生态环境安全是中蒙俄经济走廊建设的重中之重，社会经济发展与生态承载力达到动态适应，有利于实现多要素的可持续发展。中蒙俄经济走廊建设，就是要把我国的"丝绸之路"与蒙古国的"发展之路"、俄罗斯的"跨欧亚大铁路"相互衔接，依据欧亚草原等自然资源生态环境的时空格局，三国加强合作构想、明确合作方向尤为重要。

《成吉思汗法典》规定了草原保护的相关内容，第五十六条规定：草绿后挖坑致使草原被损坏的，失火致使草原被烧的，对全家处死刑。[①] 可见，在成吉思汗时代，蒙古族的先民们已经意识到保护草原的重要性。《成吉思汗法典》以法律的形式明令保护草原，并对破坏草原的人给予最严厉的处罚，最大限度地保护了草原，促进人与自然的和谐发展。另外，成吉思汗《大札撒》（《成吉思汗法典》）的主要特点之一，是继承了蒙古族游牧业经济的古代传统，依法保护草场，禁止施放草原荒火和坑攫草地；依法保护野生动物，围猎要在规定季节进行，解围时放走母畜和仔畜，注意草原生态平衡。蒙古族保护草原生态的法制观对于中蒙俄经济走廊建设中加强多边生态环境保护的交流互鉴，为构建多边的生态环境保护和建设的法律规范提供了智力支持与理念保障。

以内蒙古自治区为例。1963 年，为了更加明确"禁止开荒，保护

---

① 参见内蒙古典章法学与社会学研究所编《〈成吉思汗法典〉及原论》，商务印书馆 2007 年版，第 9 页。

牧场"的方针，在全国率先颁布《内蒙古自治区草原管理条例（试行草案)》，经过三年调整，封闭约 400 万亩开垦不当的草场。1965 年 4月，内蒙古自治区人民政府修改并发布了《内蒙古自治区草原管理条例》。改革开放后，1980 年再次启动修改《内蒙古自治区草原管理条例》，1982 年 3 月颁布了《内蒙古自治区草原管理条例（试行)》，1985 年 1 月实施《内蒙古自治区草原管理条例》，到 1987 年全区形成配套性法律规章 46 件，初步形成草原管理法规体系框架。1991 年、2004 年，为适应牧区形势变化和上位法律规范，自治区立法部门对《内蒙古自治区草原管理条例》进行了修订。2011 年 9 月，内蒙古第十一届人民代表大会常务委员会第二十四次会议通过《内蒙古自治区基本草原保护条例》，并于 2016 年 3 月通过决议予以修正。至此，内蒙古形成《内蒙古自治区草原管理条例》《内蒙古自治区基本草原保护条例》为基本框架的草原保护法规体系。可见，内蒙古对自然资源和生态环境的保护已经取得显著成效。

由于历史原因，中国内蒙古、宁夏、新疆以及蒙古国、俄罗斯的一些省区沙漠面积本身就占有相当大的比重，给当地的经济发展造成严重困难，特别是对农牧业的发展危害极大。另外，进入 21 世纪，我国在蒙古国、俄罗斯投资的企业和个人逐年增多，多数从事矿产资源开发。但一些企业和矿主由于忽视矿产资源的综合勘探、综合开采、采主弃副、采富弃贫，不但造成资源的巨大浪费，而且也给矿区生态平衡造成严重破坏，甚至引发环境污染，损害当地长远利益，遗留长久危害。因此，构建中蒙俄经济走廊着力加强多边环境保护合作具有诸多现实意义。

（一）生态环保合作是中俄蒙经济走廊建设的根本要求

要高度重视绿色"经济走廊"建设。主动做好环保规划，加大生态环境保护力度，着力深化环保合作，有力有序有效地将绿色发展要求全面融入"政策沟通、设施联通、贸易畅通、资金融通、民心相通"，构建多元主体参与的生态环保合作格局，携手打造绿色经济走廊。尤其在投资贸易中要突出生态文明理念，加强生态环境、野生动植物多样性保护和应对气候变化合作。这是践行生态文明和绿色发展理念、提升"经济走廊"建设绿色化水平、推动实现可持续发展和互利共赢的根本要求。

（二）生态环保合作是实现中蒙俄经济走廊区域绿色转型发展的重要途径

中蒙俄经济走廊沿线国家的大多数地区为不发达地区，有些地区还属于贫困落后地区，普遍面临工业化和城镇化带来的环境污染、生态退化、经济乏力等多重挑战，期望加快转型、推动绿色发展、提高生活水平的呼声不断增强。当前，中国一些投资企业在蒙古国、俄罗斯积极探索生态环境保护与自然资源开发平衡模式，大力发展绿色经济，已经取得一些有益的成功经验。因此，可以说，开展生态环保合作有利于促进中蒙俄经济走廊沿线国家有关地区生态环境保护能力建设，推动沿线国家有关地区坚持绿色发展理念，处理好经济发展和环境保护关系，最大限度减少诸多挑战影响，是实现区域经济绿色转型的重要途径。

（三）生态环保合作是落实《"一带一路"生态环境保护合作规划》的重要举措

中蒙俄经济走廊是"一带一路"首个多边经济合作建设的走廊。当前，绿色发展已成为世界各国发展的共识。我国环保部制定的《"一带一路"生态环境保护合作规划》旨在共同提高"一带一路"沿线国家国民的长远福祉，明确提出绿色发展与生态环保合作的具体目标，为未来沿线各国可持续发展和多边国际环保合作指引方向。中蒙俄经济走廊生态环保合作必将有力促进沿线有关国家和地区实现可持续发展绿色生态环境保护目标与愿景。

四　蒙古族的法制观中对宗教信仰自由的保护对于促进中蒙俄经济走廊区域文化交流互鉴有重要的启示意义

《成吉思汗法典》第八条规定："尊重任何一种宗教信仰，任何一种宗教都不得享有特权。每个人都有信仰宗教的自由。"① 这种宗教信仰制度的确立有着深远的历史背景。在蒙古族及其祖辈的意识中，宗教占有极其重要的地位，始终在社会生活的方方面面产生广泛影响。蒙古人的祖先信仰萨满教，成吉思汗在少年时代也是虔诚的萨满教信徒。随着社会阅历的不断丰富、政治地位的不断巩固，以及征服战争的不断推进，成吉思汗的视野不断拓宽，特别是看到被征服国家、民族、部落的宗教信仰多有不同，继而对宗教产生新的认识，制定了对各种宗教"兼容并包"的政策。灭亡西辽后，成吉思汗明确规定，一切宗教都应受到尊重，各种宗教的教士都应受到恭敬对待。此后，成吉思汗在西征花刺子模的过程中，主动接触道教、佛教、伊斯兰教首领。史籍明确记载成吉思汗万里诏请中原道教首领长春真人，与其论道讲法，学习吸收先进民族的宗教思想。因此，在其主持制定的《大札撒》中明确规定："要尊重一切宗教，并一律免除各种教职人员的赋税和捐税，且不得厚此薄彼。"这样就以法律形式将宗教信仰自由政策固定下来，令其后代不得更改。由此不难看出，"逐水草而居"的马背生活以及广袤的蓝天和无垠的草原，孕育出蒙古族海纳百川的宽广胸怀和包容精神。② 通过法律确立宗教信仰自由制度具有历史意义。实行这一政策对于蒙古贵族得天下和治天下都起到不小的作用。譬如，在西征期间，成吉思汗和哲别等人多次利用当地的宗教矛盾为其征服事业服务，同时也加强与不同信仰民族人民的经济文化交流。成吉思汗子孙后代恪守宗教信仰自由政策，有利于政权的稳定和统治阶级内部的团结。

　　蒙古族的这一法制观对于促进中蒙俄经济走廊沿线区域国家人文交流有重要的启示意义。文化是人们相互交流沟通的重要桥梁和纽带。沿线各国各民族文化都有其自身价值、独特魅力和深厚底蕴，都是人

---

① 参见内蒙古典章法学与社会学研究所编《〈成吉思汗法典〉及原论》，商务印书馆2007年版，第3页。

② 同上书，第67页。

类的精神瑰宝，都为世界文明进步做出了贡献。促进沿线区域国家人文交流，需要在尊重和维护不同国家与民族文化多样性的基础上，着力推动各国各民族多元文化交流，这是促进发展进步的重要精神支撑。不同国家、不同民族多元文化只有加强交流互鉴，才能在推动社会进步、维护民族独立中繁荣发展。当今世界正经历百年未有之大变局，沿线各国人民应对共同挑战、迈向美好未来离不开文化的力量。沿线各国人民应该把握大势、顺应潮流、加强交流，共同谱写人类文明新篇章。加快文化交流与合作，建立对话机制尤为重要。为使文化交流与合作常态化，有必要建立与沿线国家和地区的文化交流机制，制定文化交流合作战略规划，对文化交流合作项目进行整合和引导。各国政府应克服区域内由于政治或历史因素形成的各种障碍，搁置争议，求同存异，通过高层互访、定期会晤和多边对话等方式推动区域文化交流与合作。

五　提倡和保护通商的经济法律思想对于促进中蒙俄经济走廊沿线国家区域贸易发展有重要的现实意义

历史上，草原统一的政权建立后，成吉思汗提倡并保护通商。《大札撒》规定："凡以信用取运货物而破产者，仍得以信用取运货物二次，破产三次者死。"这一条鼓励经商的法律条文虽然严厉了一些，但它的实施打破了蒙古人不善经商的习惯，促进蒙古社会与伊斯兰国家的经贸往来。[①] 在国家实施"一带一路"倡议中建设中蒙俄经济走廊，将为产业和贸易提速升级、加快投资便利化进程、消除投资壁垒提供难得的机遇，必将推进能电产业合作，加快跨境电力与输电通道建设；必将加快边境口岸建设，发展跨境电子商务等新的商业业态；必将加强自由贸易区建设和通关条件的改善，推动产业和贸易双提速。另外，要找准与沿线国家的契合点，加强规划对接，加快基础设施联通以及

---

① 奇格：《古代蒙古法制史》，辽宁民族出版社 1999 年版，第 247 页。

经贸、金融、服务方面的合作与交流。建设中蒙俄经济走廊是一个宏大系统工程，要坚持共商、共建、共享原则，积极与沿线国家对接。要加强政府间高层互访，政府之间的合作不能只停留在简单的互访和例行联络的层面，还要在上规模的产业合作、资源开发、加强金融合作、基础设施建设、扩大对外投资、推进贸易便利化以及其他跨境区域合作等领域，定期开展政府间高层次协商和洽谈，努力推动沿线国家经贸关系顺利发展。

下　篇

第 四 章

共建中蒙俄经济走廊的"政策沟通"

　　共同建设中蒙俄经济走廊是中蒙俄三国领导人共同确定的重大合作战略，是中国"一带一路"、蒙古国"发展之路"（原"草原之路"）和俄罗斯"跨欧亚大铁路"三大倡议对接和落实的载体。中蒙俄三国都面临加快发展的历史任务，尤其是 2008 年国际金融危机以来，三国均面临经济增长速度放缓的压力，有着强烈的经济转型和加快发展诉求。

　　中蒙俄经济走廊建设不仅是相依相邻地缘优势的结合，也是三国新时期国家发展战略高度契合的产物，同时是三方构建区域经济共同体的客观要求，是顺应经济全球化大趋势和实现合作共赢发展的重要举措。中蒙俄经济走廊建设作为兼顾中蒙俄三国的一项长期经济发展战略，无论从发展定位、目标追求、路径选择等方面都对中蒙俄三国的"政策沟通"提出高标准的要求，而"政策沟通"的良好效果则助力于全局的统筹谋划进而高效率地实现发展目标，最终形成相互促进的良性循环状态。

第一节　"政策沟通"的内涵与意义

一　"政策沟通"的内涵

2015 年 10 月 15 日，国家主席习近平在北京会见出席"亚洲政党丝绸之路专题会议"的外方主要代表时发表讲话,对"政策沟通"进行了系统阐释。习近平主席指出,加快"一带一路"建设,不仅有助于促进沿线各国经济繁荣和区域经济合作,也有助于加强不同文明交流互鉴,促进世界和平发展,是一项造福沿线国家人民的伟大事业。"一带一路"建设秉持"共商共建共享"原则,弘扬开放包容、互学互鉴的精神,坚持互利共赢、共同发展的目标,奉行以人为本、造福于民的宗旨,将给沿线各国人民带来实实在在的利益。

具体到中蒙俄经济走廊,"政策沟通"要系统性地回答这样一系列问题:哪些内容要共同建设,哪些内容要各自发展;哪些交流属于国家层面,哪些沟通归属区域层面;三国各自的制度特点和发展现状分别是什么,由此造成的政策性差异在哪,如何协调和弥补;如何通过沟通形成协调统一的战略与实施计划。本章将对相关内容进行综合分析并对尚存问题和即将进行的部分给出对策建议。

在"政策沟通"的方向和路径选择上,国家主席习近平强调政党和政治家应具有远见卓识和历史担当,在共建"一带一路"的进程中走在前列,具体包括"三大使命":一是"既要登高望远,又要脚踏实地"。"登高望远"就是要顺应时代潮流,做好顶层设计;"脚踏实地"就是要有序推进,争取早期收获。二是"既要加强对话沟通,又要促进战略对接"。要紧密结合各自国家改革发展实际,围绕"一带一路"建设坦诚对话,为共建"一带一路"提出合作举措。三是"既要积极主动发声,又要汇集各方力量"。政党和政治家应主动引导,协调和组织政治力量、智库媒体、工商企业、民间组织等参与"一带一路"建设框架内各领域交流合作,营造良好的政治、舆论、商业、民意氛围。

具体到中蒙俄经济走廊,三国的"政策沟通"方向始终在于围绕中蒙俄经济走廊与俄罗斯跨欧亚大铁路、蒙古国"发展之路"的战略对接和优势互补,最终出台一系列支持政策,在于三国不断深化多层次协商会晤,建立外联部门间经常性工作联络机制,开创沿边毗邻地区合作新模式。

三国应从宏观上寻求合作最大公约数，找准共同的行动方向，在发展规划对接上，将发展战略确定的愿景细化到具体时间表和路线图，分步实现合作目标。实现机制与平台对接，促进各国执行机构有效衔接，建立顺畅的交流、沟通、磋商渠道和机制，及时解决规划实施及项目执行中面临的问题和困难。在具体项目对接方面，通过基础设施、经贸、投资、金融、人文等各领域项目合作实现共同发展。

二　"政策沟通"的重要意义

"政策沟通"位列"五通"之首，足见其在"一带一路"倡议中的首要地位与前提作用。它既是实施倡议的政治基础与前提条件，又是"助推器"与"催化剂"，包括双方基于共同利益、共同理念（发展经济、改善民生、独立自主、合作共赢）、共同任务（和平与发展）的政治互信，以及政策协调乃至战略协作。

作为"一带一路"倡议的重要组成部分，中蒙俄经济走廊的建设同样强烈需求"政策沟通"的重要指导效用。"政策沟通"是中蒙俄经济走廊建设的重要保障，在多个层次具有重要意义。

（一）"政策沟通"对三国区域合作实现共赢的意义

中蒙俄经济走廊作为三国元首会晤机制形成的建设性成果，其首要目标是实现中国"丝绸之路经济带"、蒙古国"发展之路"、俄罗斯跨欧亚大铁路的有效对接，通过加强区域交通的互联互通，即逐步实现公路、铁路和航空交通网络的联通，建成亚洲通往欧洲的最短运输路线。根据中蒙俄三国签署的《中俄蒙发展三方合作中期路线图》，实现涵盖开发投资、商品贸易、能源合作等多个方面，带动走廊沿线在基础设施、资源能源、农田水利以及信息通信等多个领域开展重大项目合作。通过交通基础设施、经济贸易等方面融为一体，进而逐渐形成命运共同体的合作方式，夯实三国互利共赢关系。具体讲，有以下几点。

一是上海合作组织于2001年建立，是中蒙俄所在的东北亚地区最重要的区域合作机制，中国和俄罗斯是创始成员国，蒙古国是重要的观察员国，经过10余年的发展，已成为在亚欧地区具有广泛影响力和吸引力的世界性组织，可在中蒙俄经济走廊的建设中发挥重要的促进作用。2015年7月乌法上合组织峰会上，上合组织成员国和观察员国等共同批准与见证了《上海合作组织至2025年发展战略》，规划了中长期合作路线图，提出上合组织未来10年发展目标和任务，并指出上合组织成员国应对丝绸之路经济带倡议形成统一立场，利用该倡议为推进上合组织经济合作创造有利条件。[①] 2015年12月郑州，上海合作组织成员国总理第十四次会议签署的《上合组织成员国总理关于区域经济合作声明》中，总理们重申支持中华人民共和国关于建设丝绸之路经济带的倡议，利用上合组织现有成果和相关经济合作机制十分重要，为加强区域经济合作，应加强交通领域多边合作，建立国际运输走廊，实施各方均感兴趣、可提高互联互通能力和发挥过境运输潜力的共同基础设施项目。[②] 中蒙俄经济走廊正是上合组织区域经济合作的重要组成部分，正好可在上合组织框架下开展务实合作。

　　二是中蒙俄三国首脑会晤机制和中蒙、中俄、蒙俄三组双边首脑会晤机制将为中蒙俄经济走廊的建设发挥重要的实质性推动作用。中蒙俄三方首脑会晤已举办两次，都是借助上海合作组织平台实现的。2014年9月上海合作组织杜尚别峰会，中蒙俄三国首脑首次正式会晤确立了三国首脑定期会晤机制，中国国家主席习近平首倡，中蒙俄三国发展战略高度契合，可以把丝绸之路经济带同俄罗斯跨欧亚大铁路、蒙古国草原之路倡议对接，打造中蒙俄经济走廊。三国元首表示，将分别责成各自有关部门落实三国元首达成的共识，建立三国副外长级

---

① 《四大亮点看乌法峰会》，《云南日报》2015年7月12日。

② 王慧慧、伍岳：《李克强主持上合组织总理会议签署区域经济合作声明》，观察网（http：//www.guancha.cn/politics/2015_12_15_344801_1.shtml），2015年12月15日。

磋商机制。[1] 2015 年 7 月，三方首脑第二次会晤批准了《中蒙俄发展三方合作中期路线图》，通过中蒙俄经济走廊将三国的战略利益紧紧结合在一起，标志着丝绸之路经济带正从理想迈向现实。[2]

三是多年来建立和形成的多种次区域合作机制将促进中蒙俄经济走廊的建设落到实处。苏联解体后的 20 年来，中蒙俄沿边地区、地方层面和国家层面的三边经贸合作机制不断涌现，极大地促进了中蒙俄三国的经贸、投资与科技合作，地方层面的经济合作热情高涨也自下而上地影响了三国政府的交往，密切了三方合作，并自上而下地给予地方层面更多的政策优惠和更大的发展机会。中俄哈蒙四国六方机制、二连浩特论坛、满洲里论坛，以及中蒙俄智库国际论坛等国家级和沿边地区举办的多种合作机制，将促进中蒙俄经济走廊的建设落到实处。

(二)"政策沟通"对我国及"一带一路"倡议建设的意义

中蒙俄经济走廊是中国"一带一路"倡议的重要组成部分。"一带一路"倡议是中国政府在新的历史时期主动应对全球形势的深刻变化、兼顾陆海两个战略方向、统筹国际国内两个大局做出的重大战略决策。2015 年 3 月，由国务院授权，国家发改委、外交部、商务部联合发布《推进共建丝绸之路经济带和 21 世纪海上丝绸之路的愿景与行动》文件，共规划陆、海两个方向 6 条多边经济合作走廊。从已知的丝绸之路经济带走向来看，中蒙俄经济走廊位于丝绸之路经济带的最北端，是一条将东北亚地区与欧洲连接在一起的经济大通道，具有陆海两方面的特征。

中蒙俄经济走廊也是中国面向北方友邻俄罗斯与蒙古国的开放战略。为推进中蒙俄关系的互动发展，三国同意建设经济走廊，即建设

---

[1] 黄文帝、柳玉鹏、刘皓然：《上合杜尚别峰会亮点耀人 习普今年四度面谈》，《环球时报》2014 年 9 月 12 日。

[2] 赵明昊、孟祥麟：《乌法峰会，中蒙俄再出大招——中蒙俄经济走廊建设带动欧亚繁荣》，人民网（http://politics.people.com.cn/n/2015/0710/c1001-27287050.html）。

以沿线节点城市为支撑点、以重点贸易和产业园区作为合作平台的跨国通道。根据《俄罗斯航海消息》刊发的《在乌法峰会上俄联邦、中国和蒙古将就经济走廊做出决定》一文对中蒙俄经济走廊的定位，经济走廊大致分两个方向纵深发展：一是中国京津冀地区（环渤海经济圈西部）—内蒙古二连浩特—蒙古国乌兰巴托—俄罗斯乌兰乌德（西伯利亚大铁路和俄—蒙铁路交会点），全长约 2100 千米；二是中国辽东半岛（环渤海经济圈东部）—吉林省—黑龙江省—内蒙古满洲里—俄罗斯外贝加尔湖边疆区（赤塔）—乌兰乌德，全长约 3600 千米。

中蒙俄经济走廊的两个发展方向除互助互补共同构筑外，不同的发展方向各有侧重。一方面，这体现了中蒙俄三国通过整合和完善现有跨境交通基础设施资源，赋予不同跨境区域互联互通新的经济内涵；另一方面，区域经济发展的梯度性，决定了中蒙俄三国的经济发展结构具有很强的互补性。通过共同建设具有发展潜力的经济空间，有利于改善本国经济结构，维护地区稳定，增进国家间的传统友谊，促进中蒙俄构建统一经济空间的形成。

（三）"政策沟通"对内蒙古自治区发展的意义

如果说"一带一路"是统筹新时期中国全方位对外开放格局、推进中国与周边国家友好务实合作、实现边疆和谐发展和安全稳定的战略规划，那么"向北开放"便是建设中蒙俄经济走廊的题中应有之义。

从全球地缘政治视角来看，"中国北部安全稳定对于构建和平的外部周边环境具有重要意义"。实际上，冷战后，随着中国与北方邻国边界划分问题的有效解决，中国与俄罗斯、蒙古国等邻国的双边关系日益加深，协调处理国际事务和维护地区安全稳定的能力不断提高。可以说，与北方邻国的睦邻关系为中国"向北开放"战略提供了良好的政治机遇。《推动共建丝绸之路经济带和 21 世纪海上丝绸之路的愿景与行动》中指出，"发挥内蒙古联通俄蒙的区位优势，完善黑龙江对俄铁路通道和区域铁路网，以及黑龙江、吉林、辽宁与俄远东地区陆海联运合作，推进构建北京—莫斯科欧亚高速运输走廊，建设向北开放的重要窗口"。

中蒙俄经济走廊建设不仅会进一步巩固后冷战时期中国与蒙俄两个北方邻国的良好关系，也必将重新赋予中国"向北开放"战略以新的内涵。一是进一步明确中蒙俄经济走廊建设在"一带一路"中的战略定位，通过沿边重点开发开放试验区和边境经济合作区建设，将内蒙古自治区和东北三省统筹作为向北开放的重要战略平台，即充分发挥内蒙古自治区陆路口岸优势和东北三省连接东北亚出海口，兼顾陆海两个方向。二是"向北开放"的地缘政治意义不仅在于在广大东北亚内陆地区形成统一的经济空间，从中长期来看，中蒙俄经济走廊建设有利于中国新周边安全观的确立，即中国需要与周边国家共同构建长期稳定的周边安全合作环境。

内蒙古自治区作为中国北部联通俄蒙的边疆省份，是中蒙俄经济走廊的核心枢纽地区，在全方位对外开放中发挥着重要作用。内蒙古横跨"三北"，毗邻八省：西部"金三角"地区面向京津唐，拥有被列入西部开发新十年重点规划地区之一的呼包银榆经济区；东部地区靠近东三省，融入东北经济圈；北部接壤俄罗斯和蒙古国，有4200多千米边境线，有满洲里、二连浩特等18个边境口岸，处于我国向北开放的最前沿。2014年1月，习近平总书记考察内蒙古时强调，要通过扩大开放促进改革发展，发展口岸经济，加强基础设施建设，完善同俄罗斯、蒙古国的合作机制，深化各领域合作，把内蒙古建成向北开放的重要桥头堡。

第二节　"政策沟通"的过程与成果

一　"政策沟通"的良好基础

（一）政治层面与已有成果

中蒙俄三国地理上相依相邻，有着传统的睦邻友好合作关系。三国间历史遗留的边界问题已经解决，中俄、中蒙之间长达数千千米的共同边界一片祥和。1994 年，中蒙签订《中蒙友好合作关系条约》，于 2014 年建立了全面战略伙伴关系；俄蒙于 2014 年签订《友好关系与合作条约》；2001 年，中俄签订了《睦邻友好合作条约》，于 2013 年将战略协作伙伴关系提升到全面战略协作伙伴关系。2019 年 6 月 5 日，国家主席习近平和俄罗斯总统普京在莫斯科共同签署《中华人民共和国和俄罗斯联邦关于发展新时代全面战略协作伙伴关系的联合声明》，中俄关系已经发展为"新时代全面战略协作伙伴关系"，两国领导人均高度评价两国关系"处于历史最高水平"，成为"新型大国关系的典范"。

2014 年 9 月和 2015 年 7 月先后举行的中蒙俄三国首脑会晤，进一步提升三方政治互信和合作关系。加之三国加强区域合作和追求合作共赢的目标相近，彼此间政治关系都处在历史最好阶段，三方开展合作拥有良好的政治氛围。三国相互间高水平的政治关系，特别是友好合作条约的签订，为深化经济合作、共建中蒙俄经济走廊，奠定了重要的政治基础和法律基础。

（二）经济层面的共赢基础

蒙古国是没有出海口的内陆国家，但它连接着中俄之间的商路，是重要的地理中枢。通过"草原之路"建设，可以有效对接中国的"丝绸之路经济带"和俄罗斯的"跨欧亚大铁路"战略，从而获得宝贵的出海口和外贸大通道，将地处内陆国家的地理条件劣势转化为经济发展的优势。

就俄罗斯而言，乌克兰危机后，受到西方制裁的影响，加之国际原油价格大跌，其经济发展下行压力较大，国内经济发展形势较差。通过与中蒙两国的合作，可以加强俄罗斯远东地区的能源出口和经济发展，减轻西方制裁带来的沉重压力。

就中国而言，近年来经济增长速度回落，经济发展进入新常态，面临调整经济结构和发展方式的压力。通过与蒙俄加强合作，可以让中国获得稳定、可靠的能源供给，同时带动周边国家发展，塑造良好的周边环境。

综合三方来看，三方经贸合作基础良好，潜力巨大，前景广阔，都有升级经济合作的强烈意愿。中国已成为俄罗斯第一大贸易国和第三大投资国，也是蒙古国第一大贸易国和第一大投资国。同时，俄蒙也互为双方的重要经贸合作伙伴，俄罗斯是蒙古国仅次于中国的第二大贸易伙伴。中国与俄蒙两国的优势产业互补性较强，相互重叠部分很少，这为将来三国贸易一体化提供了基础条件。受全球煤炭、石油、铁矿石、铜等大宗商品价格下跌影响，俄罗斯和蒙古国的经济发展都受到较大影响，亟须在基础设施建设、国外投资和发展加工业等方面加强投资，拉动经济发展。当前中国经济对能源和资源仍保持较大需求，在基础设施建设方面也积累了足够的经验，三方的优势和需求可以通过中蒙俄经济走廊建设得到充分释放，进而助力三方经济发展。

二　中蒙俄经济走廊的"政策沟通"过程

2014 年 9 月，中俄蒙三国元首提出共同打造中蒙俄经济走廊。三方一致认为，作为山水相连的好邻居，三国在中蒙俄经济走廊框架下深化合作，不仅具有独特的区位优势，而且发展战略高度契合，发展要素高度互补，完全有条件实现重大项目的对接，促进共同发展，实现共同繁荣。自此，中蒙俄经济走廊被纳入"一带一路"建设的总体框架，成为"一带一路"建设合作的重要方向之一。2015 年 3 月，中国国务院授权发布《推动共建丝绸之路经济带和 21 世纪海上丝绸之路的愿景与行动》白皮书，它为"一带一路"建设规划了六大经济走廊，其中之一就是中蒙俄经济走廊。2015 年 7 月，三国元首在上合组织乌法峰会期间举行第二次会晤，批准了《中蒙俄发展三方合作中期路线图》。[①] 7 月，上合组

---

① 2015 年 3 月三部委制定的《推动共建丝绸之路经济带和 21 世纪海上丝绸之路的愿景与行动》所规划的"一带一路"六大经济走廊是：中蒙俄经济走廊、新亚欧大陆桥、中国—中亚—西亚经济走廊、中巴经济走廊、孟中印缅经济走廊、中国—中南半岛经济走廊。

织元首乌法峰会期间，中蒙俄三国元首举行第二次会晤，签署了《关于建设中蒙俄经济走廊规划纲要谅解备忘录》。2015 年 5 月，中俄签署《关于丝绸之路经济带建设和欧亚经济联盟建设对接合作的联合声明》，决定在贸易、投资、基础设施、金融等领域加强务实合作；同时，中蒙进行发展战略和规划对接，全面提升和整合双边经贸务实合作。2016 年 6 月，上合组织塔什干元首峰会期间，中蒙俄三国元首举行第三次会晤，共同见证《中蒙俄经济走廊规划纲要》的正式签署。9月，中国国家发改委公布了作为"一带一路"首个多边纲要的《建设中蒙俄经济走廊规划纲要》①，明确了经济走廊建设的具体内容、资金来源和实施机制，商定了 32 个重点合作项目，涵盖基础设施互联互通、产能合作、口岸现代化改造、能源合作、海关及检验检疫、生态环保、科技教育、人文交流、农业合作及医疗卫生十大重点领域。对于此规划纲要的签署，俄罗斯总统普京指出，三方在政治领域、经济、国际事务和人文方面的合作开始沿着路线图走向现实，政治磋商机制的运行可以使当今就解决区域内迫切问题的立场协调一致。蒙古国总统额勒贝格道尔吉则从本国经济发展需求出发，建议在 2016 年应优先重点关注的是就建立投资中心和交通部门规划开始三国的定期磋商。2017年 3 月 24 日，中蒙俄三国牵头部门在京召开《建设中蒙俄经济走廊规划纲要》（以下简称《规划纲要》）推进落实工作组司局级会议。三方就建立推动落实《规划纲要》的有关机制、筛选优先项目清单等问题深入交换了意见，为深化中蒙俄经济走廊建设框架下的务实合作奠定基础。2018 年 6 月 9 日，中蒙俄三国元首第四次会晤，中国国家主席习近平主持。三国元首全面总结三方合作进展和成果，共同规划下一阶段的优先任务和方向。2019 年 6 月 14 日，中俄蒙三国元首第五次会晤。三国元首总结三方合作成果，共商全面推进合作大计。

---

① 《建设中蒙俄经济走廊规划纲要》，2016 年 6 月。

三　不同领域的"政策沟通"

（一）交通基础设施合作领域

2001年，蒙古国政府提出"千年之路"工程，希望打造贯穿全境的公路、铁路网，但由于受到资金和劳动力的制约，进展缓慢。2007年，蒙古国公布《蒙古国千年发展目标为基础的国家发展综合规划（2008—2020）》，提出支持能源出口，建设与中俄两大邻国和欧亚地区联通桥梁的地区交通运输网络。蒙古国政府的铁路交通发展规划目标，在于希望实现矿产品向多元市场出口，因此支持修建新铁路线联通中俄。2010年，蒙古国议会通过《国家铁路运输政策》，提出在蒙古国近期新建5683.5千米铁路基础设施，使年度出口运力达到5000万吨。该政策文件强调，应通过提升竞争力的方式进一步完善该领域的基础设施与法律环境；发挥国有资产优势或通过租借合同的方式建立新铁路基础设施；对于乌兰巴托铁路的主要干线，通过技术手段实现运力升级改造等。

2013年，蒙古国时任政府提出"草原之路"倡议（又称"连接欧亚大陆的五条通道"），即实现蒙古国全境高速公路（997千米）、铁路、输电网（1100千米）、过境石油和天然气管道五大通道联通，完善配套基础设施建设。2014年11月21日，新总理赛汗比勒格就任时表示，将继承上届政府相关政策，继续推行"草原之路"倡议。由于没有出海口，以及长期投入不足，蒙古国基础设施建设进展缓慢，已成为经济发展重要瓶颈。因此，蒙古国希望通过"草原之路"带动本国经济发展，吸引外资与先进技术，打造出口产品重要通道。此外，通过"草原之路"可以发挥蒙古国"位于中俄之间的地理优势"，通过修建公路、铁路打通"连接中俄的最近通道"，为中俄贸易提供便利，增进蒙古国与中俄两大邻国的密切联系。

1. 铁路方面

目前的主要进展：三国进行了铁路方面全面更新、开发蒙中央铁路通道、建立复线与电气化的经济可行性研究；对建设贯通蒙全境和连接中俄的铁路西线、北线、东线项目予以研究，提供可供实施的经济可行性研究报告；打通蒙出海通道，对拓宽建设"第一出海口走廊"与"图们江交通走廊"项目（中方将乔巴山—阿尔山路段统称"两山铁路"）予以研究，并提供可供实施的经济可行性研究报告；开展莫斯科—北京高铁线路过境蒙古前景可行性研究。

2016 年 4 月，中蒙联合工作组赴阿尔山市开展中蒙"两山"铁路口岸过境位置考察工作，商定"两山"铁路口岸过境通道位置。2017年 4 月，旨在探讨促进中蒙俄经济走廊建设，响应中欧班列建设发展规划的"过境蒙古国 2017"论坛在北京举行。会上，中蒙俄三方交通部门的代表介绍了三方在铁路合作方面的政策和双多边协议的执行情况，三方边境口岸及海关部门代表就过境运输和通关流程做了介绍。在2017 年 5 月"一带一路"高峰论坛上，中国铁路总公司与有关国家铁路公司签署《中国、白俄罗斯、德国、哈萨克斯坦、蒙古国、波兰、俄罗斯铁路关于深化中欧班列合作协议》。2019 年 4 月 25—27 日，第二届"一带一路"国际合作高峰论坛上，中国、白俄罗斯、德国、哈萨克斯坦、蒙古国、波兰、俄罗斯 7 国铁路签署《中欧班列运输联合工作组议事规则》。同时，中国与俄罗斯开展国际铁路联运"一单制"金融结算融资规则试点。

2. 公路方面

三国计划积极利用亚洲公路网 AH - 3 路线开展过境运输，对建设高速公路开展经济可行性研究；完善亚洲公路网 AH - 4 路线，积极开展过境运输；研究公路东线项目，提供可供实施的经济可行性研究报告；支持签署并实施亚洲公路网络国际公路运输中俄蒙政府间协议（亚太经社会）；积极发展互联互通基础设施工作，为乌兰乌德—恰克图/阿勒坦布拉格—达尔汗—乌兰巴托—赛音山达—扎门乌德/二连—乌兰察布—北京—天津过境运输走廊提供技术与安全保障。中蒙俄三方还就共建物流公司问题展开谈判。

2016 年 12 月，中蒙俄三国签署《国际公路货运快速通道政府间协议》，将促进大型物流中心的建设，加快各种外贸货物直接送货的速度。俄交通部副部长表示，连接俄中蒙三国的公路路线将成为重要的公路货物运输交通大动脉，签订这份协议的三个国家将成为又一个大型贸易领域的合作伙伴，发展交通走廊是俄中蒙三国国家战略的一部分，对俄西伯利亚和远东地区尤为重要。

中蒙高层频繁互访，双方签署的合作协议多达 90 份，金额约 360 亿元人民币，项目建设也取得一定成效。在"一带一路"与"发展之路"倡议对接框架内，中国对蒙古国经济合作稳步推进，援助款项和交通合作项目正在到位和落实。例如，蒙古国第一座交互式立交桥。使用中方优惠出口买方信贷资金，由中铁二十局承建的乌兰巴托市雅尔玛格立交桥主桥于 2018 年 7 月 9 日正式实现通车。雅尔玛格立交桥横跨图拉河，地处乌兰巴托市城区通往成吉思汗国际机场方向的必经之路，是近年来蒙古国首都最大规模的市政建设项目之一。它的建成将成为蒙古国首座互通式立交桥，大大改善首都交通拥堵状况。又如，蒙古国第一条高速公路。被誉为"中蒙友谊之路"、由中铁四局承建的蒙古国乌兰巴托新国际机场高速公路项目是蒙古国首条按照中国高速公路标准建设的高速路，于 2019 年 7 月 5 日正式通车，是双向六车道，路宽 32.5 米，上限速最高 100 千米/小时。该公路的通车对于完善蒙古国国家公路网络、提升乌兰巴托城市形象、促进两国基础设施建设领域深度合作具有十分重要的意义。再如，纳莱哈公路升级改造项目揭牌。2019 年 7 月 10 日，国家副主席王岐山对蒙古国进行友好访问期间同蒙政府总理呼日勒苏赫共同为纳莱哈 20.9 千米公路开工举行揭牌仪式。升级改造项目由中水电九局承建。该项目位于乌兰巴托市东南方向，是连接首都市区与纳莱赫区及蒙古国东部各省的唯一干线和交通枢纽。现有公路已使用 50 年，仅有两车道且年久失修，项目完成后将改为双向四车道，大大缓解该路段的拥堵状况，便利进出首都的客货运输，必将拉动周边经济增长。

（二）工业合作领域

三国为加快中蒙俄经济走廊优先区域的发展，共同研究三国工业合作产业集群，研究建立内蒙古自治区与蒙古国、俄罗斯相关区域经济合作示范区。在此框架下，中蒙二连浩特—扎门乌德跨境经济合作区已启动建设。中蒙跨境经济合作区位于中蒙国界两侧的毗邻接壤区域，紧邻二连浩特—扎门乌德边境口岸，规划总占地面积18平方千米，中蒙双方各9平方千米。通过"两国一区、境内关外、封闭运行"模式，打造集国际贸易、物流仓储、进出口加工、电子商务、旅游娱乐及金融服务等功能于一体的综合开放平台。跨境经济合作区将主要发展加工制造、商贸物流和现代服务业，通过吸引人流、物流、资金流、技术流向合作区聚集，建设面向中、蒙、俄及国际市场的商品加工生产基地，实行开放的贸易和投资政策。据悉，该跨境经济合作区基础设施建设均已启动，中方一侧规划编制完成，水、电、路等基础设施开工，以扎门乌德自由经济区为依托的蒙方区域一期基础设施建设已近尾声，具备招商条件。2016年10月，中蒙双方就该跨境经济合作区建设展开新一轮对接谈判，就加快基础设施建设互联互通、加大招商引资力度，特别是继续帮助蒙方与中资企业对接，尽快在二连浩特市设立联合办公室、共同研究跨境经济合作区的推进计划等达成多项共识。

（三）口岸合作领域

三国口岸部门建立联合检查工作制度，口岸进行双边联合检查，包括：俄罗斯铁路贝加尔斯克、公路克拉斯基诺边境口岸；中国满洲里、绥芬河、珲春、二连浩特口岸；蒙对应铁路、公路口岸升级建设。当前中蒙口岸合作面临历史性机遇，蒙方愿同中方一起加强边境口岸基础设施建设，采取措施提高口岸通关能力。2016年7月，中蒙举办口岸工作会谈，就共同关注的修改《中华人民共和国政府和蒙古人民共和国政府关于中蒙边境口岸及其管理制度的协定》相关内容、确定甘其毛都—嘎顺苏海图铁路口岸交会点、乌力吉—查干德勒乌拉口岸建设等问题交流了意见。2016 年年底，中蒙最大的口岸二连浩特口岸货运通道"三互"（口岸管理相关部门信息互换、监管互认、执法互助）大通关改革第一阶段试点项目正式启动，实现关检"联合办公"，极大减少通关手续，缩短通关时间。2017 年，满洲里中俄互市贸易区正式封闭运营，俄罗斯赤塔、红石以及蒙古国克鲁伦苏木到满洲里的定期客运班车 7 月正式开通。采用中国标准轨距的内蒙古策克口岸跨境铁路通道建设正在推进，为进一步提升中蒙两国煤炭等矿能产品贸易创造条件。

（四）能源合作领域

三国开展中企参与蒙俄电网改造的可行性研究。目前，蒙古国内电力设施建设相对薄弱，全国发电机容量 878.43 MW，95.5% 为火力发电。其 3 个独立的输电网（中部电网、东部电网和西部电网）和 5 个独立省份的输配电系统不能满足国内需求，更谈不上外输电需要。蒙古国"草原之路"计划提出敷设 1100 千米高压线项目，这些项目的实施要考虑现有条件和计划。2015 年蒙总统访华之际，国网公司与蒙古国能源部签署了合作开展锡伯敖包煤电输入一体化项目可行性研究协议，明确由国网节能公司作为实施主体，具体实施锡伯敖包煤矿和电厂的相关工作。2016 年 4 月，中蒙召开能源合作暨中蒙锡伯敖包煤电输一体化项目可研启动会，就煤炭资源及地勘资料、水资源使用、项目规模和新能源规划、可研勘察许可、项目宣传、项目推进安排等双方关心的问题商谈。2017 年 2 月，国家电网发布《2016 年社会责任报告》，提出"中蒙锡伯敖包煤电输一体化项目前期工作正在开展"。第二届"一带一路"国际合作高峰论坛上，中国与蒙古国等 28 个国家建立"一带一路"能源合作伙伴关系。2019 年 11 月 4 日，在第二届中国国际进口博览会上，中蒙经济走廊矿山一体化项目正式签约。本次签约的中蒙经济走廊矿山一体化项目将使蒙古国塔本陶勒盖煤矿每年新增 1500 万吨产能，项目还将建立相应的焦煤跨境运输、通关、仓储物流和中国境内销售等配套设施，总投融资额超过 5 亿美元，计划 3 年内达产。同时，还将带动自治区矿用车、挂车、重卡等装备大规模出口，有利于推动中蒙能源合作、交通与经贸互联互通，促进内蒙古口岸经济发展。

（五）贸易、海关、检验检疫领域

中蒙俄三方合作为推动通关便利化提供政策保障。2017 年 5 月底，中俄启动满洲里—后贝加尔斯克公路口岸海关监管结果互认试点，经一国海关查验的出口货物，对方国家的海关一般不予查验，直接放行，实现跨国无障碍转运的"绿色通道"。中蒙两国海关建立起打击走私国际执法的合作机制，加力推进公路跨境货运车辆备案信息互换试点等。此外，三国进一步加强检验检疫部门合作，支持蒙俄政府职能部门及中国国家质量监督检验检疫总局开展合作，加强出入境动物、植物、跨境牲畜检验检疫合作，在防止植物病害与动物疾病方面加以预警，确保动植物产品贸易安全。2017 年年初，中蒙两国检验检疫部门首次实现电子证书联网核查，在防范疫病疫情跨境传播、便利贸易以及维护中蒙经贸合作稳定方面实现机制创新。2019 年 4 月 25—27 日，第二届"一带一路"国际合作高峰论坛上，中国海关总署与联合国工业发展组织、柬埔寨海关与消费税总署签署海关检验检疫合作文件，与俄罗斯海关总署、哈萨克斯坦财政部、白俄罗斯国家海关委员会、蒙古国海关总局签署关于"经认证的经营者"（AEO）互认合作相关文件。同时，中国与俄罗斯、蒙古国等国家会计准则制定机构共同建立"一带一路"会计准则合作机制，并发起"一带一路"国家关于加强会计准则合作的倡议。

（六）环保与生态领域

第二届"一带一路"国际合作高峰论坛上，中国生态环境部与蒙古国、俄罗斯等 25 个国家环境部门，以及联合国环境署、联合国工业发展组织、联合国欧洲经济委员会等国际组织、研究机构和企业共同启动"一带一路"绿色发展国际联盟。三方合作的具体措施：一是加强自然保护区的三方互利合作；二是建立蒙俄中边界生态走廊，对动植物、水资源、湿地等进行相关科学考察与评估，巩固野生动物、植物、候鸟等领域的保护合作；三是对成立环境保护与生态区联合管理和信息交换系统进行可行性研究，召开以自然环境保护为主题的研讨会。

（七）科学技术与教育领域

2014年，中蒙两国关系提升为全面战略伙伴关系，翻开了中蒙关系新篇章。当前，中蒙关系正处于历史最好时期，政治、经贸及人文等领域的交流合作蓬勃发展，给两国人民带来实实在在的好处。在中国政府奖学金支持下，越来越多的蒙古国学生来华深造。总的来说，三国多年来一直保持着密切的沟通联系合作，主要表现为：一是巩固三国科技园、创新领域的科学教育机构对交通运输、环保、自然资源合理利用、信息科学、通信技术、纳米系统与材料、节约能源、减少废物的合作，加强农业科技和产业合作的新技术、自然和技术灾害等领域的合作；二是支持缔约方交换科技发展信息技术、人员交流与培训；三是扩大留学生交换规模，推进基础教育机构的资源共享与青少年教育交流。

（八）人文合作领域

三国人文领域合作在新时代达到新高度。蒙古国40%的外国游客是中国公民。三国计划：一是推进边境地区旅游发展，即蒙库苏古尔湖、俄贝加尔湖、中国呼伦贝尔湖组成"三湖之旅"，建立中蒙俄旅游圈；二是打造中蒙俄国际旅游"万里茶道"品牌；三是推动三国电影商业合作，发展联合电影制作合作。2016年7月，中蒙俄三国举办旅游部长峰会，成立"万里茶道（茶叶之路）国际旅游联盟"，推介茶叶之路、和平之旅、三湖之旅跨境旅游线路。2016年7月，为积极落实中俄蒙元首第三次会晤成果，加强与俄蒙两国旅游务实合作，中国国家旅游局联合俄罗斯联邦旅游署和蒙古国环境、绿色发展与旅游部在内蒙古自治区呼和浩特市举办了首届中俄蒙三国旅游部长会议。三国部长聚焦区域合作，平等对话，凝聚共识，共谋发展，共同签署《首届中俄蒙三国旅游部长会议谅解备忘录》，共同发表《首届中俄蒙三国旅游部长会议联合宣言》。新华社与波兰通讯社、意大利克拉斯集团、俄罗斯国际文传电讯社、阿塞拜疆通讯社等 32 家机构共同成立"一带一路"经济信息网络。

（九）医疗卫生合作领域

中蒙俄联合举办医疗卫生保护国际会议，在人口健康保护领域开展合作。内蒙古与蒙古国在蒙医药研究、传染病防治、互派医疗人员开展学术交流等领域建立了长效合作机制。根据《内蒙古国际蒙医医院与蒙古国传统医学科学院签订合作建立医疗机构协议》和《医疗卫生人员培训意向》，每年接收蒙古国 30 名卫生医护人员来内蒙古进行医疗培训。2015 年，中蒙双方签订《传统医药合作协议》，蒙医药纳入《中蒙战略伙伴关系中长期发展纲要》，蒙医药合作由学术交流、人才培养拓展到共建医疗机构，逐渐走向纵深。内蒙古自治区卫计委与蒙古国加强传染性疾病防控合作交流，拟签订合作协议，合作计划初步为五年；组织医疗队、志愿者赴蒙古国开展义诊，并捐赠医疗设备和药品。内蒙古国际蒙医院连续 7 年赴蒙开展义诊活动。二连浩特与扎门乌德市医院签订医疗合作协议，对前来就医的蒙古国患者减免 20% 的医疗费用，年均接诊蒙古国患者 5000 多人次。内蒙古国际蒙医医院与蒙古国乌兰巴托市青格尔泰区健康中心合作建立国际远程医疗会诊中心。2018 年，以"一带一路"中蒙科技成果展示交易会为契机，内蒙古自治区中医医院与蒙古国国立传统医疗研究院、蒙古国国际蒙医医院、蒙古国国立医科大学药学院等机构洽谈，商定在中医诊疗、蒙中药材品种调查与研究及蒙中药材野生抚育等方面的合作框架。中铁四局承建的中国援建蒙古国残疾儿童发展中心项目是蒙古国第一个现代化残疾儿童发展中心，是中国政府近年来对蒙古国民生领域实施的最大援建项目，已于 2019 年 1 月 24 日建成交付使用。该残疾儿童发展中心将有效预防和治愈残疾儿童疾病，也是促进蒙古国民生事业发展、惠及当地百姓的重点工程项目。

四　内蒙古自治区在"政策沟通"中贡献的力量

近年来，内蒙古自治区紧紧抓住国家实施"一带一路"建设的重要机遇，与俄蒙的经贸合作不断深入，已成为国家向北开放的主要组成部分。内蒙古逐步建立和完善了与俄、蒙合作机制，对外开放水平不断提高。自治区政府与蒙古国经济发展部建立了常设协调工作组，会同有关省区与俄罗斯7个地区建立了中俄边境和地方经贸合作协调委员会。内蒙古口岸办与俄罗斯边界建设署建立了定期会晤和联合检查机制，与俄罗斯后贝加尔边疆区、蒙古国建立了"边境旅游协调会议"制度。二连浩特与扎门乌德建立口岸协调联络和联席会议制度，在乌兰巴托设立代表处，逐步形成中蒙毗邻地区友好交往常态化工作机制。

内蒙古自治区党委、政府积极配合实施国家"一带一路"建设，深入推进中蒙俄经济走廊建设，截至2016年年底，先后出台11项配套文件。其中，配套实施意见3项——《内蒙古自治区人民政府关于加快推进满洲里国家重点开发开放试验区建设的若干意见》《内蒙古自治区人民政府关于支持二连浩特国家重点开发开放试验区建设的若干意见》《内蒙古自治区关于落实"三互"推进大通关建设改革的实施意见》；配套实施方案5项——《内蒙古自治区创新同俄罗斯、蒙古国合作机制实施方案》《内蒙古自治区参与建设"丝绸之路经济带"实施方案》《内蒙古自治区与俄蒙基础设施互联互通实施方案》《内蒙古自治区关于推进国际产能和装备制造合作的实施方案》《中蒙俄（满洲里）跨境经济合作区建设实施方案》；配套规划3项——《内蒙古自治区深化与蒙古国合作规划纲要》《内蒙古自治区与俄蒙基础设施互联互通总体规划（2016—2035年）》《内蒙古建设国家向北开放桥头堡和沿边经济带规划（2015—2020年）》。

第三节 "政策沟通"的挑战与分析

一 国际环境干扰

当前，国际格局处于"后西方时代""准多极时代"，美国维护日趋衰落的全球霸权的挣扎越来越失去理性，越来越不加掩饰地遏制新兴大国中国与俄罗斯的崛起，明确将中俄设定为"主要战略对手"，拉帮结伙对中俄实施战略围堵，不断在中俄周边"生乱生战"。特朗普虽然派出代表出席"一带一路"国际合作高峰论坛，但是视"一带一路"建设为对美国霸权挑战的心态很难改变。日本右翼势力做大，复活军国主义的动作连连，千方百计离间中俄关系，牵制蒙古国发展对中俄的合作，对于"一带一路"建设更是从骨子里视为战略性挑战。加之美日都对蒙古国具有一定的影响力，其对中蒙俄经济走廊建设合作可能造成的干扰不容小觑。其他西方大国对"一带一路"建设合作也怀有复杂的心态，围绕"一带一路"建设的大国博弈及其可能带来的掣肘难以避免。三国国内的亲西方势力均比较强大，他们戴着西方的有色眼镜，按照西方的"理论框架"，模仿西方的调门儿，极力抹黑、唱衰、干扰包括中蒙俄经济走廊在内的"一带一路"建设合作。这种大国博弈很难不影响到三国的民意氛围，甚至三国高层有关中蒙俄经济走廊建设合作的某些决策。

二 三国自身差异

三国融入世界经济的水平存在较大差异，制度规则标准存在明显不同。三国政治制度不同，践行合作共识的能力存在差别。受国际能源价格、原材料和大宗商品价格大幅下降等因素影响，中俄、中蒙贸易额近年出现下滑。在此情况下，如何构建体现"合作共赢"、利于推进建设合作的规则体系，将是一项艰巨复杂的任务。

政治方面，20 世纪 90 年代后，蒙古国的政治体制由一党制过渡到多党制，政党轮替将不可避免地造成一定程度的政策变化和更替。此外，俄罗斯国内政治决策的变化，也可能影响三国合作的推进。而且，域内外国家介入可能影响合作推进。蒙古国由于地处中俄之间的特殊地理位置，成为中国"一带一路"倡议和俄罗斯"跨欧亚大铁路"对接合作的必由之路与重要节点。乌克兰危机爆发以来，俄罗斯与西方国家发生激烈的碰撞，加剧了地缘政治尤其是美俄两国间的博弈，也牵动了中美俄三角关系的深刻调整。随着中美、美俄之间战略博弈的继续加深，美国对蒙古国的影响会持续加强。如何在加强政治经济合作的同时，减少大国博弈可能带来的不利影响，成为中蒙俄经济走廊建设面临的一大挑战。

三 "合作共赢"理念践行不够充分

切实践行"合作共赢"理念，是中蒙俄经济走廊建设合作顺利推进、可持续发展的根本性保证。对此，中蒙俄三国都有着比较清醒的认识。但是，在具体合作中，践行"合作共赢"理念不到位的情况依然多有发生，成为共建中蒙俄经济走廊的掣肘因素。例如，参与合作共建的企业不能树立文明诚信的企业形象，缺少造福当地的本地化思维，无视绿色发展的要求，造成水体和土壤污染等。这些都是合作共建中蒙俄经济走廊的销蚀因素，必须通过强化"合作共赢"理念予以消除。

中蒙俄经济走廊建设应该体现满足三方互利互惠原则，在符合三方共同利益、取得三方共识的情况下实现互联互通。在当前形势下，虽然中蒙俄三国在合作框架下制定了各自的政策目标，并取得一定成果，但在铁路轨距、建设能力、出口商品类型等方面均有较大差异，诸多现实问题需要三方共同协调解决。因此，三国合作应考虑到各自经济发展战略及出口产品的特点，与三国发展利益相符合。

第四节 "政策沟通"的对策建议

一 把握原则,继续加深对彼此的研究,加强战略层面的沟通,建立多层次的对话磋商机制

针对三国"政策沟通"中出现的问题,应采取有针对性的解决方法。

(一)思路方向

一是进一步深化对共建中蒙俄经济走廊战略价值的认知。战略价值客观存在,但是要转化为战略决策、战略行动还有赖于各方增强对战略价值的认知。建议三国就共建中蒙俄经济走廊战略价值问题展开共同研究,推出有理有据、有说服力的阐述,务求三国精英层对此形成清醒的战略认知,并且通过媒体合作、公共外交使之深入人心。

二是切实将"合作共赢"原则贯彻于共建行动。能否切实践行"合作共赢"原则关系到合作各方的利益及合作氛围,"共商、共建、共享"原则的核心就是实现"合作共赢"。中蒙俄经济走廊建设合作所有参与者,不论是政府部门还是企业都必须清醒地认识到,没有共赢就不会有合作,更不会有合作的可持续性;必须深入地理解自身利益与伙伴利益兼顾、当前利益与长远利益兼顾、企业利益与社会利益兼顾、义利兼顾的深刻道理。鉴于此,必须强化中蒙俄经济走廊建设各行为体的"合作共赢"意识,争取做到从项目规划到推进实施,每个环节都能够充分体现"合作共赢"的要求。特别是大型基础设施建设合作,由于投资规模大,建设周期长,牵动部门和企业多,更加需要强化"合作共赢"的"压舱石"作用。另外,还要大力整顿贸易秩序、强化"合法经营"意识,这也是践行"合作共赢"理念的刚性要求。

三是相互尊重,同"一带一路""一带一盟"及"欧亚全面伙伴关系"建设相互配合。既然中蒙俄经济走廊是"一带一路"的组成部分和"一带一盟"对接合作的关键性工程，就必须纳入"一带一路"建设合作、"一带一盟"对接合作的总体框架，贯彻其总体要求，实现总体目标。"一带一盟"对接合作的战略目标之一是，实现上合组织、欧亚经济联盟及东盟等地区合作组织的大联合，进而联手欧亚大陆其他合作组织及广大发展中国家，共建"欧亚全面伙伴关系"网络，推动欧亚大陆经济的整体崛起、新型国际经济秩序的构建。因此，中蒙俄经济走廊建设合作有必要充分考虑"欧亚全面伙伴关系"建设的战略需求，尤其应当以广阔的视野、全球战略思维看待和谋划中蒙俄经济走廊建设合作。

四是努力加强"民心相通"，消除战略互疑。"民心相通"是合作共建中蒙俄经济走廊的民意基础。"民心相通"的重点是消除相互间的战略疑虑，应加强国民教育和舆论引导，有针对性地澄清、批驳种种离间三国关系和干扰合作共建的荒谬言论，引导民众与亲西方势力和极端民族主义势力划清界限。同时，加强三国间的智库合作和媒体合作，推动各种形式的文化交流，打造"草原丝绸之路旅游带""跨欧亚旅游带""跨龙江旅游带"，使三国民众在更加广泛的接触中增进相互了解。

五是努力抵御外部敌对势力及内部消极力量的干扰、牵制。中蒙俄经济走廊建设合作的根本性宗旨是"合作谋发展"，应对可能来自某些大国的牵制干扰必须有所准备，形成统一意志，合力予以抵制。对于来自三国内部的极端民族主义势力和亲西方势力的干扰，必须加强防范，努力抑制，夯实合作共建的民意基础和社会基础。

（二）具体形式

一是充分利用中蒙俄三国渐已形成的"元首会晤"机制，加强政治沟通和相互信任，强化双边关系和三国关系的政治基础。三国元首会晤机制化，可以从战略层面起到引领作用，有利于向外界展示三方合作的坚固性和稳定性，降低外来因素可能带来的政治层面的不利影响，推动三国经贸关系得到高水平、快速发展。

二是建立定期、多领域的对话磋商机制，及时处理合作过程中出现的问题。通常来讲，增强信任是发展国际交通基础设施的前提。在已建立的三方副外长磋商机制基础上，建立和完善包括铁路运输、贸易、旅游等多部门对话渠道，加强贸易争端解决机制建设，从执行和技术层面保持密切沟通协商，从而推动中蒙俄经济走廊建设进度。

三是三方要保持广泛的政治对话和高层定期交往，推动立法机关、政党、社会团体和非政府组织开展交流与合作。未来，三方需要在交通基础设施合作层面保持各层级的"政策沟通"，并由金融、工程、交通运输、路桥、物流等多领域专家共同研究和科学论证，通过科学研究的途径加深三国间的互信与理解，最大限度减少三方对彼此的误判或认知偏差。此外，加强智库间的交流，构建二轨交流平台。充分发挥智库的智力支撑和民间外交功能，利用智库的政策性、前瞻性研究，为三国政府决策提供建议和指导方案，对企业到国外投资提供指导和建议。同时，智库还可以利用自身的影响力及时向民间传递理性的思考和信息，增进民众间的了解和友好感情。

二 依托互利互惠的合作原则，建立"四个对接"

（一）开发战略的对接

推动蒙古国"矿业兴国"计划、俄罗斯的远东开发计划与中国的西部大开发、振兴东北老工业基地计划对接，把蒙古国、俄罗斯的资源优势与中国的生产力、产能优势相结合，把三方合作的潜力转化为现实的发展成果。中蒙俄经济走廊建设各种合作机制正在陆续形成，从元首峰会、总理会晤到政府部门对口会谈，均已陆续展开。下一步有必要建立三国政府间合作共建中蒙俄经济走廊专门委员会，就各自发展战略、产业规划、法律法规进行对标对接；建立智库、媒体、政党、社会组织、企业家等领域的"中蒙俄经济走廊支持联盟"，加强对合作共建的动员和支持。"中蒙俄智库合作联盟"应密切跟踪中蒙俄经济走廊建设进程，及时为合作共建提供智力支持。

（二）产业和项目的对接

基础设施对接：打造中蒙俄经济走廊，构建跨欧亚大陆的经济区，首先要统筹三国基础设施建设，着重发挥中蒙俄三国各自优势，在合作项目上充分征得彼此同意，把符合当地利益作为经济走廊具体合作项目获得支持的必要条件。中蒙俄三国应该以共同实施《建设中蒙俄经济走廊规划纲要》为契机，发掘各自的优势和需求，在做好宏观层面科学规划的同时，加强技术层面的对接工作。在完善基础设施规划的同时，加强在资源开采、制造业、基础设施配套、金融等领域的对接，确定一批符合三国未来发展方向的项目。

（三）技术和标准的对接

通过三国技术和业务部门的协商，消除在海关体制、行业标准、法律体系等方面存在的障碍，建立更高效、便利的海关通关和贸易机制，为今后合作营造良好的环境。

（四）管理模式的对接

拓宽合作的层次和领域，创新合作方式，在中蒙俄三方共同制订和推行经济走廊计划时，可借鉴已有次区域交通运输合作的成功经验，通过签署《中蒙俄国际道路运输发展政府间协定（草案）》等相关文件，使三国交通基础设施合作符合国际准则，为合作提供法律依据和保障。在协调合作机制中尽可能使三国统一标准，避免在规则与实施细则方面出现不统一甚至相互矛盾的现象。

此外，应在三国间与三国国内部门之间建立有效的协同配合机制，统筹管理，提高效率。建立将三方政策、基础设施、投资、三方利益相对接的长效合作机制。三方利益对接应对基础设施、海关关税、税收、贸易协定等各领域进行必要、详细的研究。因此，相关各方研究机构的研究与合作具有重要意义。同时，在一些具体领域展开合作，包括以改善相关国家民众生活为目标支持对私营经济的引入。加强公私合营伙伴方式，使经济走廊对地区发展具有积极影响。基础设施应建在不发达、远离国家政治经济中心的偏远地区，并将公路建设与铁路领域相联系，整体提高境内交通运输部门的效率。改善边境、海关、边检机构的工作协调、信息共享、信息交换与联合检察，以国际过境运输、自贸区、跨境经济合作区为目标巩固人力资源建设。虽然三国对联合打造经济走廊达成共识，但在某些方面也应积极发展蒙中、中俄等双边合作，吸引第三方参与投资。

共商共建中蒙俄经济走廊规则制度体系十分重要，特别是海关、税收、环保、劳动移民等规则制度，对金融合作、贸易合作、基础设施建设合作、工业园区建设合作影响重大，必须实现制度创新、标准对接，尽快消除其瓶颈性障碍。此外，努力优化贸易结构、合作模式，建立争端解决机制，实现贸易便利化、投资少风险、兴业有政策支持。规则制度的对接与创新，必须在相互平等、相互尊重的前提下进行，借鉴国际通行标准，照顾到三方的客观条件和实际利益，否则必然会磕磕碰碰、困难重重，严重影响既定目标的实现。

三 在互利与安全的前提下，做好合作

我们要充分利用市场需求倾向与本地区具有的优越条件及积极能量，引导相关行业按已形成的规范标准，灵活机动地有效开展试点性的运行与交流，在实践过程反向促进倒逼规则的适应性与完善化。在此思路指引下，应该扎实推进如下与合作密切相关的三项工作。

（一）拓宽合作领域

在能源和资源贸易的基础上，拓宽贸易合作领域，以达到调整贸易结构的效果，提高中蒙俄三国贸易的广度和深度，促进贸易结构向合理化方向发展。在铁路、油气管道等基础设施互联互通的基础上，推动新兴产业、科技、金融、电子商务、跨国旅游等领域的产业合作。例如，"民心相通"是互联互通和经贸合作顺利开展的基石，人文领域的交流与合作有助于增进民众了解和减少疑虑，推动三国建立更深层次的互信关系。加强人员往来、文化沟通和智库合作，以增进了解，减少分歧。

首先，借助三国外交磋商平台，尽快出台针对三国公民的签证便利措施，尽量简化手续，方便人员往来和跨境旅游。其次，加强人文领域的合作，通过建立政府间的人文合作委员会、互派留学生、举办文化交流活动、建设中俄蒙文化创意产业园平台和共同举办文化节等方式，加强三国对彼此文化的了解。

（二）创新合作方式

通过工业园区、产业聚集区建设，增加直接投资，完善基础设施配套产业，带动当地就业。为解决基础设施建设的庞大资金投入，可以考虑采用公共部门与私营部门合作（PPP）模式，积极利用亚投行机制或丝路基金的低息贷款。通过政府共同出资、国家主权财富基金以及私营企业等社会资本联合投入，实现风险共担、收益共享，最大限度激活各种资源参与建设。

可以先期启动一批示范性、带动性强的项目。加快连接中蒙俄的国际运输通道、天然气管道等基础设施建设，以此为其他项目合作创造条件，为其他领域的贸易合作起到示范和带动作用。

（三）扩大合作队伍

充分调动相邻地区和企业参与共建合作的积极性。就中国而言，内蒙古、东北各省以及部分西部省区，有条件成为中蒙俄经济走廊建设合作的"排头兵"。这些省区应当把参与中蒙俄经济走廊建设合作视为扩大对外开放、振兴地方经济的大事，认真盘点本地区的需求与优势，积极对接《中蒙俄经济走廊建设纲要》，制定本省区参与建设合作的具体规划。

内蒙古作为中国北方沿边重要经济带，在对蒙俄合作中具有特殊的区位优势和先发优势，应着眼于这些优势的发挥，努力将"向北开放"战略融入中蒙俄经济走廊建设合作。内蒙古自治区政府支持呼伦贝尔中俄蒙合作先导区建设的意见，既注重宏观布局又提出具体措施，值得充分肯定。东北各省应创新合作模式，制定新的合作规划。不论是内蒙古还是东北三省，都应注意发挥满洲里、二连浩特、黑河、绥芬河等沿边支点口岸城市在合作共建中的特殊作用。

企业是实施中蒙俄经济走廊各大项目建设合作的主体，充分调动企业包括有实力的民营企业的积极性十分重要，特别要鼓励具有特色优势、比较优势的企业积极参与。同时，力求做到八方动员、协调行动，又要避免一哄而上、盲目投资，更不能将合作共建中蒙俄经济走廊视为"形象工程""面子工程"，搞花架子、干劳民伤财的事情。

中蒙俄三国是永久的邻居，也是经济共同体、利益共同体、责任共同体、安全共同体。中蒙俄经济走廊是三国相依相邻地缘优势的产物，是三国发展战略的结晶，更是建设"一带一路"的示范和带动。

展望未来，建设中蒙俄经济走廊是一个系统工程，虽然具有极为重大的战略和现实意义，却也面临诸多潜在障碍和挑战，需要两国决策层、相关部门与广大民众持之不懈的共同努力。首先，以中蒙俄元首外交为引领，发展多层次战略对话，塑造合作共赢的战略氛围，就各自利益关切达成战略共识。其次，充分发挥中蒙俄三国优势，促进资源优化配置，实现优势叠加，构建中蒙俄自由贸易体系。

中蒙俄经济走廊建设合作战略价值重大，有利因素众多，三方积极性高涨，早期收获喜人。只要切实践行"合作共赢"理念，坚持"共商、共建、共享"原则，充分调动各参与主体的积极性和创造性，努力排除内外各种消极因素的干扰和牵制，在三方的共同努力下，中蒙俄经济走廊建设合作一定能够取得更加积极的进展，实现三国的共同发展，造福于三国人民，为21世纪世界经济的发展和新型国际经济秩序的构建做出重要贡献。

第 五 章

中蒙俄经济走廊建设中的
"设施联通"

自 2016 年 6 月在上海合作组织塔什干峰会上中蒙俄三国元首见证签署《建设中蒙俄经济走廊规划纲要》以来，三国开启了国家间相互协作的新阶段。共同建设中蒙俄经济走廊，意味着三国将致力于构建一体化的区域协作体系。"设施联通"是三国区域合作、经贸合作的先决条件和重要纽带，也是城市与经济布局形成的重要因素，对促进国际分工和人员往来发挥着重要作用。

《建设中蒙俄经济走廊规划纲要》涉及 32 个重点合作项目，其中 13 个项目为基础设施互联互通项目，分别是铁路中央通道、北线通道、西线通道、东线通道、滨海 1 号、滨海 2 号、北京—莫斯科高铁项目共 7 条铁路建设项目和公路西线通道、中线通道、东线通道 3 条公路建设项目，共同签署《国际公路运输公约》，共同建设物流园项目以及可为交通运输通道提供技术指导的合作平台[①]等。2019 年 6 月 13—14 日，上海合作组织比什凯克峰会期间，在中俄蒙三国元首第五次会晤中，三方在共同改善交通基础设施现状、中蒙俄经济走廊建设优先合作领域方面进一步达成一致意见。[②] 国际基础设施的联通主要方式有：铁

---

① 蒙古国对外联络部网站（http://www.mfa.gov.mn/p=35087），2020 年 3 月 10 日。

② 蒙古国总统办公厅网站（https://president.mn/9483/），2019 年 11 月 29 日。

路、公路、水路、航空和管道等运输方式以及物流、口岸等平台。本章就这些领域的合作现状进行梳理，提出需要解决的问题和改进建议。

第一节 中蒙俄经济走廊 "设施联通" 现状

一 中蒙俄经济走廊铁路 "设施联通"

（一）铁路运输通道项目建设现状

铁路是国民经济大动脉，是中蒙俄经济走廊建设的重要领域。《建设中蒙俄经济走廊规划纲要》中确定的 32 个项目中，有 7 个项目涉及建设铁路运输通道。现对这些通道的建设现状进行梳理。

1. 发展铁路中央通道

这里所说的发展铁路中央通道是指乌兰乌德—纳乌什基—苏赫巴托—扎门乌德—二连浩特—乌兰察布—张家口—北京—天津铁路的双轨化改造，以及进行电气化运输的可行性研究。[①]

铁路中央通道是中蒙俄经济走廊的两条重要通道之一。在 2019 年中蒙俄三国元首比什凯克会晤中，三国元首对改造现有铁路、增加过境运输能力表示支持。铁路中央走廊是中蒙俄经济走廊范围内最基础、最具发展前景的通道。该线路改造的中国境内部分纳入中国《"十三五"现代综合交通运输体系发展规划》。[②] 其中，2012 年 2 月原铁道部对集宁至二连浩特段 330 千米扩能改造项目的可研究报告进行评审。2013 年以来，项目前期工作处于停滞状态。随着 "一带一路" 建设的推进和途经集二线的中欧班列线路不断增多，集二线的扩能改造工程又被重新提上议程。境外二连浩特至乌兰乌德段全长约 1110 千米，该

---

① 本书涉及的《建设中蒙俄经济走廊规划纲要》中的具体项目名，均引自蒙古国门户网站（https：//ikon. mn/n/rw8），2016 年 6 月 25 日。

② 中华人民共和国国家发展和改革委员会网站（https：//www. ndrc. gov. cn/fggz/fzzl-gh/gjjzxgh/201705/t20170509_1196743. html），2020 年 3 月 10 日。

路线达尔汗—乌兰巴托路段纳入蒙古国"发展之路"国家规划。俄罗斯乌兰乌德至纳乌什基铁路 253 千米，于 1939 年开通，设备陈旧。俄罗斯将蒙古国视为东亚地区的重要过境国，对与蒙古国发展共同交通运输项目也很感兴趣。俄罗斯有意实现乌兰巴托铁路的现代化，参与铁路中央通道的复线建设和电气化改造，这将为蒙古国大型矿产区提供更多交通运输便利，加强矿产区与边境口岸的联系，以保证蒙古国商品运向国际市场，其中包括过境俄罗斯。乌兰巴托铁路现代化改造完成后，计划将该路线通过能力提升至 1 亿吨/年。这将促进从中国供往欧洲市场及返程方向的货物运量成倍增长。① 2018 年 12 月，中蒙俄三方司局级会议上，三方同意推进实施中线二连浩特—乌兰巴托—乌兰乌德铁路升级改造工程，即对原有路段进行升级改造，成立项目工作组，共同进行可行性研究。② 2019 年 3 月召开的中俄蒙三方部长级会议上，三方已达成一致意见，将联合启动中线铁路改造可行性研究工作方案编制工作。③ 目前，内蒙古自治区正在积极推进铁路中央通道的改造项目如期开工建设。

2. 研究铁路北线通道

北线铁路通道的线路应该涉及库拉吉诺—克孜勒—查干陶乐盖—阿日查苏日—敖包特—额尔登特—萨勒黑特—扎门乌德—二连浩特—乌兰察布—张家口—北京—天津等。这条通道在财政允许的前提下，应该开始研究制定方案，并抓紧建设。

该线路的额尔登特—敖包特段 540 千米铁路建设项目可行性研究由 Aspire Mining Limited 公司委托完成，预计总建筑成本为 12 亿美元。④

---

① 费多林、米亚斯尼科娃：《中蒙俄经济走廊：俄罗斯参与的前景展望》，《经济调查和研究》杂志，http：//edrj. ru/article/13 - 06 - 17，2017 年 6 月 22 日。

② 蒙古国对外关系部网站（http：//www. mfa. gov. mn/？ p = 49264），2020 年 3 月 25 日。

③ 内蒙古自治区发展和改革委员会网站（http：//fgw. nmg. gov. cn/fggz/jyta/201906/t20190603_152490. html），2020 年 3 月 10 日。

④ 额尔登特—敖包特铁路初步技术经济可行性研究。

铁路北部走廊建成后，额尔登特至敖包特铁路可经阿日查苏日口岸与俄罗斯铁路连接。铁路路线敖包特—阿日查苏日和阿日查苏日—克孜勒 330 千米铁路建设项目可行性研究由 Northern Railways 公司编制。铁路北线通道的建设将为铁路中央通道建设的复线电气化改造创造经济基础和货物运输来源，也将为蒙古国西部地区建设铁路新通道提供先决条件。

3. 研究铁路西线通道

西线铁路是指库拉吉诺—克孜勒—查干陶乐盖—阿日查苏日—科布多—塔什干—哈密—昌吉—乌鲁木齐的通道。同样，在财政许可的前提下，它开始研究实施。

俄罗斯就库拉吉诺—克孜勒段铁路建设项目，已与中国铁建股份有限公司签署了项目合作谅解备忘录，该公司参与完成铁路线路规划和设计咨询①。目前，改造项目资金有望得到解决。这条线路与铁路北线通道在阿日查苏日站交叉，可使乌兰巴托铁路与西伯利亚大铁路全线连接，成为连接俄罗斯与中国铁路网的最便捷通道。

4. 研究铁路东线通道

该东线铁路涉及博尔贾—索洛维耶夫斯克—额仁查布—乔巴山—霍特—毕其格图—珠恩嘎达布其—赤峰—朝阳—锦州或大连之通道。

中蒙俄国际铁路东线通道包括俄罗斯博尔贾至索洛维耶夫斯克 80 千米、蒙古国额仁查布至毕其格图 655 千米、中国内蒙古自治区锡林郭勒盟珠恩嘎达布其至辽宁省锦州市 870 千米，铁路总长 1605 千米。中国方面巴新铁路有限公司承建巴新铁路（西乌珠穆沁旗巴彦乌拉—阜新市新邱区），线路长 486.85 千米，投资总额 74.28 亿元。巴新铁路在大板北（赤峰市巴林右旗）与集通铁路、赤大白铁路形成连接互通，

---

① 中国铁建股份有限公司官网（http：//www. crcc. cn/art/2016/7/14/art _ 102 _ 112762. html），2020 年 3 月 6 日。

2015 年 10 月全线铺通运营。① 2017 年 11 月 30 日，巴新铁路接入国家铁路网，实现与国家铁路网的互联互通。集通铁路集团有限责任公司承建巴珠铁路（内蒙古西乌珠穆沁旗巴拉嘎尔高勒镇—珠恩嘎达布其口岸），全长约 230.23 千米。中国境内铁路计划于 2020 年全线贯通并开始运营。对于蒙古国境内段，蒙古国铁路局与中国铁路工程集团有限公司于 2016 年 12 月 26 日就乔巴山—霍特铁路建设达成协议，签署备忘录。技术经济可行性研究于 2017 年 1 月完成，其中乔巴山—霍特段铁路技术经济可行性研究由中铁工程设计咨询集团有限公司完成，霍特—毕其格图口岸铁路段技术经济可行性研究由中国铁道第三勘察设计院集团有限公司完成。目前，珠恩嘎达布其—毕其格图跨境铁路已确定过境点，蒙方境内段尚未开工建设。

5. 研究"图们江运输走廊"

这一运输走廊也叫滨海 2 号，是指乔巴山—松贝尔—阿尔山—乌兰浩特—长春—延吉—珲春—扎鲁比诺间的运输通道。

这条线路是我国吉林省与俄罗斯滨海边疆区连接的运输通道。图们江运输走廊设想始于 20 世纪 90 年代中后期。1995 年 12 月，中、俄、朝、韩、蒙 5 国签署了《关于建立图们江经济开发区和东北亚开发协商委员会的协定》以及《关于图们江经济开发区和东北亚环境准则谅解备忘录》，这标志着图们江地区开发进入实质性阶段。1999 年，珲春—卡梅绍娃亚口岸间铁路正式通车试运营。2018 年，借助与俄罗斯共建"滨海 2 号"国际运输走廊的机遇，吉林省努力抓好跨境重大基础设施项目，谋划建立跨境园区，进一步提升对俄口岸通道的通关和跨境运输货物便利化水平。该项目投资规模为 1700 亿卢布。预计到 2030 年，"滨海 2 号"国际交通走廊的货物吞吐潜能可达到 2300 万吨粮食、1500 万吨集装箱货物。

---

① 巴新铁路有限责任公司官网（http://www.lncc.cc/Electronic/NewInfo.aspxId = 2509&MasterId = 3），2019 年 12 月 19 日。

6. 乔巴山至纳霍德卡铁路运输通道

这一通道也被称为滨海 1 号铁路运输通道，是指乔巴山—松贝尔—阿尔山—满洲里—齐齐哈尔—哈尔滨—牡丹江—绥芬河—符拉迪沃斯托克—纳霍德卡的铁路运输通道。

这条线路是我国黑龙江省与俄罗斯滨海边疆区连接的运输通道。"滨海 1 号""滨海 2 号"是"一带一路"建设和"跨欧亚大铁路"建设对接的重要接口。2016 年 4 月，中蒙联合工作组赴阿尔山市开展中蒙阿尔山—乔巴山（即"两山"）铁路的过境通道位置考察①，签订《阿尔山—松贝尔铁路口岸过境位置交换意见纪要》。2016 年 12 月底，俄联邦政府批准并公布"滨海 1 号""滨海 2 号"国际交通走廊发展构想。"滨海 1 号"和"滨海 2 号"国际交通走廊经过符拉迪沃斯托克自由港地区，可将中国的黑龙江和吉林两省与滨海边疆区的海港连接起来。2017 年 7 月，中俄双方签署《关于共同开发"滨海 1 号"和"滨海 2 号"国际交通走廊的谅解备忘录》。根据俄远东海关局统计，与2018 年相比，2019 年俄罗斯向中国的出口量增长 9%，主要出口商品为矿产品、机械设备和煤炭。中国向俄罗斯的出口也实现了增长，主要得益于黑色金属和"滨海 1 号"国际交通走廊框架下的集装箱货物出口。②

7. 研究莫斯科—北京高速铁道穿过蒙古国国土的远景规划

2014 年 10 月 12—15 日，李克强总理访俄期间，双方签署《中俄高铁合作谅解备忘录》，拟推进北京至莫斯科的欧亚高速运输通道，并优先实施莫斯科—喀山段高速铁路项目。为推动落实备忘录，双方成立中俄高铁合作企业工作组，中方工作组由中国国家铁路集团有限公司牵头，俄方工作组由俄罗斯铁路股份公司牵头，双方商议定期召开

---

① 阿尔山新闻网（http://aershan.nmgnews.com.cn/system/2016/04/07/011942308.shtml），2019 年 12 月 12 日。

② 中国—欧亚经济联盟国家海关合作信息网（http://www.customs.gov.cn//harbin_customs/zw18/xwdt 87/zoyhgdt/2828508/index.html），2020 年 3 月 11 日。

会议落实"莫斯科—喀山"高速铁路项目路线图。目前，该铁路仍处于早期规划阶段。

(二) 其他铁路运输合作项目

1. 满洲里—俄罗斯赤塔电气化铁路改造项目

满洲里—俄罗斯赤塔电气化铁路改造已经通到博尔贾，正在协调推动俄罗斯博尔贾至后贝加尔斯克段建设列入中俄两国元首会谈议题。此次电气化改造项目将对以后火车提速以及未来通行高铁和动车打下基础。电气化改造后，机车牵引方式由内燃机车牵引变为电力机车牵引，告别依赖燃油的历史，将有效提高列车运行速度，增大运输能力，降低运输成本，减少有害气体排放，对于加快中俄经贸交流、促进沿线地区环境保护具有重要意义。俄罗斯正在研究开通赤塔至满洲里线路的高速电动车组，这将使两市间的路程从 8 小时缩减至 6 小时。

2. 包头—满都拉—杭吉—宗巴彦铁路

包头至宗巴彦铁路是借助国家"一带一路"倡议，充分发挥满都拉口岸区位优势，实现互联互通的一条中蒙欧跨境铁路运输通道。其中，包头—满都拉铁路是国家"五纵五横"铁路网的重要组成部分。包满铁路建成后，将以煤炭和矿石货运为主。包满铁路由包头至白云鄂博既有线、白云鄂博至巴音花、巴音花至满都拉口岸 3 段铁路组成，全长 262.69 千米。其中，白云鄂博至巴音花段 2010 年 12 月已开通。2019 年 8 月，包头至满都拉铁路最后一段工程——巴音花至满都拉口岸段开始铺轨作业，目前已经完成轨道铺设并通过竣工验收。这将形成由国内干线路网通往满都拉口岸及蒙古国的运输通道，经过乌兰巴托铁路、西伯利亚铁路，直达欧洲的阿姆斯特丹港，向南经过包头车站直达天津、广州，这对中蒙经济交流、拉动当地经济具有重要意义。满都拉口岸中方所建铁路距蒙古国杭吉口岸 32 千米。境外段为杭吉—宗巴彦段铁路。起点自与中蒙满都拉口岸对应的杭吉口岸，全长 281 千米，静态投资约 48 亿元。2016 年 10 月底，编制完成《满都拉口岸国际铁路通道项目建议书》《满都拉口岸国际铁路通道必要性研究报告》。

《满都拉口岸国际铁路通道项目建议书》已由蒙古国政府提交议会，由中储国际能源有限公司援建。被蒙古国定位为通往中国的第二条重要出口通道的赛音山达—宗巴彦—杭吉段的281千米铁路建设项目，现已纳入蒙古国铁路发展政策。在中蒙俄元首比什凯克峰会上，俄罗斯总统普京表示俄方有可能参与该项目的建设。2018年，内蒙古自治区积极向国家申请将满都拉—赛音山达跨境铁路纳入国家规划，并与中蒙俄中央铁路通道项目一并推进，获得中俄蒙三方部长级会议一致同意。

3. 甘其毛都—嘎顺苏海图—塔温陶勒盖铁路

塔温陶勒盖—嘎顺苏海图铁路240千米基础设施建设项目于2013年开工，由蒙古国国家财政预算拨款、发展银行投资共计3.153亿美元，完成建筑安装工程的52%。因轨距、过境点、融资等问题，这一建设项目在搁置一段时间后，蒙古国政府决定从2020年7月起恢复建设，工程将持续28个月，建设可承重25吨的铁路、16座桥梁、126个管道、8座可供牲畜通过的过道，定于2021年投入使用①。因蒙古国经济现状、有限的资源和财政能力、不稳定的政治环境以及全球市场原材料价格的走低等，目前还有6亿多美元的融资尚未到位。塔温陶勒盖—嘎顺苏海图铁路建设项目已完成86.6%，即225千米的土木工程，占总工程的52%。就甘其毛都—嘎顺苏海图18千米口岸铁路建设项目，2013年10月在蒙古国时任总理阿勒坦呼雅格总理访华期间，神华集团与蒙古国铁路国家股份公司签署了《关于连接中国甘其毛都口岸—蒙古国嘎顺苏海图口岸"口岸铁路项目"谅解备忘录》，并于2014年4月中蒙双方成立建设嘎顺苏海图中蒙合资铁路公司。② 合资公司由中国神华、蒙古国额尔德斯—塔温陶勒盖公司（ETT公司）、能源资源有限责任公司（ER公司）以及塔温陶勒盖公司（TT公司）共同出资，

① 蒙古国信息门户网站（https：//montsame. mn/mn/read/198682），2019年12月17日。

② 中华人民共和国驻蒙古国大使馆经济商务处网站（http：//mn. mofcom. gov. cn/article/todayheader/201404/20140400542942. shtml），2020年3月4日。

其中神华集团占比 49%，其他三家蒙古国公司合占 51%。这条铁路是蒙古国煤炭运往中国乃至亚太地区的最快捷通道。此前，神华集团已经修建好了甘泉铁路（甘其毛都至包神铁路万水泉南站）。至此，经由中国甘其毛都口岸，连接中蒙的国际能源大通道已渐成雏形。

4. 策克—西伯库伦—古尔班特斯—那林苏海图铁路

目前，策克口岸至蒙古国那林苏海图煤田铁路建设项目已启动。那林苏海图煤田位于蒙古国南戈壁省古尔班特斯县境内，距策克—西伯库伦口岸 50 千米。该煤田由蒙古之金有限公司与中国庆华集团共同开发。蒙方规划西伯库伦—古尔班特斯（那林苏海图煤田）铁路，与我国临策铁路相连，承担那林苏海图煤田煤炭运输任务。策克—西伯库伦跨境铁路将采用我国标准 1435 毫米轨距建设，这是我国提出"一带一路"倡议后第一条通往境外的标轨铁路。经与蒙古国磋商，跨境铁路将修建 43 千米，直接延伸到那林苏海图煤矿。该铁路的修建，将使那林苏海图煤炭、石油资源及其深加工产品通过临策铁路、嘉策铁路运至国内及蒙古国市场，为两条铁路提供了可靠的运量保证，也有利于合作开发那林苏海图煤田。此外，本线将来有望与北部巴彦特克煤田等经济据点相连，进而在蒙古国西部、西北部及南戈壁省与中国形成路网通道，最终有望成为中蒙两国区域经济发展的重要交通纽带。

5. 阿尔山—松贝尔—塔木萨格布拉克跨境铁路

从阿尔山至蒙古国塔木萨格布拉克，计划新建铁路 205 千米；塔木萨格布拉克至乔巴山 210 千米，将对原有废弃路基进行铺轨修复。项目预计总投资约 17 亿元人民币。目前，东亚地区与欧洲间的进出口贸易主要通过海运，运输周期约 60 天。铁路开通后，西连俄远东大铁路，贯通欧亚，形成一座欧亚大陆桥，东连中国境内铁路网直达朝鲜罗津、先锋港出海，与韩国、日本的港口隔海相望。大量产品可通过中国、蒙古国、俄罗斯、白俄罗斯、波兰和德国这条线路运输，初步测算全程周期仅 18 天，欧洲抵达太平洋的运输距离将缩短 1700 多千米。此通道将成为欧亚各国商贸往来运输的首选。吉林省中吉集团购得蒙古国东方珠恩布拉格煤田开采权，加之大庆油田在两山铁路中部，投资7000 万美元收购储量 2 亿吨左右的塔木萨格布拉克油田，每年有 300万吨以上的运量。

中蒙俄三国在发展基础设施互联互通的先决条件下，共同实施合作项目，致力于将经济合作的范围和成果提升到新的水平。从以上项目的开展现状看，《建设中蒙俄经济走廊规划纲要》框架内的铁路基础设施建设均有一定进展。

二 中蒙俄经济走廊公路 "设施联通"

（一）公路基础设施项目建设现状

《建设中蒙俄经济走廊规划纲要》中涉及分别通过蒙古国中部、西部和东部，途经蒙古国国土，至俄罗斯的 3 个公路建设项目以及共同签署《国际公路运输公约》。

1. 建设亚洲公路网① AH3

亚洲公路网应该涉及乌兰乌德—恰克图—达尔汗—乌兰巴托—赛音山达—扎门乌德—二连浩特—北京郊区—天津等地区。我们要积极利用过境运输，研究建设这一高速公路。

亚洲公路网 AH3 是连接三国的重要公路货物运输交通大动脉，这条线路是《规划纲要》中国际道路运输通道的优选项目之一。中蒙俄三国于 2016 年 8 月 18—23 日联合举办了中蒙俄国际道路货运试运行活动，基本确定了该路线是中蒙俄货运贸易的主要线路。它全程 2152 千米，中国境内段 900 千米，蒙古国境内段 1012 千米，俄罗斯境内段240 千米。随着货物运输量的增长，不久将会超负荷运载，蒙方已着手制定国际高速公路即亚洲公路网 AH3 线的经济技术可行性研究。二连浩特—集宁段纳入《内蒙古自治区高速公路网规划（2019—2030）》的

---

① 亚洲公路网由亚洲境内具有国际重要性的公路线路构成，包括大幅度穿越东亚和东北亚、南亚和西南亚、东南亚以及北亚和中亚等一个以上次区域的公路线路。中蒙俄经济走廊中线通道纳入亚洲公路网。

"8 横 8 纵 31 联"高速公路网布局①，未来将与 G6 京藏高速相连。乌兰巴托—达尔汗段高速公路，业已纳入蒙古国"发展之路"国家规划。2018 年 12 月，在乌兰巴托举行的三方司局级会谈中，三方一致同意使用 AH3 进行国际货运。② 乌兰巴托—达尔汗段既有公路扩建项目于 2019 年 6 月 17 日开始实施，由中建新疆建工集团有限公司、中国地质工程集团有限公司中亚—蒙古分公司等承建，贷款自亚洲开发银行，计划于 2020 年 6 月建成。

2. 建设亚洲公路网 AH4

AH4 亚洲公路网关系到新西伯利亚—巴尔瑙尔—戈尔诺阿尔泰斯克—塔尚塔—乌兰白申—科布多—雅仁泰或塔什干—乌鲁木齐—喀什—红其拉甫过境运输线。

就共建 AH4 事宜，中蒙俄三方代表团和联合国亚太经社会代表于 2019 年 7 月 3—4 日在中国内蒙古自治区满洲里市举行了《关于沿亚洲公路网国际道路运输政府间协定》③（以下简称《协定》）联委会第一次会议。会上，蒙方代表表示，蒙方将加快亚洲公路网 3 号线和 4 号线（AH3、AH4）境内段的基础设施建设和升级改造。三方约定在《协定》框架内，在 2019 年完成 AH4 线的载货试运行，并在具备条件的情况下，主要用于运输旅客、工业产品和食品等货物。

3. 研究公路东线通道

东线公路是属于博尔贾—索洛维耶夫斯克—额仁查布—乔巴山—西乌尔特—毕其格图—珠恩嘎达布其—西乌珠穆沁—赤峰—朝阳—承德—锦州—盘锦—天津这一通道。

这条公路是连接俄罗斯博尔贾、索洛维耶夫斯克等城市及中国天

---

① 内蒙古自治区交通运输厅官网（http：//jtyst. nmg. gov. cn/uploadfiles/201910/15/20191015162442871829 10. pdf），2020 年 3 月 10 日。

② 蒙古国外交部官网（http：//www. mfa. gov. mn/? p = 49264），2020 年 3 月 25 日。

③ 满洲里日报官网（http：//www. mzlnews. com. cn/cms/web/MZLpaper/2019 – 07/10/content_55583. html），2020 年 3 月 23 日。

津、锦州、大连等港口的重要通道。中国境内段，国道 306 线之珠恩嘎达布其—乌里雅斯太线纳入"十三五"规划公路网重点口岸公路工程，目前正在建设。乌里雅斯太—巴拉嘎尔高勒—赤峰林西段公路是"十三五"规划公路网普通国省干线公路。① 巴拉嘎尔高勒至乌里雅斯太段 136.7 千米公路主线已经完成初步设计验收，将在 2020—2021 年建设。② 蒙古国段，目前该线路还没有硬化道路。额仁查布—乔巴山段 242 千米公路已纳入蒙古国"发展之路"国家规划、《国家交通运输政策》，也是蒙古国千年发展规划的主轴之一。乔巴山—西乌尔特 193 千米公路，纳入蒙古国千年发展规划。西乌尔特—毕其格图方向 278 千米硬化公路项目已纳入蒙古国"发展之路"国家规划、《国家交通运输政策》，其图纸及前期研究已完成。

4. 三国政府共同签署《国际公路运输公约》，并对协议的实施给予帮助

2016 年 8 月 18 日，三国交通部门共同组织中蒙俄国际道路货运试运行活动。三国车队从天津港出发，沿亚洲公路网 3 号公路，终点至乌兰乌德，全程 2152 千米。其中，中国境内段 900 千米，几乎全程高速公路；蒙古国境内段 1012 千米；俄罗斯境内段 240 千米。2016 年 12 月，中蒙俄三国在亚太经社会的交通问题部长级会议上签署《关于沿亚洲公路网国际道路运输政府间协定》（简称《协定》），并于 2018 年 9 月 21 日生效。2019 年 7 月 3—4 日，中蒙俄三方代表团和联合国亚太经社会代表在内蒙古自治区满洲里市举行《关于沿亚洲公路网国际道路运输政府间协定》（简称《协定》）联委会第一次会议，标志着该《协定》正式启动。此次会议上发放了基于 AH3、AH4 线路的 2019 年行车许可证。该《协定》是中蒙俄经济走廊框架下签署的第一份文件，

---

① 内蒙古自治区发展和改革委员会官网（http：//fgw.nmg.gov.cn/fggz/fzgh/202001/t20200110_153837.html），2020 年 3 月 8 日。

② 中铁城际规划建设有限公司（http：//www.ztcjjt.com/a/xwzx/hyzx/20190518/3402.html），2020 年 3 月 8 日。

是《建设中蒙俄经济走廊规划纲要》落地的重要标志，它为三国运输合作提供了法律基础。2019 年，二连浩特口岸共验放 TIR 货物 40 车 65 票，货物种类均为冷冻牛肉，合计 860.85 吨，货值 1443.77 万元。2020 年 1 月 3 日，二连浩特口岸对今年首票来自蒙古国的 4 辆 TIR 车辆快速办理通关手续。①

（二）"一带一路"倡议实施以来中国在蒙古国投资建设的公路基础设施项目

2013 年以来，中国在蒙古国投资建设的主要道路和桥梁工程项目如下。

1. 跨图拉河巴音朱日赫桥、桑斯格楞桥项目

2017 年 6 月 2 日和 5 日，跨图拉河两座钢筋混凝土桥项目（巴音朱日赫桥、桑斯格楞桥）举行开工典礼仪式。该项目是使用中方优惠出口买方信贷建设，由北京住总集团承建，监理单位为广州万安建设监理有限公司。其中，巴音朱日赫桥地处乌兰巴托东部出城要道，连接乌兰巴托和西部五省，也是通往扎门乌德—二连浩特口岸的必经之路，总长约 320 米，系完全新建；桑斯格楞桥地处乌兰巴托市西部，是连接主城区和机场方向的重要通道，总长约 289.4 米，包括新建桥梁和翻新原有老桥。上述两座桥梁计划于 2020 年正式建成通车。

2. 巴彦洪格尔—白依扎格 129.4 千米省际公路项目

2016 年 7 月，李克强总理在访蒙期间与蒙古国总理额尔登巴特共同见证了中蒙双方签署巴彦洪格尔省 129.4 千米公路项目贷款协议。该项目位于巴彦洪格尔省城的西部，距离首都乌兰巴托约 630 千米，道路全长 129.4 千米，由中国进出口银行贷款、上海建工集团承建。它于 2017 年 5 月 10 日开工，于 2019 年 8 月 17 日竣工通车。该项目是蒙古国乌兰巴托至各省国道交通规划网的重要组成部分。该条公路的建成，结束了巴彦洪格尔省西部无硬化公路的历史，成为连接蒙古国东西部

---

① 二连浩特市人民政府官网（http://www.elht.gov.cn/dtzx/kadt/202001/t20200110_186672.html），2020 年 3 月 8 日。

的重要公路干线,是连接前杭爱、巴彦洪格尔、戈壁阿尔泰、科布多等西部省份的交通要道,为沿线居民带来便利。

3. 乌兰巴托雅尔玛格立交桥主桥

2018 年 7 月 9 日,乌兰巴托市雅尔玛格立交桥主桥正式通车。该立交桥全长 4312.2 米,双向 4 车道,是乌兰巴托市中心通往蒙古国最大国际航空港——成吉思汗国际机场和开发区的主干道,是蒙古国首座互通立交桥、蒙古国规模最大的市政工程项目。项目总投资 3026 万美元,属于中国政府"援外优惠贷款、优惠出口买方信贷"双优项目,由中铁二十局以设计、采购、施工总承包模式建设。

4. 乌兰巴托市交通警察局附近上跨立交桥主桥项目

2019 年 9 月 16 日,使用中国政府优惠贷款、由中铁二十局承建的蒙古国最大互通式立交桥——乌兰巴托交通警察局附近上跨立交主桥成功举行通车仪式。交通警察局附近上跨立交桥位于乌兰巴托市中心,全长 1167 米,由主线桥、匝道桥、匝道路基及辅道四部分构成,桥梁上跨铁路、城市主干道太阳路和图拉河,是连接蒙古国国家宫、政府各部与领导人官邸的主要通道,将有效缓解乌兰巴托市交通拥堵,便利市民出行,对加快乌兰巴托道路交通现代化进程发挥重要作用。

5. 纳来哈—乔伊尔路口公路升级改造项目

2019 年 11 月 4 日,乌兰巴托市嘎丘尔特路口至纳来哈—乔伊尔路口公路升级改造项目实现主线临时通车。纳来哈公路位于蒙古国乌兰巴托市巴彦朱日和区第 20 小区,起点为嘎丘尔特十字路口,往东南方向至终点纳来哈—乔伊尔路口,全长约为 20.9 千米,路旁还将设置自行车道供游客骑行观光。原有公路为中国援建,已使用近 50 年,仅有两条车道且破损严重。升级改造项目使用中国优惠买方出口信贷投资,由中水电九局承建,完成后将改为双向 4 车道,大大缓解该路段的拥堵状况,便利进出乌兰巴托客货运输,拉动周边经济增长。该公路是乌兰巴托市区与纳来哈区以及蒙古国东部各省的唯一干线,也是乌拉巴托市向南的唯一出口。它将连接蒙古国东部和东南地区，进而连接蒙中俄三国，成为亚洲公路网 AH3 的重要一环。

6. 乌兰巴托至贺西格新国际机场高速公路项目

乌兰巴托新国际机场高速公路是蒙古国首条高速公路。该项目连接乌兰巴托市主城区和在建的新国际机场，起点位于新国际机场连接处，终点位于雅尔玛格收费站，总长度约 32.226 千米，道路宽度 32.5 米，双向 6 车道，行车速度 80km/h 以上。该项目于 2016 年 5 月开工建设，于 2019 年竣工通车，缩短了从乌兰巴托市区到新国际机场的行车时间。线路沿途经过中央省的色格楞县、阿勒坦布拉格县以及乌兰巴托市罕乌拉区。该项目由中铁四局承建，受到蒙古国社会各界高度关注。

这些项目都是近几年在蒙古国顺利建成的交通基础设施项目，是"一带一路"倡议同蒙古国"发展之路"战略对接的重要成果，也践行了中方在帮助蒙方建设国家和发展经济的"亲、诚、惠、容"周边外交理念。

三　航空建设现状与规划

中蒙间目前有航线数条，分别是北京至乌兰巴托、呼和浩特至乌兰巴托、蒙古匈奴航空公司二连浩特至乌兰巴托航线。航空口岸建设方面，中蒙俄三国最新进展如下。

呼和浩特白塔国际机场位于呼和浩特市区东郊 9 千米处，1991 年 12 月 1 日国务院批准白塔机场为国家航空口岸机场，1992 年 3 月 31 日经国务院批准正式对外开放，同年国际民航组织确定白塔机场为中国大陆 14 个国际定期航班机场之一。目前，白塔国际机场开通的国际定期航线包括呼和浩特—首尔、呼和浩特—乌兰巴托等 5 条。2019 年，呼和浩特航空口岸于 9 月 12 日至 10 月 24 日正式开通由中国国际航空公司执飞的呼和浩特至乌兰巴托往返定期国际客运航班，每周四、日飞 2 班，机型为 B73K 型客机，全程直飞无中转，不经停。

包头机场对外开放获国务院批复。2019 年年末，国务院批复同意包头机场航空口岸对外开放。包头机场国际航站楼是国内为数不多的独立国际航站楼，基础设施良好，下一步待海关总署验收后，即可正式开放。

满洲里机场着力开通与俄、蒙的国际航线，力争将满洲里机场打造成该区对俄蒙的区域枢纽转运机场。2019 年，分别与俄罗斯伊尔航空公司、蒙古匈奴航空公司合作开通了满洲里至伊尔库茨克、乌兰乌德、克拉斯诺亚尔斯克和蒙古国乌兰巴托的定期国际航班。

蒙古匈奴航空公司阿尔山至乌兰巴托航线于 2019 年 8 月 4 日举行首航仪式，天津航空天津至乌兰巴托航线在 2019 年 12 月 15 日正式通航。

2019 年 8 月 15 日，鄂尔多斯至伊尔库茨克国际直飞航线正式开通。伊尔库茨克国际航线的开通为鄂尔多斯向北开放搭建起新的"空中走廊"，对推动鄂尔多斯市与国际城市之间的经贸、文化、旅游等方面交流起到积极作用。

乌兰察布机场于 2019 年 9 月申请开放国际临时包机业务，在中蒙博览会期间开通导航台和国际航线。2019 年 9 月 5—8 日，由蒙古国米亚特航空公司执飞的国际航班完成乌兰巴托至乌兰察布间的临时包机业务。①

四　合作平台、物流枢纽建设现状与规划

(一) 合作平台

1. 二连浩特—扎门乌德经济合作区

2019 年 6 月 4 日，中国商务部部长钟山与蒙古国政府授权代表蒙古国食品农牧业与轻工业部长乌兰在京正式签署《中华人民共和国政府和蒙古国政府关于建设中蒙二连浩特—扎门乌德经济合作区的协

---

① 搜狐网 (https://www.sohu.com/a/340508209_99926392)，2020 年 3 月 25 日。

议》。协议的签署是中蒙二连浩特—扎门乌德经济合作区建设的重要里程碑。二连浩特—扎门乌德跨境经济合作区是中国与蒙古国间的首个跨境经济合作区，是落实两国领导人共识、加强中国"一带一路"倡议与蒙古国"发展之路"战略对接的重要举措，对两国边境地区发展乃至两国之间的贸易投资和人员往来有重要意义。2016 年 5 月，中蒙两国在蒙古国乌兰巴托市正式签署《二连浩特—扎门乌德中蒙跨境经济合作共同总体方案》。2017 年 9 月，中蒙跨境经济合作区（中方一侧）基础设施建设项目签署全面战略合作协议，中蒙跨境经济合作区进入全面施工建设阶段。中蒙跨境经济合作区规划面积 18 平方千米，其中，中蒙双方各 9 平方千米，通过"两国一区、境内关外、封闭运行"模式，打造集国际贸易、物流仓储、进出口加工、电子商务、旅游娱乐及金融服务等功能于一体的综合开发平台，最终形成以中国二连浩特和蒙古国扎门乌德为中心、带动辐射面积达 50 平方千米的跨境经济合作区。

2. 呼和浩特综合保税区

呼和浩特综合保税区在原呼和浩特出口加工区基础上优化升级而来。2016 年 3 月，呼和浩特市人民政府申请出口加工区转型升级建设综合保税区。2018 年 9 月，国务院批复同意呼和浩特出口加工区转型升级为呼和浩特综合保税区。2019 年 12 月，呼和浩特出口加工区 0.88 平方千米规划范围通过联合验收组实地验收。2019 年 12 月 25 日，呼和浩特综合保税区顺利通过由呼和浩特海关、自治区发改委、财政厅、自然资源厅、商务厅，国家税务总局内蒙古自治区税务局、自治区市场监督管理局和国家外汇管理局内蒙古自治区分局 8 个厅局组成的联合验收组的实地验收。2020 年 3 月 31 日，海关总署批复，同意呼和浩特海关在 2019 年对呼和浩特综合保税区的验收结果，这标志着呼和浩特综合保税区正式封闭监管、开关运作。① 呼和浩特综合保税区集保税

---

① 内蒙古自治区商务厅网站（http：//swt. nmg. gov. cn/c/2020 – 04 – 01/544381. sht-ml），2020 年 4 月 29 日。

区、出口加工区、保税物流园区、口岸等功能于一体，是目前国内对外开放程度仅次于自由贸易试验区的区域。

3. 满洲里边境综合保税区

满洲里边境综合保税区地处满洲里市公路口岸、铁路口岸和航空口岸的中心交会处，是自治区首家综合保税区，于2016年9月通过国家验收，12月实现封关运营。保税区规划区域面积1.44平方千米，紧邻中俄边境，口岸物流发达，区位优势明显。它属于国家级特定功能区，享受着国家赋予的海关政策、外汇政策和税收政策，这里将培育国际贸易、现代物流、分拨配送、保税加工四大产业。目前，满洲里综合保税区展示平台有序推进，与西安综合保税区互设保税仓，临沂商城满洲里边境仓成功挂牌。2019年，满洲里综合保税区进出口贸易值5.12亿元，比上年同期（下同）增长10.6倍。其中，进口3.92亿元，增长8.1倍；出口1.2亿元，增长119倍。2019年年底，满洲里综合保税区跨境电子商务公共服务平台正式上线运营。①

4. 巴彦淖尔市保税物流中心（B型）

巴彦淖尔市保税物流中心（B型）是内蒙古中西部第一家正式封关运营的保税物流中心。2017年4月5日，巴彦淖尔市保税物流中心（B型）项目获得国家海关总署、财政部、税务总局、外汇管理局的联合批准；2019年4月2日，完成全部建设工程并通过四部委验收；2019年7月22日，取得海关总署颁发的注册登记证书；2019年12月19日，正式封关运营。② 该中心建设投资1亿元，占地面积103亩，仓储面积2.3万平方米，分为联检办公区、保税仓储区、查验区和散货集装箱堆放区四大功能区，可实现国际物流配送、进出口贸易、跨境电子商务等相关功能。电子卡口设置3条通道，分别为一进一出货物通道

---

① 呼伦贝尔新闻网（http：//www.hlbrdaily.com.cn/news/3/html/288341.html），2020年4月29日。

② 《内蒙古巴彦淖尔市保税物流中心揭牌并封关运营》，中国新闻网（http：//www.chinanews.com/cj/2019/12-19/9038132.shtml），2019年12月20日。

和行政通道，海关信息化系统建设全部按照标准化要求实施。

5. 包头市保税物流中心（B 型）

2017 年 8 月，国家海关总署、财政部、税务总局、外汇管理局联合发文，正式批复并确定建设包头市保税物流中心（B 型）。批准建设面积 0.128 平方千米，现已建成 17000 平方米的 3 座出口监管仓库、10000 平方米监管堆场、查验平台、卡口、围网、2000 平方米的联检中心及海关智慧监管信息平台等配套设施。2019 年 7 月，国家海关总署、财政部、税务总局、外汇管理局联合发文，包头市保税物流中心（B型）正式获批可以封关运营，成为内蒙古自治区西部唯一具备口岸通关、出口退税、国际中转等功能的 B 型保税物流中心。

（二）物流枢纽

《建设中蒙俄经济走廊规划纲要》中确定要"就三方共同组建物流公司事宜进行协商"。2016 年 12 月，中蒙俄三国政府签署了《关于沿亚洲公路网开展国际道路运输的协定》，为各国承运人提供了新的可能性，促进大型物流中心的建设，从而保证外贸商品更快、更直接地输出。这对于西伯利亚和远东地区来说尤为重要。上述协定还使货物从中国经蒙古国至俄罗斯的运达期限缩短至 4 天。此外，协定条款还意味着，货物运输过程中无须更换运输企业，俄罗斯承运人可办理直接到中国大型工业基地和港口的过境运输。①

1. 中国乌兰察布物流枢纽

为解决内蒙古自治区中欧班列"酒肉穿肠过"的问题，在中蒙俄经济走廊中线通道上的乌兰察布市，作为内蒙古自治区重要的交通枢纽，乌兰察布重点推进内陆港和配套物流园区建设，构建服务于产业转移、资源输送和南北区域合作的物流通道与枢纽，打造辐射中国北中部、蒙俄欧的综合性网络，着力实现把"通道经济"向"落地经济"

---

① 《俄罗斯、中国和蒙古关于沿亚洲公路网国际道路运输政府间协定》，俄罗斯联邦运输部新闻中心（https://www.mintrans.ru/press - center/news/7787），2019 年 6 月 14 日。

转变，逐步建成区域性物流中心。目前，乌兰察布市高标准规划建设了集宁现代物流园区、乌兰察布综合物流产业园区、北方陆港国际物流中心、机场临空产业园、察右前旗木材加工物流园、万益国际物流园区等一批功能完善、优势互补的综合性物流园区，现已基本形成以各重点专业园区为载体的大物流产业格局。依托中欧班列铁路枢纽节点城市的新优势，外贸物流产业得到快速发展，通过乌兰察布七苏木物流基地、乌兰巴托境外物流园和莫斯科与境外物流园的建设推动中欧班列的快速发展。

2. 蒙古国扎门乌德物流园

蒙古国东戈壁省扎门乌德物流园 2018 年 10 月 15 日竣工，扎门乌德物流园是中蒙俄经济走廊建设的重要项目之一。项目由蒙古国政府利用亚洲开发银行贷款建设，中铁 21 局集团公司承建，位于蒙古国东戈壁省扎门乌德西北 5 千米处，距中国二连浩特海关约 10 千米，由行政办公、卡车停车、集装箱堆场、起重区域、重型设备站 5 个区域组成。该物流园的投入使用将对蒙古国增加过境运输量、提高运输效率、增加口岸过货能力、发展综合运输体系发挥积极推动作用，为中蒙俄经济走廊建设做出重要的贡献。该项目的建成将极大促进中蒙俄三国的贸易往来，对于"一带一路"贸易物流畅通具有重要意义。[①]

3. 俄罗斯"塔利茨"物流中心

俄罗斯"塔利茨"物流中心是西面（伊尔库茨克市）、东面（赤塔市、外贝加尔）、南面（纳乌什基、恰克图）三个方向铁路汇聚的节点。该物流中心拥有装卸重型货物、木材（一次可同时装载 24—25 节车皮）的 3 条铁路，可运载 20 吨或 40 吨的集装箱（同时可运载 14—15 节车皮）；2 条装卸铁路，装载重型货物（一节车皮）高台。"塔利茨"物流中心根据车皮、集装箱、公路运输的海关检验方式分为 4 个

---

① 人民网（http://world.people.com.cn/n1/2018/1017/c1002 – 30347397.html），2020 年 3 月 15 日。

区域，仓储货场分为两部分，一个货场可同时对 10 节车皮进行检验、卸货、装载、仓储和分拣，另一个货场专为空运、公路运输和铁路运输的货物进行临时储存。2007 年 10 月 4 日建造了临时仓储场所，用于临时储存货物，根据相关法律进行全方位的组装。临时仓储场所面积 3000 平方米，拥有封闭式仓库间 34 个，可以容纳 10 节车皮的铁路、2 个检验场所。临时仓储场所拥有 1449 平方米的敞开式货场，其中 809.55 平方米可以存货，还有 7 个检验间。

4. 莫斯科别雷拉斯特物流中心

2019 年 12 月 28 日，由辽宁港口集团与俄罗斯铁路股份公司合作建设的莫斯科别雷拉斯特物流中心场站近日测试运营，这是俄罗斯最大的物流中心铁路场站。别雷拉斯特物流中心位于莫斯科市北 30 千米处，占地 179 万平方米，紧邻铁路场站、联邦高速公路和莫斯科环形公路，交通便利，区位优势显著。别雷拉斯特物流中心一期建设 3 条 1050 米铁路装卸线和 3.6 万平方米仓库，形成近 30 万 TEU（标准集装箱计数）的集装箱运力。三期建成时，将有 6 条铁路线和 24 万平方米的仓库，集装箱运力达 75 万 TEU，可满足莫斯科 1/3 集装箱中转运输要求。[①]

五　能源通道建设现状与规划

（一）中国援建蒙古国的能源项目

1. 巴格诺尔电站项目

巴格诺尔电站项目是"一带一路"倡议同"发展之路"国家规划进行战略对接的标志性项目之一，位于乌兰巴托市东部约 150 千米，于 2015 年 12 月 23 日开工。该项目为两台单机容量 350 MW 的超临界燃煤坑口电站，采用 BOT（建设—运营—移交）模式特许经营 25 年，包括

---

① 中国新闻网（http://www.chinanews.com/cj/2019/12 – 28/9046017.shtml），2020 年 3 月 25 日。

建设期 4 年及运营期 21 年，预计投资约 10 亿美元。项目建成后将为蒙古国经济建设提供强有力的电力保障，创造几百个就业岗位，带动巴格诺尔区餐饮、住宿、旅游等第三产业发展，惠及当地民生。巴格诺尔电站项目是蒙古国首个依托煤矿建设的大型坑口电站，由中国核工业集团承建。

2. 乌兰巴托至曼达勒戈壁输变电项目

乌兰巴托至曼达勒戈壁 330 KV 输变电项目是中蒙合作建设的大型电力互联互通项目，也是蒙古国第一条跨区域的高压输变电线路。该项目是中蒙两国政府 10 亿美元优惠出口买方信贷下的第一个输变电项目，于 2019 年 6 月完成各项施工工作。2019 年 10 月 7 日，曼达勒戈壁变电站实现带电运行，标志着蒙古国首条最高电压等级的 330 KV 输电线路带电运行成功，获得蒙古国能源部、国家电网公司专家团队的高度认可。

3. 额尔登特电厂改造项目

该项目是蒙古国使用中国优惠贷款建设的第一个热电联产项目，于 2019 年 3 月 22 日奠基，8 月 16 日正式破土动工，工期为 1 年，2020 年 1 月 16 日圆满完成发电机定子的吊装工作。项目的承办方是中国湖南省工业设备安装有限公司。根据中蒙双方 2018 年签署的有关协议，这一项目包括向蒙方提供电厂改造的相关设备，对主要及辅助设备进行操作试验，并对操作人员进行培训等。项目建成后，能够有效满足当前额尔登特市及其周边区域工业发展、居民生活和工业对电和气的需要，改善城市环境质量，促进额尔登特市及其周边社会和经济更好更快地发展。

(二) 中俄能源管道项目

1. 中俄原油管道二线工程

中俄原油管道二线工程是"一带一路"倡议的重大举措，是中俄深化全面战略协作伙伴关系的典范项目。工程于 2016 年 8 月 13 日开工建设，全长 941.8 千米，管径 813 毫米。管道与 2011 年投产的中俄原油管道漠大线并行敷设，起点位于黑龙江省漠河县漠河输油站，途经黑龙江、内蒙古两省区，终点位于黑龙江省大庆市林源输油站。项目于2017年11月12日全线贯通，2018年1月1日正式投入商业运营。每年从该通道进口的俄罗斯原油量将达3000万吨。

2. 中俄"西伯利亚力量"东线天然气管道项目

"西伯利亚力量"东线天然气管道是"一带一路"建设重要工程之一，是中俄能源合作的标志性项目。中俄东线天然气管道起自俄罗斯东西伯利亚，由布拉戈维申斯克进入我国黑龙江省黑河。中俄东线天然气管道在境内外共8000多千米，是中国四大油气战略通道的重要组成部分。该管道在中国境内段途经黑龙江、吉林、内蒙古、辽宁、河北、天津、山东、江苏、上海9个省（自治区、直辖市），全长5111千米，其中新建管道3371千米，是中国目前口径最大、压力最高的长距离天然气输送管道。2014年5月21日，中俄两国政府签署《中俄东线天然气合作项目备忘录》，中国石油天然气集团公司与俄罗斯天然气工业股份公司签署《中俄东线供气购销合同》，双方协定从2018年起，通过中俄天然气管道东线向中国进行天然气供应，前5年的供气量为50亿—300亿立方米，第6年起每年合同气量为380亿立方米。资源主要来自俄恰扬金气田和科维克金气田，合同期累计30年。2019年12月2日，在中俄两国领导人的共同见证下，中俄东线天然气管道正式投产通气。

（三）中俄"西伯利亚力量-2"西线天然气管道项目

2015年5月，俄罗斯天然气工业股份公司与中国石油天然气集团公司达成西线，即"西伯利亚力量-2"天然气管道供气协议。2019年12月5日，俄蒙两国签署备忘录，俄罗斯、蒙古国和中国的专家联合评估俄罗斯经蒙古国向中国铺设管道供气的可行性。这是落实经蒙古国铺设天然气管道在最高级别达成的原则性政治协议的重要初步实际措施。中俄两国至今未能就讨论多年的西西伯利亚地区通往新疆维吾尔自治区的西线管道达成具体协议。专家多次指出，经阿尔泰山铺设管道施工困难，经蒙古国铺设的管道可直接向包括北京在内的中国东北部地区供气，有线路距离短、成本低、建设时间短等优势。俄罗斯计划铺设伊尔库茨克市至科维克金气田（储量大约 2 万亿立方米）400 多千米的天然气管道，可延伸该管道，建设经蒙古国至北京市的天然气管道。该管道线路沿乌兰巴托铁路和公路，主要途经平原地区，据初步估算，设计工作需要一两年，建设需要四五年。这将是中蒙俄三国在能源领域合作的重要举措。拥有科维克金气田开采许可证的露西亚石油股份公司于 2000 年对该线路建设天然气管道方面做了经济技术可行性研究。2020 年 3 月 27 日，俄罗斯总统普京同俄罗斯天然气工业股份公司总裁米勒举行了会谈，同意启动"西伯利亚力量 - 2"管道项目的设计勘测和技术经济可行性研究工作。蒙古国在国家安全委员会设立了相关工作组。①

六 口岸建设现状

我国对蒙、对俄口岸主要分布在黑龙江省、内蒙古自治区、新疆维吾尔自治区。黑龙江省获准对俄开放的口岸有 15 个；内蒙古对俄开放的口岸有 3 个，对蒙开放的口岸有 13 个；新疆对蒙开放的口岸有 4 个。蒙古国地理位置处于两个大国中间，与俄罗斯联邦的边境线有 3543 千米，与中国的边境线有 4709.7 千米。与俄罗斯常年开放的公路口岸共有 8 个，铁路口岸 2 个，其余口岸属于季节性通车。

（一）主要铁路口岸布局情况

1. 中俄珲春—卡梅绍娃亚铁路口岸

珲春口岸距离珲春市区 7 千米，是吉林省唯一对俄铁路口岸，距俄罗斯马哈林诺口岸 20 千米，俄罗斯卡梅绍娃亚铁路口岸 23.7 千米。1998 年 12 月，国务院批准该口岸为国家一类口岸。珲春—马哈林诺铁

---

① 勒·杭盖：《不能认为蒙古国的天然气管道工程很快会启动》，《蒙古国消息报》2020 年第 15 期。

路（以下简称"珲马铁路"）是中俄"滨海2号"国际运输走廊的重要组成部分。1992年9月，吉林省人民政府、沈阳铁路局与俄罗斯滨海边疆区政府和远东铁路局签署了修建并连接珲春与卡梅绍娃亚铁路的协议。1993年，珲春—卡梅绍娃亚铁路开始铺设。这段跨境铁路长26.7千米，分别与中国境内同时修建的图们—珲春铁路以及俄罗斯境内经马哈林诺至扎鲁比诺港的铁路接轨。1999年5月12日，卡梅绍娃亚口岸和珲春口岸之间铁路正式通车试运营。2003年11月，珲春—卡梅绍娃亚—马哈林诺铁路口岸正式运营，2004年因故停运，2013年恢复了常态化运营。作为中国面向东北亚开放的新门户，该口岸从2013年总进口货物1万多吨到2018年突破300万吨，进口货物品种由过去单一的煤炭增加到现在的焦煤、铁精粉、板材等，构建了吉林省大进大出的国际物流通道。珲春铁路口岸换装站改造、标准轨道建设等重大项目进展顺利。

2. 哈尔滨铁路口岸

哈尔滨铁路货运口岸是国务院1996年9月批准的全国第一个内陆铁路货运口岸试点对外开放、办理国际集装箱业务的口岸，1997年7月11日通过国家验收，同年8月1日正式对外开放使用。它位于哈尔滨市，货场占地面积35万平方米，可以办理20英尺和40英尺国际集装箱运输业务。[①] 哈尔滨铁路货运口岸具有沿海、沿边口岸功能，是外贸运输的目的港和起运港，进出口货物的报关、报检、报验等手续在哈尔滨铁路货运口岸一次进行，入出境口岸不做重复查验，并于1998年11月30日延伸到满洲里、绥芬河、阿拉山口口岸，实现国际集装箱直通过境运输，形成南接沿海、北连边陲的多式物流网络，成为黑龙江及其周围腹地最大的集装箱集散地。2017年，哈尔滨铁路货运口岸累计进出口货物到发办理量97716吨，同比增长7%；进出口货值46027.3万美元，同比增长66%；到发办理国际标准集装箱10197标

---

① 中国口岸协会：《中国口岸年鉴2018年版》，中国海关出版社2019年版，第184页。

箱,同比增加111%。

3. 中俄绥芬河—波格拉尼奇内铁路口岸

绥芬河是黑龙江省最大的对俄口岸。绥芬河铁路口岸位于滨绥线终点。绥芬河车站始建于1899年,1903年正式投入运营,是一个历经沙俄、日伪、中苏共管和主权铁路四个历史时期的百年老站。它距离俄罗斯滨海边疆区波格拉尼奇内铁路口岸格罗捷阔沃26千米①,是中国对俄贸易的重要陆路口岸,主要承担中俄国际联运和中外旅客运输任务。1994年1月,经中俄两国政府确认为国际铁路客货运输口岸,2003年5月经国务院批准发展口岸签证工作。车站于2001年10月由铁道部投资9674万元对铁路南场和北场进行了扩能应急改造工程。目前,铁路口岸年货运通过能力将提高3300万吨。口岸主要办理国际联运货物运输和国际、国内旅客运输,以及自站货物的到发、装卸等业务。2019年,进出口运量完成1071.4万吨,同比增长10.5%,打破2017年创下的1070.5万吨历史最高纪录。②

4. 中俄满洲里—后贝加尔斯克铁路口岸

满洲里铁路口岸位于中俄41号界标处,与俄罗斯后贝加尔斯克口岸相对应,是出境中欧(俄)的重要口岸,滨洲铁路的始发、终到站。满洲里铁路口岸于1901年开通,是中国规模最大、通过能力最大的铁路口岸,是内蒙古自治区乃至中国对外贸易最重要的货物集散地之一,货运量占我国与周边国家边境贸易的13%。满洲里口岸也是中俄贸易最大的通商口岸,承担了中俄贸易60%的货运量,对外贸易占内蒙古自治区对俄进出口贸易80%以上。现有宽准轨到发编组线51条,其中宽轨24条、准轨27条,口岸站换装线、专用线等线路90余条,宽轨列车会让站1个。换装场地20余个③,其中设施完善、功能齐全的大型或专业换装仓储基地9个。客运方面,开行北京—满洲里—莫斯科国

---

① 中国口岸协会:《中国口岸年鉴2018年版》,中国海关出版社2019年版,第184页。
② 凤凰网(http://hlj.ifeng.com/a/20191224/7982435_0.shtml),2020年3月6日。
③ 中国口岸协会:《中国口岸年鉴2018年版》,中国海关出版社2019年版,第114页。

际客运列车；货运方面，已开通"津满欧""苏满欧""粤满欧""沈满欧"等中欧班列。"中俄欧"铁路国际货物班列基本实现常态化运营。2018年，经满洲里铁路口岸进出境中欧班列总出境线路34条，总进境线路18条。口岸货运量累计完成3192万吨，增长3%。其中，进口1599万吨，增长5.7%；出口403万吨，增长1.3%；转口1198万吨，下降1.7%。升级完善"单一窗口"各系统，使"单一窗口"标准版在铁路口岸和公路口岸的覆盖率均达到100%。全年经满洲里铁路口岸进出境的中欧班列1801列，同比增长38.2%；搭载14.8万个标准集装箱，同比增长33.4%；货值87.3亿美元，同比增长15.6%。

5. 中蒙二连浩特—扎门乌德铁路口岸

中国内蒙古二连浩特铁路口岸位于内蒙古自治区正北部集二线终端，中蒙815号界标附近，与蒙古国扎门乌德口岸相邻，是中国通往蒙古国的唯一铁路口岸，是中蒙俄经济走廊重要通道之一，更是欧亚大陆桥重要战略枢纽。1956年，口岸正式对外开放。口岸通过集二线、包兰线与天津港相连。二连浩特铁路口岸现有宽准轨线路169条，建有世界上最大的散堆装货场、列车换轮库，拥有世界一流的H986货运列车检验系统。[①] 2018年，铁路口岸进出口货物完成1464.7万吨，同比增长8%。其中，进口货物1296.5万吨，同比增长10.7%；出口货物168.2万吨，同比增长8%。进出境人员14.8万人次，同比增长3.5%。其中，入境人员8.2万人次，同比增长2.1%；出境人员6.6万人次，同比增长4.9%。

（二）主要公路、水路口岸布局情况及建设现状

1. 中俄同江—列宁斯阔耶口岸

同江口岸北隔黑龙江与俄罗斯犹太自治州相望，边境线长170千米，是国家一类口岸。1986年，经国务院批准恢复为国家一类口岸，

---

① 中国口岸协会：《中国口岸年鉴2018年版》，中国海关出版社2019年版，第115页。

开通水上船舶运输；1988 年，开通对俄冬季冰上汽车运输；1995 年，开通对俄汽车轮渡运输；1999 年，开通对俄气垫船运输；2006 年，开通对俄国际集装箱运输；2007 年，开通对俄冬季浮箱固冰通道汽车运输，实现全年开关。

2. 中俄抚远—哈巴罗夫斯克口岸

抚远口岸地处黑龙江、乌苏里江交汇的三角地带，距俄罗斯远东第一大城市哈巴罗夫斯克市航道仅 65 千米，是中国最东部的口岸。1992 年 5 月 21 日，抚远被国务院批准为国际客货运输一类口岸，1993 年 8 月 8 日正式开关，属水运口岸。自开关以来，抚远市以口岸经济建设为龙头，紧紧依托特殊的地缘优势，内引外联，走出一条"游贸并举，以贸兴业"的富民强市之路。经过近几年的发展建设，抚远口岸的服务功能日趋完善，口岸查验部门机构齐全，港区建设初具规模。2015 年 10 月，莽吉塔深水港港口被批准为进口粮食指定口岸；2016 年 11 月，港口被批准为进口冰鲜水产品指定口岸；2017 年 4 月 21 日，莽吉塔深水港正式获批为对外开放港口。抚远口岸基础及配套设施基本可以满足目前客货运需要。货运码头可同时停泊 3 艘 3000 吨级货船，货物吞吐能力可达 50 万吨。新建客运专用码头日均接纳俄罗斯游客 300 余人次，高峰期可达 700—800 人次，有 2 条高等级公路通往佳木斯①。

3. 中俄珲春—克拉斯基诺口岸

珲春铁路口岸为国家一类口岸，位于珲春市东南部，距区 14.1 千米。1990 年 8 月 27 日，国务院口岸领导小组正式批准将"长岭子"口岸更名为"珲春口岸"，同年 10 月 1 日起执行。它是吉林省唯一的对俄公路口岸，对面是俄罗斯滨海边疆区克拉斯基诺口岸。中俄珲春口岸设计年过客量为 60 万人次，过货能力为 60 万吨。依托该口岸，1998 年开通珲春至扎鲁比诺港及符拉迪沃斯托克等地旅游线路；2000

---

① 中国口岸协会：《中国口岸年鉴 2018 年版》，中国海关出版社 2019 年版，第 189 页。

年，开通珲春经扎鲁比诺港至韩国束草的海陆联运航线；2009 年，开通珲春（中国）—扎鲁比诺（俄罗斯）—新潟（日本）—束草（韩国）四国陆海联运航线。[①] 2004 年 5 月，该口岸因故停运，2013 年恢复了常态化运营。作为中国面向东北亚开放的新门户，该口岸从 2013 年总进口货物 1 万多吨，到 2018 年突破 300 万吨。当前，珲春铁路口岸换装站已扩能升级至 700 万吨。

4. 中俄黑河—布拉戈维申斯克口岸

黑河口岸与俄罗斯远东第三大城市、阿穆尔州首府布拉戈维申斯克市隔黑龙江相望，是 1982 年经国务院批准恢复的国家一类口岸。黑河—布拉戈维申斯克市的货运码头间距 3500 米，客运码头间距 650 米，是中俄边境线上距离最近、规格最高的对应口岸。黑河口岸由货检现场、旅检现场和货运浮箱固冰通道现场组成，货检现场位于市区西侧海兰街 1 号，旅检现场位于大黑河岛，货运浮箱固冰通道现场位于市区东侧。口岸货运码头岸长 1223 延长米，有综合运输码头 1 处，明水期汽车轮渡运输码头 1 处，有千吨级泊位 12 个、推（拖）轮 7 艘、驳船 11 艘，可从事内外贸货物运输。港口陆域面积 8 万平方米，联合报关大厅 1800 平方米，货物年吞吐能力 150 万吨。客运码头岸长 198 延长米，有客运专用码头 1 处、客船 3 艘。港口陆域面积 8000 平方米，旅检设有出境大厅和入境大厅各 1 座，分别为 8489 平方米和 4800 平方米，内设 16 条人工查验通道和 3 条自助查验通道，旅客年吞吐能力 300 万人次。浮箱固冰通道用于冬季旅客运输和货物运输，客运浮箱固冰通道与旅检共用查验场地和设施；货运浮箱固冰通道场区 3.5 万平方米，联合报关大厅 1600 平方米。黑河口岸运输方式独特，夏季为水上客货船舶和轮渡汽车运输，流冰期为气垫船旅客运输，冰封期为客货浮箱固冰通道汽车运输。2019 年 11 月 29 日，中俄黑河—布拉戈维申斯克公路大桥俄方段建设全部竣工，希望于 2020 年 5 月获得桥梁通行

---

① 珲春市人民政府网站（http://www.hunchunnet.com/archives/810/），2020 年 3 月 11 日。

许可证。①

5. 中俄绥芬河—波格拉尼奇内口岸

绥芬河公路口岸位于 301 国道东端中俄边境线上，与俄罗斯滨海边疆区波格拉尼奇内陆路接壤，是中国一类口岸，担负中俄贸易进出口中转分拨和客运任务。得天独厚的地理位置及地缘优势，使绥芬河公路口岸成为通向日本海的中、俄、日、韩陆海联运国际大通道的关键点和枢纽。绥芬河口岸积极争取国家政策支持，相继获批整车、粮食、冰鲜水产品、食用水生动物进口指定口岸、猪肉出口指定口岸和俄公民免签入境、ATA 单证册等政策。同时，率先推行中俄海关监管结果互认、大宗商品境外预检、特殊商品先放后验等措施，积极推动商品国检试验区建设，全面提升进出口贸易的质量和效益。

6. 中俄东宁—乌苏里斯克口岸

东宁口岸是中国距俄罗斯远东最大港口城市——符拉迪沃斯托克最近的陆路口岸，与俄罗斯陆路相接成网，铁路相通，又是中俄水陆联运的最佳路线。1989 年 12 月，国家批准东宁口岸为一类口岸。1990 年 3 月，中苏两国政府换文确认为双边公路汽车运输口岸，同年 5 月正式对外开放。1992 年 11 月，两国政府换文开通旅客运输，陆续开通东宁至俄罗斯近邻城市的旅游业务。1994 年 1 月，中俄两国政府再次确定东宁为双边客货公路运输口岸。2008 年 8 月 3 日，开通客运通道每周 7 天 12 小时无午休工作制；2016 年 10 月 23 日，开通货运通道。东宁口岸是国家批准的粮食、石化等内贸大宗货物集装箱跨境运输业务试点口岸，是中俄唯一的金伯利进程国际证书制度指定口岸，是中药材进口指定口岸，是黑龙江省首个进境食用水生动物指定口岸，是中俄海关货物监管结果互认试点口岸，形成果菜、服装、鞋类、建材、干调、宝玉石、粮食、有色金属、机床、矽钢片、木材等大宗商品进出口基地。

---

① 俄罗斯卫星网（http://sputniknews.cn/russia_china_relations/202004291031336382/），2020 年 5 月 7 日。

7. 中俄室韦—奥洛契口岸

室韦公路口岸位于内蒙古呼伦贝尔市，隔额尔古纳与俄罗斯奥洛契口岸相对，1989 年 4 月，经国务院批准，成为双边性常年开放一类口岸，1991 年 2 月 1 日正式对外开放。2001 年 10 月，建成室韦—奥洛契口岸界河大桥，实现常年通关过货。2005 年，室韦口岸累计完成投资 3000 多万元。口岸年通过能力为：货运 100 万吨，客运 50 万人次。2017 年，进出口货运量 9.07 万吨，进出境客运量 1.63 万人次，进出境车辆 1.27 万辆次。①

8. 中俄黑山头—旧粗鲁海图口岸

黑山头口岸位于额尔古纳市境内，距额尔古纳市区 62 千米，隔额尔古纳河与俄罗斯旧粗鲁海图口岸相对应。黑山头口岸是 1989 年 4 月经国务院批准设立的国家一类口岸，1990 年正式对外开放，是实现双边性常年开放口岸。2006 年，对黑山头口岸重新规划，现口岸占地面积 138 平方米，有黑山头—旧粗鲁海图口岸界河大桥、综合服务楼、出入境旅客检验楼、货验楼、边检监护中队营房等设施。口岸出入境已达到 100 万人次的设计要求，货物吞吐能力达到 100 万吨，实现客货分离、旅客进出境分离的现代化管理模式。

9. 中俄满洲里—后贝加尔斯克口岸

满洲里公路口岸于 1998 年投入使用。口岸主体建筑有货检大楼、旅检大楼、部队兵营、会晤站，以及配套的公路口岸交易市场、海关监管区等，占地 1.2 平方千米，年通过能力为：人员 1200 万人次、车辆 120 万辆次、货物 600 万吨，是迄今全国规模最大、通过能力最高、唯一实行 24 小时通关制度的国际公路口岸。旅检通关大楼建筑面积为 48000 平方米，开设了十进十出人员通道和三进三出 6 条货车通道，是全国规模最大的单体通关大楼。目前，我国 29 个省区市的蔬菜水果经由这里出口到俄罗斯，年出口量达 40 万吨，成为我国开拓俄罗斯农产

---

① 中国口岸协会：《中国口岸年鉴 2018 年版》，中国海关出版社 2019 年版，第 117 页。

品市场的桥头堡。口岸封闭区集通关、监管、查验、仓储、运输、生活服务于一体，可一次性完成报检报关、税费征缴业务。2016 年年末，满洲里公路口岸在全国沿边口岸中率先启动国际贸易"单一窗口"改革。2017 年 7 月 5 日，满洲里公路口岸货运车辆管理系统上线运行，使通关效率大幅度提升，口岸监管更趋智能化发展，实现"一站式"通关。2019 年，满洲里获批国家汽车平行进口试点口岸，口岸功能进一步完善，全面推行国际贸易单一窗口，通关时间压减 50%。满洲里启动全区第一个中俄海关监管互认试点口岸。

10. 中蒙阿日哈沙特—哈毕日嘎口岸

阿日哈沙特口岸位于内蒙古呼伦贝尔市新巴尔虎右旗，与蒙古国东方省哈毕日嘎口岸相对应。1992 年 3 月 11 日，国务院批准为双边季节性开放口岸。2017 年 7 月，国务院批复阿日哈沙特公路口岸为双边性常年开放公路客货运输口岸。① 现在，累计完成投资 1.2 亿元，建有联检大厅 3000 平方米，查验单位生活用房 1000 平方米、兵营 590 平方米，建设阿拉坦额莫勒镇口岸 82 千米油路工程。口岸年通过能力为：货运 150 万吨、客运 50 万人次。②

11. 中蒙额布都格—巴彦呼舒口岸

额布都格口岸位于内蒙古呼伦贝尔市新巴尔虎左旗境内，在旗政府所在地阿木古郎镇西南 18 千米处，距离呼伦贝尔市海拉尔区 178 千米，距满洲里市 208 千米，距兴安盟阿尔山市 200 千米，位于海拉尔、满洲里、阿尔山经济协作区内，是海赤乔（海拉尔—赤塔—乔巴山）跨境次区域范围内的重要通道。额布都格口岸隔哈拉哈河与蒙古国巴彦呼舒口岸相对。中国大庆油田公司在蒙古国开采的塔木萨格油田（保守储量 15 亿吨），距额布都格口岸 140 千米。1991 年，经内蒙古自

---

① 中国口岸协会：《中国口岸年鉴 2018 年版》，中国海关出版社 2019 年版，第 117 页。

② 呼伦贝尔商务局官网（http：//swj. hlbe. gov. cn/index. aspx？id = 1314&lanmuid = 116&sublanmuid = 1159），2020 年 3 月 4 日。

治区人民政府批准设立临时过货点；1995 年，升格为一类季节性开放口岸；2006 年，对"大庆油田—塔木萨格项目"实现常年临时集中开关；2009 年，经国务院批准为双边季节性公路客货运输口岸；2012 年，通过国家级验收，正式列为国家对外开放口岸。2014 年 6 月，开始对大庆项目实行 7 天通关，8 月 20 日开始实施全年对公众临时开放。2017 年 7 月 13 日，国务院正式批复额布都格公路口岸为双边性常年开放公路客货运输口岸。2019 年，通过国家口岸常年开放验收，实现常年开放，启动粮食指定口岸申报手续。额布都格口岸进出口主要货物有出口机械设备、建材、电器、日用品、蔬菜水果等，进口原油、饲草等。年过货能力为：货运 50 万吨、客运 30 万人次，是呼伦贝尔市"第二大"过货口岸。额布都格口岸辐射蒙古国东方省、苏赫巴托尔省和肯特省，三省总面积达 28.67 万平方千米。

　　12. 中蒙阿尔山—松贝尔口岸

　　阿尔山口岸位于中蒙边境 1382 号和 1383 号界碑之间，与阿尔山口岸对应的是蒙古国东方省松贝尔口岸。阿尔山市和阿尔山—松贝尔口岸分别被国务院列入 28 个边境城市和 72 个沿边国家级口岸。阿尔山口岸是联合国开发计划署重点规划的第 4 条亚欧陆路通道和连接东北亚地区的重要枢纽。1992 年，阿尔山口岸成为季节性对外开放的国家二类口岸，2012 年升格为国际性季节开放口岸，自 2016 年起开放时间为每年 4 月 1 日至 11 月 30 日。[①] 2018 年，阿尔山口岸建设再次取得突破性发展，全年累计完成投资 1500 余万元，建成"单一窗口"智能卡口、口岸便民服务大厅等项目。同时，启动边民小额贸易活动，首次吸引蒙古国商户在口岸经营短期摊位，日交易额达 10 余万元。口岸出入境 3039 人次、1178 车次，进出口货物 7385 吨，贸易总额达 53 万美元。互市贸易区、口岸国际物流园区项目列入亚洲开放银行贷款项目库。累计投入资金 1.7 亿元，建成内蒙古东部区检验检测中心、新客检综合

_____

① 中国口岸协会：《中国口岸年鉴 2018 年版》，中国海关出版社 2019 年版，第 118 页。

楼、熏蒸库等基础设施，累计出入境人员 7868 人次、2238 车次，进出口货物 700 余吨。

13. 中蒙珠恩嘎达布其—毕其格图口岸

珠恩嘎达布其口岸位于内蒙古自治区锡林郭勒盟东乌珠穆沁旗，位于二连口岸和满洲里口岸的中间地段，具有连接东西、纵贯南北的地缘区位优势。1992 年，经国务院批准开放为双边季节性一类口岸；2004 年，由局部对外开放地区升格为全境对外开放地区；2006 年，国务院批准珠恩嘎达布其口岸为国际性常年开放的边境陆路口岸。2008 年，正式实现国际性常年开放。① 2012 年，珠恩嘎达布其口岸对外开放 20 周年，该口岸年过货量首次突破 100 万吨，全年口岸贸易总额达到 2.5 亿美元。东乌旗珠恩嘎达布其口岸对应蒙古国毕其格图口岸，对外可辐射蒙古国苏赫巴托、东方、肯特三省，对内可连接内蒙古中部以及东北部分地区，辐射人口 20 多万人，是蒙古国联通出海口最便捷的通道，也是京津唐地区通往俄罗斯最便捷的陆路通道。

14. 中蒙二连浩特—扎门乌德口岸

二连浩特公路口岸位于二广高速（G55）和 208 国道终端。与蒙古国南面最主要的出口通道——扎门乌德口岸相距 9 千米。1992 年正式开通运营，2000 年进行改扩建工程，主要设施有联检大楼、海关特检区货检大楼、边检营房以及口岸监管区。2019 年 11 月，二连浩特公路货运通道智能卡口提档升级建设项目已完成入境首卡通道、入境复卡通道、出境首卡三条新建通道建设，每辆蒙方货车经卡口智能识别通过出入境通道平均耗时 40 秒，提升了通关便利水平。目前，正在积极建设公路口岸矿产品监管库和进口保税中心。矿产品监管库项目由二连浩特市汇通国际物流有限责任公司投资建设，该项目总投资 6300 万元，建设期限为 2 年。项目总建筑面积 1.22 万平方米，预计 2020 年 12 月竣工。进口保税中心项目总投资 3650 万元，建设期限为 2 年，项目

---

① 中国口岸协会：《中国口岸年鉴 2018 年版》，中国海关出版社 2019 年版，第 118 页。

总占地面积 30000 平方米，建筑面积 8010 平方米。项目于 2019 年 10 月前已办理备案、土地、规划、环评、节能等前期手续，预计 2020 年 10 月竣工。中蒙二连浩特—扎门乌德自由贸易区建设工作正在积极推进，这将对中蒙俄经济走廊的未来发展产生重要意义。

15. 中蒙满都拉—杭吉口岸

满都拉口岸位于内蒙古包头市达茂旗，与蒙古国东戈壁省杭吉口岸相对，是内蒙古包头市对蒙开放的重要通道之一。满都拉口岸处于内蒙古呼包鄂经济辐射圈内，是距离呼和浩特和包头市最近的陆路口岸（距包头市 288 千米、呼和浩特市区 289 千米、蒙古国朱恩巴音火车站 213 千米）。1992 年，被内蒙古自治区政府批准为季节性对外开放二类口岸，2002 年 12 月 23 日首次开放。2009 年 2 月，国务院同意对外开放，性质为双边季节性开放的公路客货运输口岸；2015 年 4 月，国务院批复同意满都拉公路口岸扩大对外开放，同年 8 月通过国家验收常年开放。2016 年 3 月，口岸互市贸易区获得自治区批复，7 月国家质检总局同意建设进口肉类指定口岸。目前，已建成综合业务楼、报关报检厅、海关监管库、出入境车辆查验区、"五进五出"货运专用通道等关区设施和界碑广场、游客服务中心等旅游基础设施，实现煤炭、铁矿石等大宗货物批量进口，具备年过货 500 万吨的能力。

16. 中蒙甘其毛都—嘎顺苏海图口岸

甘其毛都口岸位于内蒙古自治区巴彦淖尔市乌拉特中旗川井镇境内中蒙边境线 703 号界标附近，与蒙古国南戈壁省汉博格德县的嘎顺苏海图口岸相对应，距乌拉特中旗政府所在地海流图镇 133 千米，距呼和浩特市 570 千米。它与蒙古国首都乌兰巴托市在同一条经线上，距乌兰巴托市 650 千米，距蒙古国南戈壁省塔温陶勒盖煤矿 190 千米，距蒙古国奥云陶勒盖铜矿 70 千米，是距蒙古国两大矿山最近的陆路口岸。1992 年 3 月，国务院批准其为双边季节性口岸，2009 年 6 月通过常年开放口岸验收。2016 年 12 月，被自治区人民政府批准为自治区级重点开发开放试验区。目前，建成投运"七进七出"货运通道、智能卡口等一批基础设施，口岸仓储物流、通关查验能力进一步提升，口岸进出口货运量节节攀升，不断创下历史新高，跃居全国过货量最大的公路口岸。2018 年，甘其毛都口岸完成货运量 1908 吨，占全区口岸对蒙货运量的 32%；完成进出口贸易额 233.9 亿元，占全区对蒙贸易额的 71%、中蒙贸易额的 43%。

17. 中蒙策克—西伯库伦口岸

策克口岸位于内蒙古额济纳旗境内，距额济纳旗府达来呼布镇 60 千米，东距巴彦淖尔市甘其毛都口岸 800 千米，西距新疆老爷庙口岸 1200 千米，与蒙古国南戈壁省西伯库伦口岸相对应，对外辐射蒙古国南戈壁、巴彦洪格尔、戈壁阿尔泰、前杭盖、后杭盖 5 个畜产品和矿产品资源较为富集的省。1992 年，自治区人民政府批准为二类口岸。2005 年 6 月，经国务院批准为中蒙双边性常年开放口岸，是内蒙古阿拉善盟对外开放的唯一国际通道，是内蒙古、陕、甘、宁、青五省区共有的陆路口岸，也是内蒙古第三大口岸。

18. 中蒙老爷庙—布尔嘎斯台口岸

老爷庙口岸位于新疆哈密地区巴里坤哈萨克自治县三塘湖境内，与蒙古国戈壁阿尔泰省相邻，对面为蒙古国布尔嘎斯台口岸。从老爷庙入境至巴里坤县城 172 千米，至哈密市 308 千米，至乌鲁木齐市 773 千米。老爷庙出境至蒙古布尔嘎斯台 57 千米，至布格特县城 280 千米，至戈壁阿尔泰省会阿尔泰市 484 千米。1991 年 6 月 24 日，中蒙两国政府达成协议，开放老爷庙—布尔嘎斯台口岸，1991 年 12 月经国务院批准为双边季节性开放口岸，允许中蒙双方人员、货物和交通运输工具通行。居住在边境地区范围以内的公民可以凭边境通行证出入境。2014 年 8 月，国务院同意老爷庙公路口岸为国际性常年开放口岸。2015 年 8 月，查验新区正式启动。2017 年 9 月，口岸扩大开放通过国家验收。①

---

①　中国口岸协会：《中国口岸年鉴 2018 年版》，中国海关出版社 2019 年版，第 687 页。

19. 中蒙乌拉斯台—北塔格口岸

乌拉斯台口岸位于新疆昌吉回族自治州奇台县北塔山地区，距奇台县城 248 千米，距乌鲁木齐市 450 千米，距昌吉市 450 千米，距蒙古国北塔格口岸 6.5 千米。乌拉斯台口岸是 1991 年 6 月 24 日经国务院批准的对蒙古国开放的国家一类季节性陆路口岸。乌拉斯台口岸规划区面积为 2.7 公顷，分为办公区、仓储区、商务服务区、发展区 4 个区域，已修建各类用房 2313 平方米、运管站场地 1600 平方米及商品交易市场等设施。从 1995 年口岸正式开放以来，出入境人员 5.9 万人次，出入境交通工具 1.8 万辆，进出口货物 4.1 万吨。2017 年，口岸出入境人员 616 人次、交通工具 510 辆次、过货量 1.5 万吨。①

20. 中蒙塔克什肯—布尔干口岸

塔克什肯口岸位于新疆阿勒泰地区青河县境内，口岸距中蒙边界线 15.5 千米。从塔克什肯入境距青河县城 90 千米，距阿勒泰市 380 千米，距乌鲁木齐市 510 千米。东部与蒙古国科布多省的布尔干县接壤，距布尔干口岸 25 千米，距布尔干县城 65 千米，距科布多省会约 265 千米。1989 年 7 月 20 日，塔克什肯口岸经国家批准对外开放，2011 年 2 月，正式成为国际性常年开放口岸。口岸主要进口货物为焦煤、木材、铅锌精粉、铁矿石、畜产品等，出口货物主要为成品油、建材、机电设备、日用百货、蔬菜瓜果、服装等。②

21. 中蒙红山嘴—大洋口岸

红山嘴口岸位于新疆阿勒泰地区福海县境内，同蒙古国巴彦乌列盖省萨格赛县毗邻，地处阿尔泰山脉中段的崇山峻岭之中，历史上是中蒙贸易通道，是 216 国道的北方起点。红山嘴口岸至阿勒泰市 192 千米，至乌鲁木齐市 896 千米，至中蒙边界线 2 千米，至蒙古国大洋口岸 12 千米，距蒙古国巴彦乌列盖省省会乌列盖市 180 千米，1991 年 6 月正式开通。1992 年 2 月，经国务院批准，红山嘴口岸为双边季节性开

---

① 中国口岸协会：《中国口岸年鉴 2018 年版》，中国海关出版社 2019 年版，第 687 页。

② 同上书，第 688 页。

放口岸，允许中蒙双方人员、边贸货物和交通运输工具通行，居住在两国边境地区范围内的公民可以凭边境通行证出入境。2017 年，口岸进出口货运量 62.83 万吨，进出口贸易额 0.65 亿美元，出入境人员12.0 万人次，出入境交通工具 2.2 万辆次。①

第二节 中蒙俄经济走廊"设施联通"中存在的问题

中蒙俄经济走廊沿线的蒙古国和俄罗斯远东地区的铁路与公路，以及口岸基础设施建设现状薄弱，需求很大，一些已纳入《建设中蒙俄经济走廊规划纲要》，一些同时纳入本国发展规划和政策文件。"设施联通"是一项系统性工程，虽然在中蒙俄三国各级政府的推动下，取得了一些成就，但也面临着一系列问题，主要表现在以下几个方面。

一 在机制上，缺少统筹推进项目的机构

目前，中蒙俄三方在基础设施互联互通领域最大的问题在于至今没有突破性进展。2016 年签署《建设中蒙俄经济走廊规划纲要》以来，部分项目至今未能具体实施，其中一个因素是未能建立项目实施推进协调机构和研究机构。虽然三方已在规划纲要第 13 条中确认"积极建设互联互通的基础设施，为过境运输进行技术指导，创建安全合作平台"，但至今并未得到落实。中蒙俄三国互联互通项目需要三方共同参与，"设施联通"项目涉及三国多部门多领域，缺少统筹推进项目的机构必然会导致项目进展缓慢。因此，首先需要成立对项目进行研究，以及确定项目实施流程、时间、资金来源和选择建设单位与实施单位的三方联合国际项目投资研究中心。

---

① 中国口岸协会：《中国口岸年鉴 2018 年版》，中国海关出版社 2019 年版，第 688 页。

二　开发基础设施项目基础条件较差，须符合当地技术标准和施工规范

我国在俄蒙推进项目的过程中，由于蒙古国和俄罗斯远东地区已有的基础设施条件落后，而且有些地区水资源严重匮乏，加之电力短缺和交通运输不畅，大大增加了投资风险。蒙古国和俄罗斯远东地区冬季漫长而寒冷，有效工期短，同时存在开发项目技术资料缺失风险。蒙古国项目前期所需的地质和自然等基础技术资料缺失、陈旧、可靠性差，中方为掌握可靠资料必须重新进行地质勘探，这必将增加投资方的前期投入。建设过程中部分材料、设备须从域外采购，路途远、费用高、协调及手续办理环节多。工程使用当地的技术标准及施工规范，投资方须从头学习掌握。这些都是工程建设公司遇到的难点问题。

三　政策实施过程中有很多变数，需要多部门共同研究

项目实施过程中，需要根据形势变化对规划进行必要的修改。例如，在蒙古国大呼拉尔于 2018 年 6 月 29 日在国家议会通过的第 71 号决议中，增加了修建宗巴彦—杭吉段和额尔登特—敖包特段铁路的条款。其中，宗巴彦—杭吉段铁路虽然没有在规划纲要中体现，但是作为中线通道的必要补充和中蒙俄间的重要能源通道，三国可做必要的讨论。

四　基础设施建设项目在建设过程中对环境影响大

跨境基础设施项目建设过程中往往可能对当地的水资源、森林资源、河流、港口、土地等产生影响，可能还会对当地生态环境造成不可逆的破坏。另外，跨境基础设施建设项目跨度大，时间长，影响人数众多，建设过程中难免会产生大量垃圾和污染，这些问题都可能引起当地居民和环保组织的不满。例如，在俄罗斯，公众参与环境管理的制度是对现行生态环境管理体制的一种必要补充。许多地方环保非政府组织和一些国际环保组织在对企业违反环保的诉讼中起着非常重

要的作用。在建设和投资过程中，俄罗斯国家环境保护部门会对企业
的投资活动和生产经营过程进行监督检查与生态鉴定，若发现企业违
反生态法规和环保标准，有权责令其整改甚至关闭，吊销其投资许可
证。在事后监管方面，俄罗斯环保部门可以向法院提供企业违反环保
法律的资料，提起诉讼，追究赔偿责任。因此，在基础设施建设面临
的生态环境问题比其他海外投资活动更显突出。

五　中蒙俄经济走廊基础设施建设国际融资合作机制不健全

中蒙俄经济走廊基础设施建设融资合作以我国和东道国之间的双
边沟通为主，还没有形成常态化的融资协调机制，且我国与其他有关
资本盈余国之间的融资合作也有待深化。目前，在"一带一路"沿线
国家的工程类项目中，中国金融机构参与较多，国际性金融机构包括
开发性金融机构参与较少。世界银行、亚洲开发银行等多边开发银行
（MDB）也对沿线成员国有大量的基础设施投入，但 MDB 作为多边机
构有其自身的宗旨、战略和业务规划。如何与"一带一路"倡议更好
地契合，还有待进一步探讨。

第三节　推进内蒙古自治区参与丝绸之路
经济带"设施联通"的建议

中蒙俄经济走廊建设提出五年来，正处于攻坚克难的关键阶段。
这五年间，三国合作项目的实施迈上新台阶，成绩显著。三国已经就
中蒙俄经济走廊建设形成共识，具备了中蒙俄经济走廊向纵深发展的
条件。《建设中蒙俄经济走廊规划纲要》提出以来，我们虽然取得了一
些成绩，但存在一些问题。因此，为在"设施联通"领域取得更大进
展，提出以下几点建议。

一　坚持问题导向与目标导向相结合，推动中蒙俄经济走廊建设向纵深发展

需要进一步梳理中蒙俄经济走廊建设中的问题，明晰下一步的目标。一是增强问题意识，主动作为，有序推动各项工作。要主动发力，集中精力完成可尽快突破的重大项目，争取早日取得中蒙俄经济走廊建设阶段性成果。二是多走动，凝聚共识，开拓创新，找到合作的最大公约数。设立对接事务机构，使企业投资得到中蒙、中俄双方的共同保护，特别是获得执政者的认同和支持。三是在推动项目的过程中，多做总结，多与域内域外的国家交流，借鉴好的经验做法。四是利用好"十四五"规划编制阶段重大机遇，对照《建设中蒙俄经济走廊规划纲要》，研究将规划纲要涉及的我国的基础设施建设项目纳入"十四五"规划，合并推动。五是推动制度创新。国际区域合作根本上就是创新区域间旧的合作方式，提高市场配置要素的效率。

二　需要确定实施中蒙俄经济走廊基础设施建设项目的研究机制

中国国家主席习近平于 2019 年 6 月 14 日在中俄蒙元首第五次会晤时指出，三国要"以重点合作带动三方合作。三方要推动中蒙俄经济走廊框架内合作项目落地实施，促进三方通关便利化，推动重点口岸升级改造，深入开展地方合作"①。为实现这一目标，中蒙俄三国需要优先落地规划纲要中的第 13 条，共同设立负责中蒙俄经济走廊建设事务的政府间协调机构。该机构需要下设科研机构，以确定中蒙俄经济走廊建设 32 个重点合作项目的实施顺序，确定实施中蒙俄经济走廊基础设施建设项目的时间表，确保项目尽早有效实施。政府间协调机构将确保三国间区域发展政策与中蒙俄三国经济发展政策（宏观经济、行业之间、区域和地方等）相结合，共同受益。因此，该中心的创始者不能是某个部委或职能部门（国家行政机关因层级原因程序会烦琐，

---

① 《习近平出席中俄蒙元首第五次会晤》，新华网（http://www.xinhuanet.com/politics/leaders/2019-06/14/c_1124625784.htm），2019 年 12 月 12 日。

进而导致工作难以推进），而应由金融机构或者多方参与并由大型国有公司承担比较合适。

三 需要梳理、跟进、推动和影响合作的关键事项，保护投资者

中国需要在跨国项目建设前与各方进行充分沟通与周密规划，明确跨国建设项目的地理位置、矿产资源、劳动力、技术、工艺等的优势和弱势，并在建设中更加谨慎行事。需要对实际情况进行分析，准确定位历史、现状、近期发展、远期规划和需求后，再分析经济走廊对三国社会、经济、文化、人文、基础设施建设的意义和成果，另外还需要同时参考其对亚太地区政治（地缘政治）、经济产生的影响。为了解决这些问题，需要三国政府各部委、政府机构明确其在建设经济走廊方面负责的具体任务，还要加强政府部门之间的政策沟通和行动协调，保持统一的立场，以期通过共同努力，切实解决上述存在的紧迫问题，从而促使中蒙俄经济走廊项目建设走上快车道。同时，在合作过程中，时刻注意最近动向。如 2019 年，蒙古国国家发展局与世界银行集团国际金融公司合作开展了"蒙古国投资环境改革蓝图"大型课题研究。该课题研究涵盖蒙古国外商直接投资法和企业发展环境。根据这一研究成果，制订了下一步对投资法、外商投资法律环境进行改革以及国家机关需要采取措施的方案，启动了国家投资政策的起草工作。该政策文件出台之后，将向国际社会公开蒙古国短期、中长期改革投资环境以及在哪些领域以什么形式吸引外商直接投资的战略和计划。为应对企业可能会遇到的风险，相关投资主管部门应从保护企业的角度出发，随时跟进法律制定进程，完善本国境外投资法律体系，为企业提供法律保障。

四 内蒙古自治区要抓住机遇，做好高质量对外开放

内蒙古要全方位融入国内国际两个市场，贯彻落实《内蒙古自治区参与建设中蒙俄经济走廊实施方案》，配合国家协调推进铁路、公

路、管道等基础设施互联互通建设，增开呼和浩特、满洲里等赴俄罗斯和蒙古国主要城市航线，加密航班。发挥内蒙古自治区乌兰察布、通辽与天津港、锦州港的距离优势，吸引港口货物向枢纽节点城市集聚，打造通往欧洲的海铁联运线路。推动中蒙俄三方部长级会议一致同意，优先启动二连浩特—乌兰巴托—乌兰乌德铁路升级改造可行性研究。正式开通呼和浩特—莫斯科定期直飞航线，形成国内主要城市及东南亚经呼和浩特至俄蒙的格局。推进二连浩特铁路站场改造，满洲里公路口岸国际邮路恢复，满洲里机场首条第五航权航线正式开通。开展二连浩特口岸集装箱货位和专用线扩能改造。同时，充分利用地缘优势、人文优势和经济互补优势，早日启动共建中蒙自贸区协定，设立面向中蒙俄经济走廊的自贸区，形成互动机制，减免一些产品的关税，减小贸易壁垒，吸引更多企业入驻自贸区，并培育商贸、旅游和仓储等相关产业集群，创造更多的就业机会，使中蒙自贸区成为两国加强区域经济合作最重要的桥梁和纽带。

第六章

中蒙俄经济走廊背景下的"贸易畅通"

2013 年，我国提出"一带一路"的发展倡议，国际上很多国家和国际组织对此给予了高度的关注，也有很多参与到"一带一路"的建设上来。"一带一路"发展倡议旨在能够加强我国和沿线国家之间进行经济贸易合作，使各国能够互利共赢，促进沿线国家的经济快速发展。所以，"一带一路"发展倡议为国际贸易带来深远的影响，促使相关沿线各国能够建立更加深入、更高层次、更大范围的经济贸易合作。而且，"一带一路"建设也是目前全球化经济体系的一种需求，不仅为我国的国际贸易带来机遇，也带来了诸多挑战。说起"一带一路"就不得不提"五通"。从推进的方向和结构上看，"一带一路"建设应以经济合作为中心，实现产业分工大布局，构建出适合这一区域的产业链、价值链。因此，"贸易畅通"成为"五通"中的重点内容。

2015 年，"一带一路"沿线国家的 GDP 规模达到 21 万亿美元，占世界的 29%，共涵盖 32 亿人口，占全球人口总数的 43.7%。近年来，我国与"一带一路"沿线国家贸易增长迅速，沿线国家在我国外贸市场中的地位也不断提升。2005—2015 年，我国与沿线国家贸易总额从 3472 亿美元增长到 9955 亿美元，在我国对外贸易中的占比从 19.1% 增长到 25.1%。

2015 年 3 月，国家发改委、外交部、商务部联合发布《推动共建丝绸之路经济带和 21 世纪海上丝绸之路的愿景与行动》，明确提出"贸易畅通"是合作重点之一。"一带一路"沿线国家的贸易格局是

"贸易畅通"的基础性因素。"一带一路"倡议有力地促进了沿线各国的贸易合作，将带动各国之间贸易的发展，形成沿线各国联动发展态势，帮助各国解决经济转型升级问题。沿线国家处于不同的产业梯度，贸易互补性明显高于贸易竞争性，有着良好的贸易合作前景。随着"一带一路"倡议的深入推进，将推动世界贸易格局的重构。预期未来10年，"一带一路"沿线国家出口规模占比有望提升1/3左右，推动沿线国家形成宽领域、深层次、高水平、全方位的贸易合作格局，对于我国与相关国家深化贸易合作，共享贸易繁荣，具有重要的现实意义。

第一节　"一带一路"是国际贸易发展的必然产物

　　发展是人类社会的重要内容，贸易是全球发展的重要动力。当下国际金融危机的影响还在持续，各国经济增速普遍放缓，逆全球化趋势显现，给国际贸易和经济发展造成很大威胁。在此背景下，中国的"一带一路"合作倡议给全球经济注入了新活力。"一带一路"在地域上贯穿亚欧非大陆，包含东亚、欧洲两大经济圈和众多腹地国家，具有巨大发展潜力。"一带一路"建设有利于沿线经济繁荣和区域经济合作，可以促进多种文明交流互鉴，维护世界和平发展，是一项造福世界各国人民的伟大事业。

一　"一带一路"是全球贸易格局转变的客观要求

　　全球的贸易格局自20世纪90年代以来就发生了巨大的变化，这些变化主要体现在两个方面。首先，国际分工开始渐渐向纵深方向发展，一个产品的生产已经不再是单一的由一个国家或地区来完成，而是转化为全球范围内的跨国分工，并逐渐形成一条完整的供应链和价值链，这样的全球化合作推动了生产全球化的迅速发展。其次，国际贸易的速度日益加快，国际贸易的模式也变得多元化。"一带一路"的倡议也为沿途各个国家的发展提供了交流与发展的空间，各国之间的相互依赖程度逐渐提高，国际贸易的重心实现了逐渐从单一的最终商品贸易逐步向中间商品贸易的转变。目前，20 世纪末呈现出来的以科技进步、高投入为代价的全球经济高速繁荣的阶段已经结束。现如今，世界经济正处于新旧经济发展模式的转型过程中，虽然产业革命也在发展中起到一定的作用，但以世界合作为主体的经济增长的势头尚未形成，因此，"低增长陷阱"的风险仍然存在。近年来，国家主席习近平提出的"一带一路"倡议，秉持以和平合作、开放包容、互学互鉴、互利共赢为基本理念，以"政策沟通、设施联通、贸易畅通、资金融通、民心相通"为主要内容，旨在努力共同打造一个开放、包容、均衡、普惠的区域经济合作平台。正是这一倡议的提出，对全球经济的增长产生了重大的影响，并在以后的发展过程中成为创新和引领全球贸易繁荣增长的催化剂。

二 "一带一路"符合国际贸易发展新趋势

国际贸易发展是随着科技的发展而不断变化与演进的。以互联网为基础的贸易方式是一种新的贸易方法，这种贸易方式是建立在互联网、物联网、云计算等信息项的基础上演化出来的新型贸易形态。这正是科技革命创新与贸易形态创新的进一步融合，还解决了许多当前国际贸易中出现的一些诸如信息不对称、时空受到阻隔的问题，使国际贸易朝着公平、自由、便利、普惠、共享的方向发展，也为全球治理体系带来了巨大的挑战。"一带一路"倡议的提出顺应了国际贸易发展的新趋势，将那些由于地理原因而被阻隔的偏远疆界与新的经济秩序重新建立链接，让发展中国家可以在世界经济体系中拥有更大的发挥空间，为以后的发展带来更多的机遇。不仅如此，近几年的实践也在不断证明："一带一路"正推动新的全球经济治理体系的重塑。

三　"一带一路"是经济全球化的主动选择

自 20 世纪 90 年代以来，世界的政治、经济格局产生了巨大的变化，但是 2008 年爆发的波及全球的金融危机使传统的经济全球化趋势以及国际贸易发展受到阻挠。无论发达国家还是发展中国家，目前面临着一个共同的难题，那就是发展。在此背景下，"一带一路"倡议的提出为世界解决发展的难题提供了中国智慧和中国方案。"一带一路"倡议源自中国，但并不仅仅是属于中国的，而是属于全世界的。倡议的提出旨在可以通过世界各国的努力，将欧亚大陆上由于战争、冲突和政治地理边界而导致的资源与生产的分散重新接连起来，可以加强世界各国的交流与接轨，实现共同的发展与繁荣。

四　"一带一路"丰富了国际贸易理论

世界各国在世界市场中的地位与其在国际分工中的地位具有一定的关联性，因为根据国际分工理论，国际分工对国际贸易的地域分布与商品结构的构成产生巨大的影响。"一带一路"倡议将进一步推动贸易投资过程便利化的实现，从而可以真正实现预期的"贸易畅通"。这样一来，可以降低国际贸易壁垒，之后才能真正地构建起一个具有优势互补、空间广阔等特点的国际贸易平台，从而使得国际经济贸易合作的主流向以优势互补、互利共赢为核心的创新合作模式转移。

当今时代世界经济格局正在发生着深刻的变化，经济全球化在发展过程中也受到一定的阻挠，各国发展的分化表明国际贸易的格局需要深刻调整。"一带一路"提出的初衷就是要打破由于分化而导致的各种贸易壁垒，深化国际贸易的广度和深度，使各国的产业结构可以实现更好的调整与优化。共建"一带一路"更加符合当今世界格局中的经济全球化与文化多样性的世界潮流。"一带一路"倡议的提出更加符合当今世界经济发展的内在要求，也符合"一带一路"沿线周边各国发展的内在要求。总的来说，"一带一路"是实现全球各国共赢的必由之路。

第二节 "一带一路"倡议对我国国际贸易的影响

2015年3月，我国发布《推动共建丝绸之路经济带和21世纪海上丝绸之路的愿景与行动》（以下简称《愿景与行动》），明确与沿线国家的合作重点是"五通"，包括"政策沟通、设施联通、贸易畅通、资金融通、民心相通"。其中，"贸易畅通"作为"一带一路"构建的重点内容，对于促进沿线国家贸易发展具有重要意义。"贸易畅通"概念正式在我国政府官方文件中提出是2015年3月《愿景与行动》的发布：实现"贸易畅通"要解决投资贸易便利化问题，消除投资和贸易壁垒，构建良好营商环境，积极同沿线国家和地区共同商建自由贸易区，激发释放合作潜力。

一 推动资本项目的输出

"一带一路"倡议提出以后，沿线国家在参与建设"一带一路"的过程中，必然存在资金短缺的问题，对相关沿线国家的基础设施建设造成不利影响。沿线国家不能有效快速地完善基础设施，将使"一带一路"建设受到阻碍。所以，在"一带一路"倡议的实施过程中，应当对沿线不发达的国家给予一定的资金帮助。应该看到，在此情况下，我国成立亚投行，为"一带一路"建设提供了有效的资金支持，同时对我国对外贸易结构也能够进行深度的优化改善，提高人民币在国际贸易中的货币地位。还要看到，"一带一路"倡议的实施，能够帮助促进我国同沿线各国进行更加广泛深入的经济贸易交流，即使我国同其他国家的贸易合作更加频繁紧密，为我国以及沿线发展中国家的经济发展提供更多宝贵的机遇。

二　促进工业化发展的进程以及我国的出口贸易

目前，我国的企业还处于发展的阶段，在生产设施方面还需要较长时间的改善，存在很多需要提高的地方，尤其是对一些商品的安全以及质量方面。不过，相比较于其他国家，我国的商品通常性价比较高，所以在国际上同其他国家的贸易中，总是被列为重点考虑对象。"一带一路"倡议对国内很多企业提出越来越高的要求，极大地有利于我国企业的技术改造。同时，我国的经济结构也在不断地优化升级，很多企业具备了更加优秀的生产设施设备和能够帮助其他国家的能力。在"一带一路"倡议实施过程中，我国企业能够较好地帮助沿线发展中国家的经济发展，促进沿线国家工业化水平的提高，实现"一带一路"倡议共同发展的目标。目前，我国同很多"一带一路"沿线国家建立了经济合作关系，达成较多共识，促进了我国企业的生产线以及相关生产设备的出口，特别是工业产品对外出口的数量不断扩大，有力推动工业化进程。

三　促进基础设施的建设

"一带一路"沿线国家大多是发展中国家，其国内的基础设施普遍不够完善，也正是这个缘故造成这些国家经济发展欠发达。因此，解决这些国家的基础设施建设问题，才是推动"一带一路"实施的关键，需要对这些基础设施项目建设提供更多的技术、资金以及人才。我国自改革开放以来，一直在大力发展基础设施建设，取得巨大成就。经过几十年的努力和探索，我国基础设施建设能力已今非昔比。因此，在建设"一带一路"的过程中，我国能够为沿线国家基础设施建设提供更多的更加可靠的技术支持，还可以促进我国国内的劳务输出，使基础设施建设的原材料和相关施工设备得到更多的出口，促进我国对外经济贸易水平和效益的提高。

第三节 "一带一路"倡议下
"贸易畅通"新格局

我国提出建设"新丝绸之路经济带"和"21世纪海上丝绸之路"的战略构想，希望通过各国贸易和合作打造互利共赢的"利益共同体"和共同发展繁荣的"命运共同体"。在"一带一路"的背景下，中国和俄罗斯、蒙古国接壤，边境之间早就有互市贸易，不同程度地促进了三国之间的经济交流与合作。同时，三国均是WTO和APEC成员国，深化合作具有良好的政策环境。俄罗斯和蒙古国有着丰富的能源资源，中国有着较为雄厚的资金和技术，三国经济互补、各有所长，能够在合作中满足彼此的利益需求。目前，在三国的共同努力下，中国已成为俄罗斯和蒙古国的最大贸易合作伙伴，也是蒙古国的最大投资合作伙伴，在投资、贸易和对外承包等方面的合作发展迅速。中蒙俄经济走廊的建立是三国开展经贸合作的重要内容，也是整个东亚经济一体化的关键环节。在这样的大背景下，建立中蒙俄经济走廊不仅具有现实的经济意义，更具有重大的战略意义。

一 中蒙俄经济走廊的贸易现状

（一）中国的贸易现状

中国对外贸易的规模与结构，开始于20世纪80年代的对外开放战略，历经40多年，对中国经济增长、促进就业、增加税收、提升产业结构等发挥着重要而关键的作用。最初，中国选择对外开放，主要目的在于尽快填补国内"两个缺口"，即发展中国家经济发展稀缺的外汇和储蓄，尤其是前者直接制约中国引进国外先进技术。由于外汇是引进国外先进技术的基本条件，对于经济处于起飞阶段的中国来说，在相当时间里都被列为一项至关重要的任务。因此，改革开放之初，中国对于外资和外贸的态度非常积极，一边以优惠政策吸引外资，一边鼓励沿海企业开展"两头在外、大进大出"的国际贸易。当时的对外贸易，本质上就是加工贸易，出口创汇是这种发展模式的基本目标。事实上，对外开放不仅是一项经济政策，更是中国发展的重要战略。面对全球化浪潮，中国需要参与国际分工，并且在日益激烈的国际竞争中不断提高自身经济发展水平，这是对外开放的长期战略目标。近年来，中国经济总量跃升至世界第二位，进出口总额位居世界第一，多年对外贸易顺差给中国积累了规模庞大的外汇储备。此时，如果再以填补"两个缺口"来定位对外贸易，已经不够全面和准确了。

中国对外贸易与经济增长之间关系密切，作为拉动经济增长的"三驾马车"，消费、投资和出口始终受到重视。近年来，在世界经济复苏缓慢、国内经济结构调整等因素影响下，虽然总体上表现为消费比重上升，出口比重下降，但是对于中国以发展中大国身份参与国际分工和竞争来说，仍然不能忽略对外贸易的地位和作用。1980—1989年，中国对外贸易稳步增长，速度略高于 GDP 增速；1990—2000 年，中国出口额迈上两万亿元大关，此时中国出口商品总额已经占 GDP 的1/5 左右，发挥着举足轻重的作用，1998 年爆发的东南亚金融危机仅仅使中国出口放缓，而没有下降；2001—2008 年，中国加入世界贸易组织，对外贸易开始快速增长，2008 年出口总额超过 10 万亿元，出口占GDP 比重一度达到 1/3 左右。然而，由于受到国际金融危机影响，加上中国在后危机时代启动财政扩张和货币宽松的刺激政策，出口占GDP 比重明显下降，截至 2013 年，大体保持在 1/4 左右的水平。一方面，出口规模代表着中国参与国际分工的深度与广度；另一方面，优质高效的对外贸易，是中国提升国际影响力和国际话语权的重要途径。事实上，之所以将"一带一路"提高到国家战略层面，其实质意义恰在于此。

从世界范围看，中国出口规模已经占据世界第一位。2008 年金融危机虽然使出口占 GDP 比重有所下降，但由于发达国家所受影响更加深刻，中国在世界出口结构中的相对地位显著提升，近年来占到世界出口总额的 1/10 左右。自 20 世纪 90 年代以来，中国对外贸易保存了 20 多年的"顺差"。这种看似良好的局面背后，得益于中国劳动力成本优势。然而，在当前中国经济转型升级的发展理念中，显然不能过于追求贸易顺差，而忽略经济内在的质量和效益。更为重要的是，由于中国多年来出口势头强劲，以美国为首的西方国家始终将中国看作竞争对手，不断对中国政府施加压力。近年来，美国主导的"跨太平洋伙伴关系协定"已经覆盖很多亚太国家，实施的对外高标准、对内零关税等措施，实际上也有防范和遏制中国的潜在意图。

在当前中国积极推进"一带一路"倡议的背景下，中蒙俄经济走廊建设的空间和潜力巨大。中蒙俄均为 WTO 和 APEC 成员国，无论是双边，还是各国国内都出台了多个有关开展区域合作的发展规划，三边深化合作具有良好的政策环境。三国要素禀赋各异，比较优势差异明显，互补性很强。

（二）蒙古国的贸易现状

蒙古国是典型的内陆国家，以畜牧业和矿产业为主，是一个出口导向型国家。2014 年，蒙古国对中国的出口额达到 51 亿美元，占蒙古国出口总额的 88.36%，比 1998 年出口额增长约 53 倍。蒙古国与中国的进口额从 1998 年的 5980 万美元增长到 2014 年的 17 亿美元，增长约 28 倍。

蒙古国拥有丰富的矿产资源和能源，矿业立国是蒙古国经济发展新引擎。蒙古国有 80 多种矿产，包括世界上最大的铜矿和煤矿，其中煤炭蕴藏量约 1520 亿吨、铜 2.1 亿吨、铁 20 亿吨、磷 2 亿吨、黄金 3100 吨、石油 80 亿桶。蒙古国的出口中，90% 以上是矿产，其中 90% 以上销往中国，它是中国战略性矿产进口国。据蒙古国国家统计局和中国海关统计，中国连续 16 年成为蒙古国第一大贸易伙伴国、投资来源国、产品出口国和最大援助国之一。但蒙古国近年来发展主要依靠资源开发，单一资源出口驱动模式不利于国家的可持续发展。2014 年，地处欧亚之间的蒙古国根据自身地理优势，提出"草原之路"对接"一带一路"的选择，这就为丝绸之路经济带和欧亚经济联盟的对接合作提供了契机。

（三）俄罗斯的贸易现状

2015 年 5 月 8 日，中俄两国在俄罗斯共同发表《中华人民共和国与俄罗斯联邦关于丝绸之路经济带建设和欧亚经济联盟建设对接合作的联合声明》，俄罗斯表明支持中国的"一带一路"建设，中国也将积极支持俄方欧亚经济联盟框架内的一体化。中国、俄罗斯作为"一带一路"沿线国家中的大国，战略合作再次"升级"，中国东北与俄罗斯远东开发战略合作迎来新契机。

俄罗斯拥有丰富的自然资源，石油、天然气蕴藏量丰富，由于其横跨欧亚大陆的天然优势地位以及港口优势，在"一带一路"倡议下将发挥重要的作用。中俄边境贸易近年来也在不断发展。据海关统计，2017 年 1—5 月，按人民币计。中俄双边贸易总额为 2231.4 亿元，比上年同期增长 33.7%。其中，中国对俄罗斯出口 1062.2 亿元，增长 29.5%；自俄进口 1169.2 亿元，增长 37.7%；对俄贸易逆差 107 亿元，扩大 2.7 倍。

中俄经济发展经历极为相似，都是计划经济转型国家，具备长期维持友好合作关系的基础。中俄之间已经建立了多层级的密切交流机制，达成众多重大项目协议。如俄罗斯通过东线天然气管道将每年向我国供应天然气 380 亿立方米，并有可能提升至 600 亿立方米，期限为 30 年。此外，中俄海关"信息互换、监管互认、执法互助"已实现，两国海关间监管结果互认和进出境一次查验，可有效降低企业成本，推动双边贸易稳定增长。

近年来，中国与俄罗斯双边关系经历了快速发展，与中亚国家也积极开展合作。2001 年，上海合作组织成立后，中国、俄罗斯、中亚国家更是拥有了维护地区安全、促进经贸合作的重要平台。

二　中蒙俄经济走廊的贸易潜力

（一）中俄的贸易潜力

中俄贸易具有得天独厚的地缘优势。这也为双方开展贸易提供了更多的便利，不仅商品运输成本较低，而且有利于加强两国经贸合作。这种优越的区位，为中俄两国经贸合作提供了良好的基础和更多的机遇。同时，在"一带一路"背景下，我国积极推进与俄罗斯各领域的合作，双方政治格局稳定，经贸合作更加密切，这也为两国在各领域的合作夯实了基础。另外，我国东北地区与俄罗斯地区毗邻，东北地区借助自身的优势，成为俄罗斯远东地区的生产制造基地。而且，边境地区凭借自身的优势，使双方经济合作具有较强的互补性，也为中俄边境贸易的发展奠定了良好的基础。

中国在"丝绸之路经济带"贸易格局中，已经开始重视有效衔接内地、边境、国外运输走廊，最具代表性的当数"渝新欧铁路"建设，通过将中西部地区与新疆衔接起来的办法，扩大进出口商品的市场空间和技术水平，在东北方向建设了"郑欧国际班列"，其理念同样是衔接内陆经济与对外贸易协同发展。在中俄贸易方面，有两个方向：一是中国东北与俄罗斯亚洲板块地区的贸易往来；二是中国西北同俄罗斯欧洲板块地区的贸易往来。在铁路运输过货量方面，中国东北方向的贸易规模更大。2013 年，沿边地区铁路口岸位列前四的分别是：满洲里铁路（内蒙古）、阿拉山口铁路（新疆）、绥芬河铁路（黑龙江）、二连浩特铁路（内蒙古），位列第一和第三的都属于中国与俄罗斯之间的贸易往来。在公路运输方面，中国西北方向对外贸易规模更大；在沿边地区公路口岸过货量中，位列前两位的分别是霍尔果斯（新疆）和阿拉山口（新疆）。当然，这个方向的对外贸易不能都计算在中俄贸易之中，还包括中国与中亚、西亚、欧洲国家的贸易往来。在贸易结构方面，中国与俄罗斯之间的互补性非常明显，中国主要出口制造业领域商品，从俄罗斯进口大量资源型商品。在中俄双边贸易中，这种经济结构具有的潜在合作优势却没有充分发挥出来，以至于中俄两国元首预计的 2000 亿美元双边贸易额始终没能实现。究其原因，中俄之间虽然陆地接壤，山水相连，但两国经济重心却相距遥远：中国集中在东南沿海一带，俄罗斯主要集中在西部的欧洲板块。表面上，中国与俄罗斯互为邻国，实际上两国的商品贸易成本相当高，其中原因是海洋运输相对于陆地运输具有一定的经济成本优势。

中国与俄罗斯的进出口规模，在 2012 年保持基本平衡；2013 年，中国获得近 100 亿美元的贸易顺差，但两国贸易总量从未超过 1000 亿美元。2014 年，俄罗斯遭遇美欧经济制裁，经济发展战略开始面向亚太。俄中签署了一系列经贸合作协议。2015 年，中俄双边贸易额为 700 亿美元左右。2018 年，在两国元首的亲自引领和推动下，双边经贸关系"大步向前"，贸易额突破 1000 亿美元，实现跨越式发展。2019 年，双边经贸合作面临新的机遇，也取得了良好的开局。

据中方统计，2019 年前 4 个月，双边贸易额达 331.7 亿美元，增长 5.8%，按人民币计价增长 11.5%，高出同期全国外贸增幅 7.2 个百分点，预计全年中俄经贸合作仍会保持比较大幅度的增长势头。

（二）中蒙的贸易潜力

中蒙地缘优势为两国贸易合作提供了更多机会。中国与蒙古国拥有绵长的边界线，作为蒙古国的邻国，具有更便捷的交通运输条件和地理优势。目前，两国共有口岸 18 个，其中有边境口岸 12 个。这些口岸在两国经贸合作尤其是边贸合作中发挥着极其重要的作用。蒙古国是世界上第二大没有出海口的内陆国家，距离蒙古国最近的天津港现已成为蒙古国主要出海口，负责蒙古国海上进出口贸易。加之中国近些年在国际舞台上的地位与蒙古国政府制定的同中、俄两邻国优先发展的政策，都为中蒙两国的经贸往来奠定了向更好方向发展的基础。

1. 中蒙深入发展的战略伙伴关系

中蒙两国关系正常化以来，两国经贸关系平稳向前发展。两国政府在和平共处五项原则的基础上，积极发展中蒙睦邻互信合作伙伴关系，中蒙两国领导人经常就双边热点问题举行会晤，两国关系在经济范畴的基础上加强双边政治和军事交流。2014 年 8 月，中国国家主席习近平访问蒙古国期间，两国一致决定将中蒙关系提升为全面战略伙伴关系，加强经贸、政治和安全伙伴关系。这为蒙古国实现加入 APEC 的目标做足准备。对两国来说，谋求双方关系的多样化，深入发展战略伙伴关系是明智之举。

2. 中蒙要素具有很强的互补性

中蒙两国在资源禀赋上的互补性、贸易产品的差异性，已成为两国双边贸易发展的基础。中国虽幅员辽阔，资源丰富，但人口众多的事实，使得人均占有量极少。蒙古国地广人稀，矿产资源相当丰富，已探明的就有 90 多种且多数资源的储量巨大，位居世界前列。蒙古国渴望吸引外资以加快发展的思路正好与中国改革开放的经济战略不谋而合。由于缺乏资金和技术，蒙古国对开发本国资源望而却步，而中国拥有与蒙古国的毗邻优势及充裕的人力资源、资金、技术和广阔的消费市场，所以，中蒙两国的经贸发展是互惠互利、合作共赢的。

3. 蒙古国的经济发展需要中国的支持

蒙古国经济落后的主要原因是国家基础设施建设滞后。近年来，蒙古国政府鼓励外商投资改善本国基础设施落后的状况。2014 年，中国对蒙投资达到 3.5 亿美元，高达蒙古国总投资的一半，中国对蒙投资兴建的项目大多是基础设施建设，如修铁路、大桥、公路等，建设成果得到蒙古国人民的认可与赞许，并且积累了丰富的在当地施工的经验。这都为中蒙双方今后的贸易合作打下坚实的基础。近几年，蒙古国正面临外国投资下滑、通胀加剧、失业率增加等诸多经济难题，同样希望与中国在运输、能源、矿产资源开采等投资领域达成更多新的合作。

三　贸易便利化

为了深化"一带一路"的"贸易畅通"，促进经济走廊贸易便利化成为中俄蒙三国的必然要求。2012—2016 年，中国的平均贸易便利化指数为 0.625，远远高于俄罗斯（0.515）和蒙古国（0.471）。中国的平均贸易便利化处于一般便利的水平，俄罗斯和蒙古国分别属于贸易不便利和非常不便利等级。从总体上看，中蒙俄经济走廊的贸易便利化处于不便利等级，各国之间差距较大，未来还有巨大的发展空间。为此，需要加强经济走廊机制化公共产品的供给，共建基础设施的互联互通环境和通关一体化制度；以产能合作强化贸易便利化提升经济技术基础；重视中欧班列的牵引作用；增强经济走廊相关国家间的互信及认同感。

（一）口岸效率

根据世界经济论坛发布的全球竞争力报告，口岸效率主要体现在基础设施建设上，包括口岸设施和公路、铁路、航空等相关基础设施的质量评价。基础设施质量越好，说明效率越高。在口岸效率方面，中国的总体情况要优于俄罗斯和蒙古国。其中，中国的口岸基础设施质量以及公路质量等 5 个方面的世界排名总体上升，且均在 80 名以内：相较 2007 年，2016 年铁路设施质量排名最靠前，从第 28 名上升至第 17 名；航空运输设施质量进步最大，从第 74 名跃升至第 45 名；但电力供应设施质量的排名自 2010 年以来呈明显下滑趋势。俄罗斯的口岸效率总体有一定改善，其中，铁路设施质量 10 年来排名一直保持最高，2016 年为世界第 23 名；电力供应设施质量呈现总体上升趋势，并在 2016 年上升至第 59 名，赶超中国；其明显的弱势是公路质量，10 年来一直处于百名之外。蒙古国的口岸效率在近 10 年来总体情况表现较差，弱势很明显，除了铁路设施质量相对较好（总体排名在第 70 名左右），其他各项的世界排名基本位于百名之后，尤其是口岸基础设施质量的排名明显下滑。

（二）海关环境

根据世界经济论坛发布的全球竞争力报告，海关环境主要由贸易壁垒、非常规支付和通关手续三个指标来衡量。贸易壁垒指标衡量的是一个国家对进口进行一定限制以保护国内产业贸易壁垒的盛行度。贸易壁垒越少，排名越靠前。非常规支付指标衡量的是企业是否进行贿赂等其他非常规手段从事跨境贸易。非常规支付越少，排名越靠前。通关手续指标衡量一个国家的贸易货物通过国境时所需办理手续的烦琐程度。通关手续越简单，排名越靠前。在海关环境方面，中国的总体情况明显好于俄罗斯和蒙古国。中国的这3项指标在近10年一直都保持在世界前80名，尤其是近5年改善较为明显，说明通关手续日趋简化，贸易壁垒减少。俄罗斯和蒙古国在这3个指标上都有各自的优势和劣势。俄罗斯的总体海关环境在贸易壁垒上的优化表现不明显，仅仅从2007年的第114名上升至2016年的第112名，贸易壁垒总体还是比较严重的，说明对进口商品的限制一直较多。俄罗斯的非常规支付和通关手续这两个指标在2010年以来有明显改善，特别是近3年的世界排名急剧上升，二者均在2016年上升至第76名。蒙古国的总体海关环境与中俄两国存在一定差距。蒙古国在这3个指标上没有明显优势，自2007年以来，3个指标尽管均呈现上升趋势，但是贸易壁垒仍然比较严重，通关手续比较烦琐。

（三）国内规制环境

根据世界经济论坛发布的全球竞争力报告，国内规制环境主要反映国家的宏观环境是否有利于进行国际贸易，通常用知识产权保护、政府管制负担、政府政策的透明度等6个指标来衡量。一般来说，政府管制负担越小，国内贸易活动开展将越便利。另外，知识产权保护程度越高，司法体系在争端解决方面的有效性越强，政府政策的透明度越高，反垄断政策的有效性越强，有组织犯罪情况越少，世界排名就越靠前。在国内规制环境方面，中国的大多数指标在50名以内，且各项指标之间的总体差距较小，说明中国进行了相应的改善。进一步分析发现，中国的政府管制负担指标的世界排名最靠前，国内贸易活动开展将越来越便利。

俄罗斯与蒙古国各项指标的排名都相对靠后，总体差距较大。观察俄罗斯 2010 年以来的变化发现，司法体系争端解决的有效性和政府政策的透明度这两个指标的排名上升最快，在 2016 年均上升至第 70 名，总体上升 50 名左右。这说明俄罗斯 2010 年以来在司法体系的改善和政策透明化方面做出较大的努力，使得司法体系在贸易争端解决方面发挥了越来越重要的作用。俄罗斯在知识产权保护方面尽管有所改善，但总体情况不是很好，2016 年的世界排名仅为第 93 名。蒙古国在国内规制环境各项指标的世界排名大多逊色于中俄两国。其中，知识产权保护一直在第 120 名之后，反垄断政策的有效性排名总体呈现下降趋势。

（四）电子商务

电子商务主要反映了国家利用互联网等信息网络技术从事贸易相关活动的情况。根据世界经济论坛发布的全球竞争力报告，通常用信息技术的应用和每百人中使用互联网的人数这两个指标来衡量。最新技术应用主要表现为信息技术的应用，其应用程度越高，世界排名就越靠前；每百人中使用互联网的人数越多，世界排名就越靠前，说明国内从事贸易活动的相关者可以更加方便地使用网络信息技术从事贸易活动。总体来说，三国电子商务水平都不是很高。其中，中俄之间的差距在逐渐缩小，蒙古国的各项指标的世界排名都靠后。

第四节　草原丝绸之路助力中蒙俄经济走廊建设

随着国家战略的实施和新一轮西部大开发、东北振兴的深入推进，内蒙古的区位概念正由过去单纯的地理特征逐步转换为全国重点区域战略布局和经济腹地辐射的交会点、结合部与过渡带，重要性日益凸显。为了加快形成对内合作有支撑、对外开放有腹地的全方位开放新格局，深入实施开放带动战略，内蒙古自治区第十次党代会提出"北上南下、东进西出、内外联动、八面来风"的方向和定位。深化跨区域合作，形成分工明确、功能互补、错位发展、相互依存、互利共赢的区域协同发展模式，能够推动内蒙古区域内外的人口、社会、经济、资源和环境各子系统向更高层次发展。中蒙俄经济走廊是"一带一路"规划建设中的六大经济走廊之一，是中国"丝绸之路经济带"、蒙古国"草原之路"和俄罗斯"跨欧亚大铁路"三大倡议的对接载体，2014年由中蒙俄三国元首正式宣布，2016年共同签署《建设中蒙俄经济走廊规划纲要》。这将有力促进中蒙俄三国经济合作，带动整个欧亚大陆发展。国家对于内蒙古在"一带一路"建设规划中的定位已经明确，尤其是在中蒙俄经济走廊中的地位举足轻重、不可替代。

一　内蒙古跨区域合作的现状与成就

内蒙古横跨东北、华北、西北地区，内部从东、南、西三面依次与黑龙江、吉林、辽宁、河北、山西、陕西、甘肃、宁夏8个省区毗邻，是中国邻省最多的少数民族自治区之一。外部从北面与蒙古国和俄罗斯联邦接壤。在内蒙古东西狭长的版图上，西有"呼包鄂"金三角，东有"锡赤通""阿海满"经济区；跨省区的经济区域有"呼包银榆"经济区和"蒙晋冀（乌大张）"长城金三角合作区，这两个区域在乌兰察布市部分地区发生融合；内蒙古东部的呼伦贝尔、兴安、通辽、赤峰、锡林郭勒5个盟市纳入东北振兴规划。

"呼包银榆"经济区由地处鄂尔多斯盆地的腹地、黄河"几"字湾及周边的13个市（盟）59个县（旗）区组成，包括内蒙古自治区呼和浩特市、包头市、鄂尔多斯市、巴彦淖尔市、乌海市、锡林郭勒盟的二连浩特市、乌兰察布市的集宁区、卓资县、凉城县、丰镇市、察哈尔右翼前旗、阿拉善盟的阿拉善左旗；宁夏回族自治区的银川市、石嘴山市、吴忠市、中卫市的沙坡头区和中宁县；陕西省的榆林市。2012年，国务院批准《呼包银榆经济区发展规划（2012—2020年）》，明确了其发展目标：打造成为国家综合能源基地和西部地区重要的经济增长极。该区域是我国重要的能源矿产资源富集区和生态功能区，也是沟通华北和西部地区的重要枢纽。为了协调解决规划实施中的具体问题，增强经济区内各城市的联系，由国家发展改革委西部开发司牵头，经济区建立了市长联席会议制度，形成规范的对话与协商平台。自 2013 年 4 月 17 日第一届联席会议于呼和浩特市召开以来，已分别在银川市、榆林市、包头市、乌海市召开了五届会议。5 年多来，经济区各成员城市沟通交流日益频繁，围绕经济协作、旅游合作、科技创新、区域交通、人才交流等签署了 20 余项合作协议，一批基础设施、产业合作、文化旅游项目顺利推进。榆林市谋划建设呼和浩特—包头—巴彦淖尔—乌海—石嘴山—银川—榆林—鄂尔多斯快速客运圈，加强经济区主要核心城市间的城际轨道交通联系，形成覆盖经济区的客运快速化铁路干线网。包头市正在加快建设民航、高铁、公交等城市立体综合交通枢纽。宁夏银川市与内蒙古阿拉善盟签署了共建乌力吉口岸合作协议，共同致力于打造银川、阿拉善盟向北的国际货运物流通道。鄂尔多斯、榆林两市正酝酿携手推动红碱淖生态修复和保护，共同建成红碱淖国家级自然保护区。

蒙晋冀（乌大张）长城"金三角"合作区作为全国首个横跨东中西三大经济板块的区域合作平台，包括内蒙古乌兰察布、山西大同和河北张家口三市，2014 年正式启动实施。自 2014 年 8 月 18 日首届联席会议在乌兰察布市召开以来，在大同市、张家口市分别召开了第二届和第三届会议，2017 年 9 月 4 日第四届联席会议会场又回到乌兰察布市。三年来，先后签署合作框架协议、规划认同书和 23 项专项协议，共同编制《蒙晋冀（乌大张）长城"金三角"合作区发展规划》。目前，合作区建设已经纳入京津冀协同发展规划纲要。三市合力促进基础设施互联互通，携手步入"高铁时代""航空时代""大数据时代"和"大物流时代"。京呼高铁全线开工，大张高铁加快建设，集大高铁纳入国家中长期铁路规划；集宁机场建成通航并进行国际机场升级改造，三市通用机场、临空口岸等基础设施同步推进；三市积极参与京津冀大数据走廊建设，数据存储、应用产业蓬勃兴起；干线公路实现互联互通，现有 G6、G7、G55 高速和 110、208 国道等干线公路连接，形成现代化立体交通网络。乌兰察布作为唯一的非省会城市被确定为全国主要铁路枢纽节点纳入《中欧班列建设发展规划（2016—2020年)》。借助乌兰察布市列入中欧班列节点城市，三市已经合作建设了一批物流园区，初步形成通疆达海的国际贸易通道和物流基地，在打造现代农牧产业链和供应首都绿色农畜产品基地、促进区域贸易合作、区域旅游联动发展、构建高效现代化物流联合体等方面取得实质性进展，总投资已达 190 亿元。

2007 年，内蒙古东部 5 个盟市纳入东北振兴规划，与东北三省共同建立四省区行政负责人联席会议制度，共同推动东北三省和蒙东地区经济一体化的发展。内蒙古出台了进一步落实东北地区等老工业基地振兴战略的实施意见，在资金项目等方面对东部盟市给予倾斜支持。5 个盟市地区生产总值从 2007 年的 2114 亿元增长到 2016 年的 6839 亿元，年均增长 12.9%。在与黑吉辽的对接中，内蒙古东部盟市逐渐形成建设国家清洁能源输出基地、现代煤化工生产示范基地、有色金属和现代装备制造等新型产业基地、绿色农畜产品生产加工输出基地、体现草原文化的旅游度假基地的产业定位。互联互通的交通运输体系初步形成，内蒙古东部 18 条出区公路通道全部建成，全区盟市间基本实现高速或一级公路相连接。通辽和赤峰至京沈客专连接线项目开工建设，支线机场达到 8 个。随着能源合作的深入，蒙东地区大型的煤电基地有效地增强了东北三省工业区的电力负荷能力，实现电网等级的重大跨越，内蒙古自治区锡林郭勒盟清洁能源基地电源点及外送通道工程建设已全面启动。

1996 年，京蒙两地建立对口帮扶关系。2010 年，双方签署经济社会合作框架协议。内蒙古与北京开展区域合作 21 年来，已投产、在筹在建电力项目达 15 个，在农牧业、人才交流、医疗卫生等多个领域开展了深层次合作，如北京将乌兰察布农畜产品纳入政府储备，与赤峰签订了《保障冬季首都市场蔬菜供应合作协议》。在科技领域，北京先后向内蒙古转移了 200 多项高新技术成果，"北京内蒙古高科技孵化器"成为两地科技合作的标志性工程，目前累计入驻、入孵企业 400 多家。在铁路建设方面，张呼客运专线建成后，将与在建的京张高铁连接，形成内蒙古中西部地区进京的快速客运通道；在旅游合作方面，北京市将内蒙古纳入"9 + 10"区域旅游合作联盟，联手打造"乌兰察布草原文化游""克什克腾号"草原旅游专列品牌。"十二五"期间，内蒙古引进北京市合作项目达 1930 多个，到位资金 5600 多亿元，占同期引进资金总额的 30%。

在全方位深化区域合作过程中，内蒙古瞄准基础设施滞后这个突出"短板"，加快构建内外联动的铁路网、公路网、航空网、市政网、水利网、能源网、信息网，通过时空变革再造发展优势。"十三五"时期，内蒙古在"七网"建设中将实施重大项目 1370 个，预计投资 1.6 万亿元。同时，内蒙古加快培育打造新能源、新材料、节能环保、高端装备、大数据云计算、生物科技、蒙中医药七大战略性新兴产业，力争到"十三五"期末，"七业"比重达到 10% 以上，成为拉动经济增长、带动转型升级的新引擎。

二　内蒙古推进中蒙俄经济走廊建设的现状与成就

国家发改委规划的中蒙俄经济走廊有两条主线路：一是由京津冀地区至呼和浩特，再延伸至俄罗斯与蒙古国；二是由大连、沈阳、长春、哈尔滨至满洲里，再到俄罗斯赤塔地区。这两条经济带互相补充，相互衔接，共同构成一个开放式的新型经济发展区，其对中国华北、东北地区拉动作用最为直接。

内蒙古与俄罗斯、蒙古国陆路相连，边境线总长 4261 千米，占全国陆地边境线的 19.4%；拥有铁路、公路、航空口岸 18 个，其中对俄口岸 4 个（满洲里铁路、满洲里、黑山头、室韦），对蒙口岸 10 个（二连浩特铁路、二连浩特、策克、甘其毛都、满都拉、珠恩嘎达布其、阿日哈沙特、额布都格、阿尔山、乌力吉），国际航空口岸 4 个

（呼和浩特、海拉尔、满洲里、鄂尔多斯），全区年过货能力达到 18600 万吨。《建设中蒙俄经济走廊规划纲要》确定的 7 条铁路线路中有 6 条经过内蒙古；国家规划的 3 条中欧班列线路，2 条从内蒙古进出境；在现开行的中欧班列中，60% 以上的班列途经内蒙古。满洲里是我国最大的陆路口岸，"苏满欧""湘满欧""鄂满欧""渝满欧"等经满洲里口岸各类过境班列达 460 列，铁路过货能力达 7000 万吨，承担中俄65% 的陆路运输任务。二连浩特是我国对蒙古国的最大口岸，铁路过货能力 1000 万吨。2016 年 5 月 26 日，通往境外的第一条标轨铁路——策克口岸跨境铁路开工建设，建成后策克口岸年过货量将突破 3000 万吨，成为中蒙俄经济走廊的西翼和第四条欧亚大陆桥。2016 年，全区口岸过货量为 7887 万吨，同比增长 19.8%，其中对俄口岸过货量为 3084 万吨，对蒙古国口岸过货量为 4803 万吨；口岸进出境客运量为 532 万人次，同比增长 23.6%。2016 年，我国对蒙俄贸易额达 742.8 亿美元，同比增长 3.8%，其中内蒙古对蒙俄贸易额 51.71 亿美元，占 6.96%。在内蒙古，中蒙俄已有多个项目在稳步推进。中蒙一批重点能源资源合作项目，中俄原油管道二线、中俄东线天然气管道等项目开始启动；中蒙双方正在推进二连浩特—扎门乌德跨境经济合作区建设；满洲里综合保税区已经于 2016 年 12 月 20 日正式实现封关运营；2016 年 1 月 31 日，国务院批复同意内蒙古乌力吉公路口岸对外开放，口岸性质为双边性常年开放公路客货运输口岸。

内蒙古对蒙俄经济社会交流活动日益加强，合作平台建设日趋成熟，多次举办中蒙经贸合作论坛、中蒙俄商品展销会、中蒙俄科技展暨高新技术产品展览会等。内蒙古高校与蒙俄两国高校建立了合作交流机制，并在众多领域定期举办交流活动，为深化我国与蒙古国、俄罗斯全方位合作起到积极推动作用。

三 跨区域合作方面的问题与困难

从区域规划的角度看，跨省区的规划都是经过相关部门和专家的大量调研与讨论，虽然明确了区域基础条件、发展目标定位、重点任务和保障措施，但实施主体和责任不明确，也未明确谁来评估、考核规划的执行，尚未能改变各行其是的状况。从区域合作情况看，不论是跨省区的经济区，还是内蒙古自治区内部形成的跨市县行政区划的经济区，多在基础设施建设、旅游合作方面取得了一些实质性的进展，但在区域合作领域还有待进一步拓展，区域合作的积极性有待进一步提升与激励。从区域合作各方签订的协议看，大多为框架性协议，实质性的合作协议不多且进展缓慢。尽管各地区已经日渐接受协同发展的理念，意识到其重要性，但地方政府和部门作为行政区划的代表，相互竞争仍然客观存在，未能合理平衡竞争与合作的关系，地方保护主义和本位主义直接导致区域内多种冲突现象，如市场准入中的行政壁垒、招商引资中的恶性竞争、基础设施重复建设中的利益冲突和工业园区的同质化竞争等。这些问题的存在，究其原因有以下三点。

一是区域规划批复后缺乏相应的跟踪监督、实效评估和改进完善。国家级区域规划的作用是通过规划指导经济区内各行政主体协调一致行动，但是在现实中大多仍是各自为政，甚至相互竞争更为激烈。

二是现行政绩考核主要以行政区划为范围考核，没有从区域发展全局角度对合作行为进行评价。由于现行政绩考核指标过度重视地方经济增长水平，因此，地方政府官员为能够在众多被考核者中脱颖而出和职务升迁，注定会看重本地经济短期增长而忽视甚至回避跨地区合作。

三是缺乏有效的跨行政区协调机制。我国跨地区的协调机制难以建立，一方面是缺乏有权威的协调组织机构，另一方面也缺乏区域治理的意识和方法创新。虽然京津冀协同发展取得了突出进展，但是其区域协调机制有没有可复制性，特别是在没有明确上级权威协调机构的情况下，各行政主体之间如何有效协调，还需要大胆探索。

四　中蒙俄经济走廊建设推进中的问题与困难

一是中蒙俄之间贸易结构单一，贸易合作形式缺乏创新。中蒙间、中俄间投资与贸易主要集中在能源和矿产资源领域，这不利于经贸关系长期稳定发展，制约了贸易规模的进一步扩大。蒙俄贸易保护政策限制多。据商务部资料显示，2016年俄罗斯实施的贸易保护措施接近80项，占全球现有贸易保护主义政策的20%。蒙古国对烟酒、汽柴油、轿车等进口商品征收特别关税，酒类进口商品征收的特别税额是其他国产商品的2倍，对未经深加工的木料、废弃黑色金属以及有色金属等出口商品均征收高额出口关税。此外，在中蒙俄经济走廊建设推进中，还面临着内蒙古以省区与蒙俄两国进行沟通协调的身份不对等困难和问题。

二是基础设施互联互通不畅，口岸通关功能和法律依据不完善、不对接。蒙古国和俄罗斯基础设施建设相对滞后，俄罗斯远东地区只有西伯利亚大铁路和贝阿干线两条铁路，蒙古国只能通过乌兰巴托铁路这一条铁路进行对外运输，运输成本非常高，不利于进出口贸易。此外，口岸通关效率低，如二连浩特口岸只有铁路可以实现24小时通关，银行、海关等部门均执行8小时工作制。由于这些相关部门在夜间不办理通关业务，所以那些夜间需要办理报检、报关和缴纳费用的货主，只能等到次日再办理通关手续。当日货物堆积现象较为严重，口岸货物停留时间平均为1—17小时，当日发货难以实现。

三是地方政府间的竞争在跨境合作中仍有表现。地方政府间的对内竞争在跨境区域经济合作中表现为各地方政府对中央政府在政策、资金、资源等方面的竞争，对外表现为在跨境区域合作项目、优先性等方面的竞争。在中蒙俄经济走廊建设中，内蒙古与蒙古国东部三省在跨境铁路通道建设上由利益的重合及优先性导致的竞争关系是这方面的典型表现。

基于前述分析，很容易看到在"一带一路"框架内"贸易畅通"的必要性和重要性，在俄罗斯和中亚国家实现"贸易畅通"，也是"丝绸之路经济带"战略全面推行的关键条件。然而，可以发现，在"一带一路"提出的"五通"中，即"政策沟通、设施联通、贸易畅通、资金融通、民心相通",贸易需要政策、设施、资金、民心等领域的支撑和配合,才能切实做到畅通。显然,实现"贸易畅通",并非一蹴而就,如果过度重视对外贸易的规模和效益,更容易引起沿途国家的担忧。因此,需要诸多领域的协调配合、通力共行,才是"丝绸之路经济带"的核心战略思想。当前,随着"丝绸之路经济带"与"跨欧亚大铁路"的对接,亚洲基础设施开发银行的设立,可以说在"五通"中已经取得初步的整体推进效果。在此基础上探讨如何实现"贸易畅通"问题,才更加现实和可靠。在对外贸易领域,中国改革开放多年来拥有的国际竞争优势毋庸置疑,尤其与俄罗斯和中亚国家相比较,贸易互补性极强,然而不利的因素主要在交通运输成本方面,毕竟多年来我国进出口贸易主要依靠海洋运输,也是一个不争的事实。应当说,在中国与中亚国家的进出口贸易中,有一个非常重要的方面,就是中国新疆与中亚国家的经贸往来,并且,边境贸易与互市贸易占有很大比重。依托中国新疆在向西开放中的前沿作用,不仅可以带动内地相关出口产业发展,更重要的意义在于"兴边富民、稳疆固疆"。而且,边境贸易由于规模小、机动性好等特点,实际上也更容易被中亚国家接受。在此基础上,依托具体交通线路走向,拓展投资和经贸往来,应当是"一带一路"框架下实现"贸易畅通"的必由之路和关键所在。

五　共建中蒙俄经济走廊的对策建议

通过以上分析和讨论,共建中蒙俄经济走廊要做的工作有很多,存在和思考的问题也有不少。为了更好地推动该项工作,提出如下四点对策建议,供有关部门参考。

一是设立研究俄蒙的专门机构,加强其与智库间的合作交流。针对三国关心的领域和内容开展共同研究,按照"五通"("政策沟通、设施联通、贸易畅通、资金融通、民心相通")的要求,做好政策和项目对接,服务三方政府和人民。

二是探讨由国家授权省区领事代办权，进行"政策沟通"和协调，在政策、机制等方面构建多层次的关联"政策沟通"交流机制，推动信息互换、监管互认、执法互助、海关合作的通关便利机制，推动检验检疫证书国际互联网核查，开展"经认证的经营者（AEO）"互认。重点围绕基础设施互联互通，加强与蒙俄在规划、标准、进度方面的衔接，争取同步规划、同步建设、同步运营。尽快建成"单一窗口"平台，提升贸易、投资、运输、人员往来便利化水平。

三是率先建成具有示范意义的标志性早期收获项目。加快建设中蒙俄自贸区、"俄蒙通"跨境电商物流综合服务平台，优化区域合作格局。以航空陆路口岸、中欧货运班列，及内蒙古电子口岸公共服务平台为依托和支撑，建设中蒙俄自贸区、经济合作示范区；积极开通国际快件出口通道，推动跨境电子商务健康发展，培育中蒙俄经济发展共赢新模式。

四是中蒙俄经济走廊贸易便利化合作机制的实施重点不应仅局限于现有的合作平台，还应积极开辟新的合作渠道。中蒙俄三国目前共同的合作平台有亚欧会议（ASEM）、亚洲合作对话（ACD）、世界海关组织（WCO）、亚洲互相协作与信任措施会议（CICA）、世界贸易组织（WTO）。众多多边合作平台的建立，为深入推进中蒙俄经济走廊建设创造了良好的条件，也使得中蒙俄经济走廊与其他几条经济走廊相比，具有更加成熟和稳定的协商对话渠道。

此外，中国应大力推进中蒙俄自由贸易区相关谈判工作。根据区域经济一体化的相关理论基础，结合中蒙俄三国间的显性比较优势与贸易互补性，其贸易潜力和合作空间尚未得到充分挖掘，建立相应自贸区的战略意义正在于此。通过减少贸易摩擦与贸易便利化措施在局部范围内的有效实施，三国间定会释放出强大的经济增长潜力。

第 七 章

中蒙俄"资金融通"背景下的金融合作

中蒙俄经济走廊建设离不开全方位、多元化的金融支持，走廊建设蕴含着大量的金融服务需求，为中国金融业的国际化发展提供了历史性机遇。融资作为撬动各国共建"中蒙俄经济走廊"宏伟蓝图的支点，起着支持、引导和服务的作用，通过促进货币流通，拓展金融市场和金融机构服务的深度和广度，为走廊建设提供强有力的支撑。

中蒙俄经济走廊下的资金融通随着三国经贸投资合作的深化不断取得成效。内蒙古自治区同俄、蒙两国在跨境贸易本币结算、本币互换、基础设施融资、跨境投资、纸币跨境调运、新型支付合作方面均取得了不小的进展，为下一步以走廊为区域供应链的国际区域合作奠定了重要基础。

内蒙古自治区同俄、蒙在资金融通中所遇到的问题同三国间金融合作中的问题具有同一性。自身的金融发展程度不够、国家及地区间的金融纽带缺乏灵活性，以及一些国际因素都导致了中蒙俄经济走廊在资金融通中所面临的问题。从根本上讲，这些问题很大程度上反映了跨境贸易投资缺乏有效的金融支撑，内蒙古自治区作为金融业欠发达省份在对外合作中表现得愈加明显。梳理研究这些问题可以为日后解决资金融通中的难题提供政策依据。

第一节　现状及存在问题

中俄两国在"一带一路"和中蒙俄经济走廊的合作中，一个关键点就是如何实现共赢，即将两国的经济诉求统一起来，金融合作为这种"统一"创造了可能性。中国在推动人民币国际化、分散外汇储备资产投资和寻找高回报率的投资标的上具有需求，俄罗斯正在努力寻找新的融资来源，为其一系列重要项目融资，无论在基础设施还是资本市场上都有较高的回报。这就为中俄两国在金融上创造了"契合点"，以实现双方进一步的战略合作。另外，经历了经济危机并受到外部因素强烈影响的俄罗斯经济及金融系统，在稳定性上能否持续支持俄罗斯的国家信用并构成其对外金融合作的资信目前难以预测。风险是潜在的，中国需要对俄罗斯的整体宏微观经济环境仔细研判才能做出理性的金融合作，实现风险最小化，这在"一带一路"倡议的大背景下显得格外重要。

随着"一带一路"倡议的实施，中国必然会加大与蒙古国相关基础设施建设、资源开发、产业合作和金融合作的各种资金和政策支持，这也为国内金融企业的发展提供了良好的契机。蒙古国政治与经济的不稳定使得这种机遇中面临的挑战也较多。

第二节　中国同俄罗斯的金融合作

一　中俄金融合作的现状与进展

中俄两国的金融合作相比贸易与投资领域基本处于发展初期，但进展迅速，在本币的结算与融资、基础设施建设融资、证券投资和其他金融领域取得了一系列进展。

（一）本币的结算与融资

著名智库俄罗斯科学院国民经济预测研究所的专家在 2017 年一份 190 页的报告中①，将固定资产投资占 GDP 的比率设定为 30%，这样到 2030 年可以支撑俄罗斯 4%—6% 的 GDP 增长率，经粗略计算大约需要 1.5 万亿美元。这比俄罗斯银行系统的资本总和还要多，不借助外部融资基本不可能完成。从融资上看，美国和欧盟作为传统的债权人禁止向俄罗斯公司提供超过 30 天的贷款融资，影响甚大。特别是 2019 年 8 月 26 日，美国新一轮的制裁首先在金融领域加强对俄罗斯的限制，禁止国际货币基金组织和世界银行对俄罗斯借贷，不允许美国银行在一级市场购买俄罗斯政府发行的美元国债。但也不全是负面影响，切断俄罗斯的美元融资，可以避免在可预见的未来美元走强时俄罗斯企业的债务压力，中国有机会让人民币在对俄经济活动中扮演更重要的角色，前提是扩大本币互换、结算和搭建统一的银行卡支付系统等。

随着人民币在国际贸易和投资领域中的地位提升，越来越多的国家和中国签订货币互换协定。从中长期看，随着这些国家与中国贸易关系的更加紧密，以及接受人民币直接投资和贷款导致的人民币负债规模扩大，这些国家更倾向于从目前的货币互换直接转为持有人民币外汇储备。2015 年，俄罗斯央行将人民币纳入储备资产。2016 年 9 月，中国人民银行与俄罗斯中央银行签署在俄建立人民币清算安排的备忘录后，中俄本币结算业务规模不断扩大。这样可以降低交易成本，规避汇率风险，减少对美元的依赖。目前，中俄双方提供边境贸易本币结算服务的银行已经扩展至中国的黑龙江、吉林、内蒙古自治区和新疆维吾尔自治区以及俄罗斯的六个联邦主体。② 人民币在本币结算中比重不断扩大，如 2015 年黑龙江省中俄本币结算业务量为 4.99 亿美元，

---

① 该报告名称为《保障俄罗斯经济增长的结构性投资政策》，它为俄罗斯 2035 年之前的经济政策提供前瞻性预测建议。

② 龙雪：《"一带一路"倡议下的中俄金融合作现状与潜力分析》，《对外经贸》2017年第 7 期，第 26 页。

其中人民币结算量为 3.07 亿美元,所占本币结算比重为 61.5%。① 另外,中国开始对俄罗斯进行人民币贷款融资。如 2016 年 1 月,中国工商银行在俄设立的全资子银行"工银莫斯科"为俄罗斯诺里尔斯克镍业企业筹组了 48 亿元人民币备用银行贷款。② 这是中资银行在俄罗斯市场上的第一笔大额人民币银行贷款。开发性金融领域,2017 年中国进出口银行同俄罗斯对外经济银行达成协议,将在基础设施建设及高新技术发展领域对俄罗斯注资 30 亿美元,该投资将以人民币支付。③ 国开行支持的以美元信贷协议近几年也逐笔增加。在传统的边境贸易和跨境旅游服务方面,本币结算也在不断深化。中国对俄罗斯的 ODI(人民币对外直接投资)需要认真考虑,这都是人民币的"体外循环",扩大了本币在俄罗斯的渠道。当然,海外人民币储量的不断扩大,会使央行货币政策复杂化,从"蒙代尔不可能三角"的角度看④,会倒逼中国的汇率改革及进一步破除资本管制。

从目前来看,本币结算主要集中在贸易领域。如果仅靠贸易输出人民币,人民币国际化的程度会很有限。根据中国经济学家马骏的估计,比例不会超过 10%。⑤ 以日本为例,本币贸易结算占对外贸易结算的峰值是 40%。如以日本为参照,离岸市场的货币存量为贸易结算量的四五倍,离岸市场的人民币峰值在 2 万亿到 3 万亿元,很难达到"人民币国际化"的目标。所以,通过诸如开放资本项目的改革来扩大人

---

① 郭晓琼:《中俄金融合作的最新进展及存在的问题》,《欧亚经济》2017 年第 4 期,第 88 页。

② 《工行莫斯科子行助力中俄两国经贸与金融合作》,人民网(http://world.people.com.cn/n1/2017/0830/c1002 – 29504663.html),2017 年 8 月 30 日。

③ Татьяна Едовина: Навстречу ста миллиардам//Власть,2017,https://www.kommersant.ru.

④ "蒙代尔不可能三角"即资本自由流动、货币政策的独立性以及固定汇率制只能同时满足其中两个条件。

⑤ 马骏:《人民币国际化五个挑战》,《财经》2012 年第 9 期,第 115 页。

民币海外存量，同时实现中国庞大的储蓄增值是主要发展目标。[①] 对此，俄罗斯是很有潜力且被低估的市场，因为即使在贸易领域，中俄本币结算也仅处于初级阶段，况且还面临两国经济调整背景下的贸易下滑倾向。所以，如何继续深化贸易本币结算，通过其他方式向俄罗斯释放人民币资本是需要考虑的战略方向。同时，必须考虑本币结算的双向化。目前，除了独联体国家，真正实现了同俄罗斯卢布结算的国家只有中国，尽管印度和伊朗也乐于同俄罗斯在经济活动中进行卢布结算，但当前仍处于谈判讨论阶段，远没有中国的步伐快。2018 年秋季，俄罗斯开始大幅缩减购买美国国债，这意味着有意规避美元依赖。虽然短期内不可能完全摆脱美元，但通过本币结算，俄罗斯正在寻找通过金融方式规避美国的新一轮制裁和其附带影响。例如，2018 年 8 月，俄罗斯大型企业"Алрос"就中方以卢布采购其金刚石达成协议，通过俄罗斯大型银行 ВТБ 上海支行进行卢布支付[②]，这为两国在非跨境地区的卢布结算打开了缺口。当然，存在的一些细节问题还需要在实践中不断完善。俄罗斯学者认为，卢布在俄罗斯可贸易商品的进出口中，暂时很难代替中国商人对美元的青睐。[③] 这就需要另辟渠道拓展卢布的"中国市场"。俄罗斯证券投资领域是未来可选项之一，因为俄罗斯不存在资本账户不可兑换的障碍，外币可以低成本进入俄罗斯境内兑换卢布投资资本市场并自由流出。让更多的中国投资者持有卢布购买俄罗斯股票、债券等，是扩大卢布流动性的长远之计。

（二）基础设施建设融资的新趋势

当前，俄罗斯紧缩的财政预算需要其他资金来支持基础设施建设，

---

① 这一过程应是渐进的，否则会导致短期内的大量资本外逃，银行资本和人民币汇率都将受到很大冲击。

② Александр Уткин："Алрос" опробовала продажу алмазов клиентам в Индии и Китае за рубль，2018，https：//ria. ru/economy/20180815/1526591801. html.

③ Станислав Красильников：Китай пользуется моментом//Эксперт，2018，http：//expert. ru/2018/04/16/kitaj – polzuetsya – momentom/.

但后者的主要来源——俄罗斯国民储备基金和国家福利基金于 2018 年 2 月 1 日合并后，用于支持财政赤字的资金相对有限。现存的国家福利基金当初最重要的职能就是以银行贷款的形式为基础设施建设融资，然后再将投资回报收益进行储备增值。[①] 但合并后，国家福利基金还要承担部分退休职工养老保险和国有银行股票的投资保值职能，能够支持预算的资金不高于资金总量的 2/3，更遑论为基础设施融资了。另外，目前将缩减财政赤字作为主要目标的俄罗斯新一届政府会更加小心翼翼地完成财政支出。从内外债的结构来看，低储蓄率和高利率让扩大内部债务的空间被挤压，外债还有很大的空间。可以想象，没有外部资金的支持，基础设施建设将困难重重，后者又被认为是俄罗斯实现经济增长突破的关键所在。

对于中国来说，面临外汇储备资产的"投资多元化"目标。中国过剩的美元外汇储备是俄罗斯潜在的重要融资来源。中国经济学家余永定认为，流入中国的 FDI 并没有像其他国家那样转化为经常账户逆差，而是卖给央行变成外汇储备，企业将从央行换回的人民币进行国内出口导向型投资，结果就形成困扰中国央行多年的经常项目资本项目"双顺差"。[②] 双顺差积累的外汇储备被用来购买只有 2%—3% 收益率的美国国债。同时，在中美贸易摩擦的背景下，美国为防止中国大量抛售其国债来反制"惩罚性关税政策"，有可能选择更为激进的加息政策，通过提高利率维持美国国债的需求。这会导致债券价格大幅下跌，届时中国若抛售会导致很大的损失。俄罗斯希望能将中国过剩的外汇储备引入俄罗斯的基础设施建设，这完全符合"一带一路"下为推进欧亚基础设施提供资金的规划。如亚投行的建立，其实是中国政府看到亚洲存在的巨大基础设施融资需求，以及中国庞大的美元储备寻求新出路的一种理性战略考虑。另如"丝路基金"的 400 亿美元中，

---

① История Резервного фонда РФ, 2018, http：//tass. ru/info/4918191.

② 余永定：《最后的屏障：资本项目自由化和人民币国际化之辩》，东方出版社 2016 年版，第 114—116 页。

65%来自由中国国家外汇管理局全额出资的子公司提供的外汇储备，有希望形成互惠双赢的结果。这样一方面符合减少我国外汇储备增量的需要，另一方面扩大了海外资产收益。对于俄罗斯来说，由于其内外债务总和占 GDP 的比重仅为 20%[①]，所以有很大的空间来扩大政府资产负债表，并且不必担心被下调评级，保证中长期的建设资金来源。

俄罗斯总统普京在 2018 年 3 月 1 日的联邦会议国情咨文和俄罗斯政府的"2024 年俄罗斯国家发展战略任务和目标"中，将基础设施升级改造明确为政府下一个六年的优先支持项目，特别把重点放在地方层面。除预算支持外，各行政主体可以利用国家—私人资本合作以及引进国外资本的模式推动地区基础设施建设。基础设施建设投资具有联动效应，它不仅可以扩大国内总需求，也具有社会回报性，在"一带一路"框架下，为俄罗斯基础设施建设融资必然会带来长久的双向回报。目前，俄罗斯主要基础设施建设项目集中在远东和西伯利亚，包括公路、港口和跨州物流设施。这些超大型项目实施遇到的主要问题就是资金问题。一方面，俄罗斯加入"亚投行"（AIIB），希望获取基础设施建设所需的资金；另一方面，其他金融渠道也是俄罗斯寻求合作的目标。2018 年，俄罗斯两个重要的基础设施建设项目——"俄罗斯供水与净水系统"工程和"俄罗斯小城镇基础设施综合发展"工程从"金砖银行"获得 5.4 亿美元的融资。[②] 虽然贷款金额有限，但这说明融资开始向一些偏远地区延伸。随着前期项目的顺利完成，后续项目的融资规模将不断扩大。另外，针对俄罗斯远东和中国东北地区的区域合作，2018 年 7 月中国正式批准成立"中俄区域发展基金"。该基金总资本额为 1000 亿元人民币，由中方出资为两国区域发展融资。可以预见，该基金将为构建区域"经济增长级"贡献重要力量，意义

---

① Анна Королева：Bloomberg：Путин выделит 10 трлн на рост//Эксперт，2018，http：//expert.ru/2018/04/24/bloomberg – putin – vyidelit10 – trln – na – rost/.

② Владислав Гринкевич：Кратковременный эффект//Профиль，2018，http：//www.profile.ru/economics/item/125800 – kratkovremennyj – effekt.

重大。

尽管融资不等于投资，但两者都应注重项目本身，因为这关系到前者的本金、利息和后者的投资回报。当然，融资不必考虑投资过程中的"当地化率"、税收政策等事宜，可以减少很多行政交易成本①，但需要对项目本身进行分析斟酌。对于中国来说，如何在技术操作层面搜寻、评估俄罗斯基础设施项目的收益率和潜在风险是中国出资主体的重要挑战，因为并不是所有的基建项目都可以带来高回报，特别考虑到俄罗斯的地域复杂性和地区发展不平衡，这个问题就显得更加突出。因为从整体上看，面对大规模的城市化进程，在未来一些年里，中国仍然是缺乏资本的国家，资本输出必将是一个渐进的过程。这就要求在融资前仔细分析俄罗斯项目的收益和风险，避免盲目输出资本。从风险上看，中国经济学家张明认为，在债务违约方面，国家开发银行与丝路基金面临的违约风险要显著高于亚投行。② 这是因为，相关经验表明，东道国对多边机构的违约成本很高，即通过多边机构进行投资的安全性更高一些。鉴于基础设施建设需求，俄罗斯准备在新的经济周期里扩大外债。目前，从债务结构来看，俄罗斯的外债水平并不高，2017 年外债总额为 5290.84 亿美元，占 GDP 比重为 40.5%；总量虽然看起来不高，但增速很快，如外币和本币债务分别同比提高 27% 和 54%。③ 另外，外债规模要匹配宏观经济增长趋势来看待。如果按照新一届政府的设想，到 2024 年，俄罗斯 GDP 增速超过世界平均水平并跻身第五大经济体④，扩大一点外债并不无益。但在严峻的外部环境和结构改革并不明朗的条件下，外债规模是需要斟酌的，否则大量低利

---

① 如当地居民因生态、就业或其他原因对项目的抗议。

② 张明：《危机、挑战与变革：未来十年中国经济的风险》，东方出版社 2016 年版，第 121 页。

③ Внешний долг России – 2018, 2018, http://global – finances. ru/vneshniy – dolg – rossii – 2018/.

④ 普京 2018 年总统连任后的主要施政文件是《俄罗斯 2024 年国家战略发展规划》，其中对各领域都设定了具体目标和规划。

率资本的注入会催生泡沫，中国需要长期监测俄罗斯的经济走势，审慎提供廉价融资，这也是对自身经济的保护。

（三）扩展在俄证券资产投资

2008 年以来，中国对资本管制由原来的"宽进严出"变成"严进宽出"，这是有利的一面。如果资金以人民币形式汇出境外，会减少境内的货币供应量，有助于宏观调控。如果融得的资金需要兑换成外汇出境，正好符合中国减少外汇储备的需要。事实上，在中国股市依旧低迷的大背景下，通过进一步放开资本管制扩大外汇需求，从而分享国外证券市场收益无疑是明智之举。如果考虑到外汇管制，可以通过扩大 QDII（qualified domestic institutional investor）配额等方式支持对诸如俄罗斯等新兴市场的证券投资。在"一带一路"框架下加强对俄罗斯证券市场投资，会通过更多的资本流动巩固两国的金融合作，使更多的俄罗斯企业直接或间接同中国投资者建立联系，是两国在经济上深化合作的重要选择。

除了外汇资产，如果更多的人民币能够进入俄罗斯股票和债券市场，也会对俄罗斯的中小企业有重要的激励作用，契合中国人民币国家化的金融战略，可以通过资本项目逆差提供流动性，如对俄罗斯人民币直接投资、人民币贷款和购买熊猫债券。中国香港的人民币离岸市场是俄罗斯的重要吸引标的，更加容易绕过中国大陆的资本管制，引导人民币资本进入俄罗斯证券市场。但前提是俄罗斯具有持续稳定的宏观经济环境，成为比较有吸引力的国际金融市场，同时具备人民币的回流机制，让获得海外人民币的俄罗斯债务人有可能用这些资金从中国购买商品和劳务，抑或在 QFII（qualified foreign institutional investors）额度之外回流中国金融市场，实现一般成熟经济体的主要特征——经常账户顺差、资本项目逆差，同时实现国际收支平衡。当然，这需要中国的金融市场具有更强的广度、深度和流动性，让包括俄罗斯在内的国外投资者投资于多种以人民币计价的金融资产。对于目前的俄罗斯金融市场来说，投资预期是比较乐观的，莫斯科证券交易所指数和 PTC 指数均处于相对高位，并且俄罗斯股票的市盈率在全球范围内较低，从全球来看，具有很强的配置价值。在制裁环境下，俄罗斯的金融市场出人意料地出现反弹，莫斯科证券交易所股票价值有了大幅度的攀升，从 2019 年 1 月初的 2200 点提升到 2020 年年初的 3100 点，PTC 指数越过 1600 点大关，是 2008 年低谷以来的最佳表现，也是全球表现最好的资本市场之一。尽管受新冠肺炎疫情影响，俄罗斯证券市场下挫，但其短期因素特点不会从根本上改变金融资产的可投资属性。债券方面，2018 年 2 月，美国 S&P 公司将俄罗斯主权债务评级由 BB － 提高到 BBB －①，进入可投资区间，外加高达 4.7% 的联邦债券收益率，对于俄罗斯债券市场吸引力和包括中国在内的外国投资者是一个积极的信号。当然，面对潜在地缘政治风险引致的投资损失和现实的高收益率资产选择，需要投资者相对审慎和全方位地研判，因为风险和收益如影随形，特别是俄罗斯这样较为特殊的市场。

俄罗斯央行 2017 年年底对经济制裁环境下的俄罗斯经济做了压力测试，考验之一就是国外投资者撤出俄罗斯国债市场（ОФЗ）。目前，俄罗斯国债 30% 的持有者是外国投资者。② 俄罗斯央行和财政部预见到西方将进一步限制投资俄罗斯国债市场，这会导致财政和卢布汇率的双重不稳定。同时，由于同英国的政治冲突，俄罗斯大型企业通过在欧洲发行欧洲债券的融资渠道也被蒙上了阴影。对此，俄罗斯希望让更多的中国资金进入国债市场，弥补西方投资者离开后的空缺。在美国新一轮制裁前夕，俄罗斯经济学家罗曼·布里诺夫认为，2018 年夏秋，西方投资者大规模离开俄罗斯国债市场固然可惜，但也为包括中国在内的亚洲投资者腾出投资空间，存在 481 亿卢布的额外需求。③ 所

---

① Дмитрий Бутрин：России вернули инвесторов//Власть，2018，https：//www. kommersant. ru/doc/3558137.

② Анна Королева：В ЦБ предполагают худшее//Эксперт，2017，http：//expert. ru/2017/11/13/v－tsb－predpolagayut－hudshee/.

③ Анна Королева：На рубль надвигается волна волатильности//Эксперт，2018，http：//expert. ru/2018/08/1/na－rubl－nadvigaetsya－volna－volatilnosti/.

以，俄罗斯国债市场不会出现大的波动。2018 年 8 月，俄罗斯财政部新一轮国债拍卖竞标的情况也证实了这一点。

（四）其他金融合作形式

除了上述中俄金融合作形式，面对两国的现实状况，有很多新金融合作形式具备成长空间。对企业来说，诸如融资租赁的合作形式是不错的选择。比如，俄罗斯企业想从银行拿到贷款面临非常高的利率，可能面临资金链断裂的风险，因此对融资租赁业的需求大幅攀升，即不需要出钱购买设备，只需要通过类似按揭的形式，每月付给融资租赁企业钱就可以。中国企业资金相对雄厚，且国内贷款利率相对较低，完全可以满足俄罗斯中小企业的融资需求。另外，在银行卡、跨境电商支付结算等领域，两国都有很好的合作前景。目前，俄罗斯发行的"Мир"银行卡可以用于银联的支付系统，这就为中国在中俄边境城市及俄罗斯大城市扩大银行卡业务创造了条件。迄今，俄 10 家金融机构已发行 50 余万张银联卡，超过 30 万家商户和 4 万多台 ATM 可使用银联卡。中俄双方表示，将继续拓展两国银行间、支付系统和支付服务及保险领域合作，同意在遵守现有监管框架和世界贸易组织义务基础上促进双方金融机构与金融服务网络化布局和金融市场的整合。近年来，中俄跨境电子商务发展迅猛。如 2016 年，俄罗斯跨境电商贸易总额为 3000 亿卢布，其中对华贸易额为 1800 亿卢布，占到总量的 60%。支付结算渠道的通畅是跨境电商顺利运营的保障。中国国内部分地区已经建立了跨境电子商务结算系统，在同支付服务商家合作的基础上支持俄罗斯大多数主流支付方式的跨境结算支付，很大程度上化解了境内对俄电商企业支付的成本。支付方式的形成，为中俄跨境电商完成最后一块拼图，形成物流、仓储和支付的完整系统。

二　中俄金融合作中的主要问题

经过中俄双方多年的努力，中俄金融合作获得长足发展，金融领域的交流日益密切，各类金融业务合作稳步开展。但不可否认，目前中俄两国金融合作的深度和广度仍然不够，与两国全面战略协作伙伴关系及高度的政治互信极不相称。

（一）金融合作机制尚不完善

首先，中俄两国金融合作缺乏整体战略部署。随着中俄两国经贸合作的深化和发展，两国在金融领域的对话、沟通及融资便利性安排等方面取得了一定进展，但目前两国金融合作更多停留在具体项目和金融业务层面，缺乏指导金融合作长远发展的整体战略部署。

其次，金融合作分委会的作用未能得到充分发挥。中俄金融合作分委会自成立以来，对协调两国银行间的业务合作和交流起到不可替代的积极作用。然而，金融合作分委会没有设立专门机构来贯彻督导分委会达成的协议，导致两国签署的一些重要的金融合作协议始终停留在文件上，在实践中未能得到贯彻执行。

（二）金融合作发展空间受限

中俄两国的贸易规模决定了两国金融合作的水平。2015年，中国与美国双边贸易额为5584亿美元，与日本贸易额为2786亿美元，与之相比，中俄贸易规模仅为680亿美元。中俄贸易为中美贸易的1/8，是中日贸易的1/4。由于两国贸易规模有限，与之相关的授信、出口信贷保险、起套期保值作用的外汇远期交易、供应链融资等金融服务缺乏发展空间。在中俄两国相邻地区的经贸合作中，边境贸易、小额贸易仍占相当大的比例，与之相关的金融合作基本以简单的贸易结算为主，较少涉及其他类型的金融服务。

（三）对俄金融合作风险较高

由于俄罗斯金融环境不佳，金融体系发展仍处于初级阶段，中国银行和企业对俄开展金融合作的风险相对较高，具体表现在以下方面：第一，俄罗斯法律制度尚不完善，贸易政策频繁调整，金融政策产生相应变化，导致中俄企业间经济活动和金融活动面临较多不确定因素。第二，俄罗斯银行体系发展不成熟，相关制度法规尚未完善，银行信用等级低，资本市场和保险行业处于发展的初级阶段。由于银行业准入门槛较低，规模大的银行机构较少，且经营缺乏独立性，因此，俄罗斯银行体系抵御风险的能力较低。第三，俄罗斯银行业整体服务水平低。俄罗斯银行业务品种相对单一，收费较高，从业人员的专业技术水平和业务素质不高，办事效率低，严重缺乏熟悉金融管理的专业技术人员。第四，中俄金融合作缺乏风险管控机制。中俄两国银行间交流不充分，并未就风险管控等问题开展协同合作。第五，在经济形势恶化的条件下，对俄合作的金融风险加大。鉴于俄罗斯不平衡的经济结构，在原油价格下跌、西方制裁等因素的影响下，俄罗斯经济下滑，通胀加剧，金融市场低迷，卢布大幅贬值，标准普尔等评级机构已经将俄罗斯主权信用评级下调至 BBB－，列入负面观察名单，银行对俄合作的金融风险相应加大，中方银行对涉俄金融服务大多采取较为审慎的态度。鉴于以上种种问题，对俄金融合作风险较高，中方商业银行在俄罗斯扩展业务的积极性不高，不利于金融服务的创新与发展。

（四）本币结算业务仍待推进

经过中俄双方多年的努力，两国间的本币结算业务一直在探索中前行，尽管已经取得了很大进展，但不可否认的是，目前中俄间本币结算仍处于较为初级的阶段，未来仍有很大提升空间。具体表现在以下方面：第一，中俄双边贸易中，美元仍为主要结算币种。由于美元是国际通用货币，且美元汇率相对稳定，美元结算及清算的银行渠道畅通。与之相比，人民币结算渠道仍不畅通，结算效率较低。因此，在中俄贸易中，美元是计价及结算的主要货币。2015 年，美元结算在中俄贸易总结算额中仍占约 70%，本币结算仅占 30% 左右。第二，本币结算方式过于单一。中俄两国银行间本币结算方式基本上仍局限于汇款业务，以本币的汇入和汇出业务为主，企业较少采用信用证、银行保函等结算方式，本币投融资业务量很小。第三，本币结算范围有待扩大。中俄银行互设代理行数量仍须进一步增加。就中方银行而言，边境地区一些外汇指定银行并没有在俄罗斯境内设立代理行，在办理汇款业务时，须通过上级行或借用绥芬河、黑河等地区在俄罗斯设立的代理行转汇。这与直接汇款相比，手续相对烦琐，花费时间较长，很大程度上降低了人民币跨境流通的效率。就地域范围而言，俄方本币结算仅在阿尔泰共和国、滨海边疆区、哈巴罗夫斯克边疆区、阿穆尔州、犹太自治州这些与中国接壤的边境地区进行，尚未在俄罗斯全境范围内推广。第四，人民币结算、清算渠道不畅。尽管目前中国银行、农业银行等商业银行能够实现人民币跨境划转，但人民币与卢布的直接清算体系尚未建立，因此，两国直接通汇的实际规模仍然很小。第五，人民币离岸市场尚未建立。由于在俄罗斯境内尚未建立人民币离岸市场，通过贸易流到境外的人民币难以消化，阻碍了人民币跨境结算业务的推广。建立人民币离岸市场，有利于解决流入俄罗斯境内人民币的交易与流通问题，使拥有人民币的境外企业可以在这一市场上融出资金，获得收益，很大程度上提高了境外企业使用人民币结算的积极性。

（五）现钞调运费用相对较高

在中俄双方银行的努力下，两国银行间现钞调运渠道逐渐通畅，但卢布现钞调运费用仍相对高昂，为双方银行增加了负担。卢布现钞调运过程中，首先要缴纳关税。俄罗斯海关对卢布现钞按特许商品收费，即按调运金额实施阶梯性关税，如调运大额卢布现钞，将会产生高额关税。除去海关关税，俄方对卢布现钞调运的收费相当繁杂，以俄罗斯东方快捷银行给中国建设银行黑河分行的关于卢布现钞调运的报价为例，除去关税，俄方还要收取海关经纪人费用、保安公司运输费用、临时仓库费用、一次船舶进出港费用等。这一系列费用增加了银行进行现钞调运的资金成本，成为卢布现钞调运工作的阻碍。

（六）反洗钱监管难度较大

随着边境贸易的扩大，中俄相邻地区人员、资金和货物的跨境流动成为常态。由于边境地区现钞交易简单快捷，相关部门很难对出入境的现钞进行有效监管，从而为洗钱活动留下可乘之机。例如，根据海关规定，外币现钞超过等值1万美元的应向海关申报，并向外汇管理局申领外汇现钞携带证明。但在实际操作中，由于检查设备落后，全面的搜身式检查耗时较长又影响通关效率，因此很难对个人随身携带的大量现钞进行监管。又如，为防止资金外逃，中国对个人境外投资尚未完全放开，一些对俄投资的民营企业及个人通过各种渠道绕过限制进行境外投资，中方很难对资金流向和资本运作方式进行管控。此外，一些中国商人在俄罗斯境内从事贸易活动赚取了大量卢布，需要兑换成人民币汇回国内。在卢布汇率波动较大的压力和地下钱庄高额利息的吸引下，一些商人选择通过地下钱庄跨境转移资金，为地下钱庄跨境非法募集资金创造了条件。这些地下钱庄经营隐秘，反侦查意识较强，相关部门对其查处的难度较大。

三　对策建议

首先，在美国金融制裁下，俄罗斯可能遭遇美元结算限制，对此俄罗斯提出"去美元化"的战略。这同中国的"人民币国际化"战略找到一定的契合点，贸易本币结算就是最易推动的领域。2018年，俄罗斯政府宣布在同主要贸易伙伴的结算中分阶段地脱离美元。目前，中俄两国在货币结算中卢布与人民币所占的比例分别是18.3%和16.9%①，还有很大的潜力扩大本币结算比重。所以，在贸易和投资领域，对于中国有谈判能力和定价权的情况，应争取更多使用人民币计价和结算。下一步需要考虑的是让人民币流到俄罗斯后必须有回流渠道，否则俄罗斯居民不会愿意用人民币结算和持有人民币。

其次，发行人民币债券是中国对俄罗斯融资的现实选择之一。从2005年开始，国际开发机构获准在中国境内发行人民币债券（熊猫债

---

① Владислав · Гринкевич: Доллар не спешит прощаться//Профиль, 2019, ht-tps://profile.ru/economy/sobytiya－nedeli－v－ekonomike－3－9－iyunya－2019－goda－148141/.

券）。由于之前俄罗斯更倾向于从欧洲融资，所以搁置了引导人民币进入俄罗斯债券市场的时机，熊猫债券正好是一个突破口，且不用考虑借款人最终想得到哪种货币。如果俄罗斯需要美元，它首先可以通过发行熊猫债券借入人民币，然后用这笔资金从中国居民手中买入美元。另外，俄罗斯正在通过组建诸如"基础设施发展基金"的方式发行卢布债券。鉴于内债空间有限且面临联邦债券（ОФЗ）的竞争，向中国投资者发行卢布债券是可操作方向。对于中国投资者来说，俄罗斯基础设施的高资本回报率必定带来不菲的债券收益率。当然，是以人民币还是美元的形式进入俄罗斯基础设施债券市场，需要利弊评估和双方协商。总体上看，俄罗斯的优势是具有较低的债务率、平衡的财政预算结构和稳定的宏观经济环境，这些基本面利好因素有助于吸引中国投资者。同时，在俄罗斯境内发行人民币计价的债券也是可探索方向。目前，中国工商银行已经取得在俄证券业务牌照，未来中国其他商业银行也会陆续在俄罗斯开展自营和托管业务，实现在俄罗斯发行以人民币计价的债券。

最后，在金融科技合作领域，中俄两国具有很大的潜力。根据世界银行金融科技发展指数，全球美国第一、中国第二，而且中国的很多技术与模式更适合新兴市场国家。过去几年，"一带一路"沿线国家在该领域的国际合作取得了非常好的成效。如中国的支付宝和微信支付在很多国家开通了跨境支付服务，为中国游客在国外购物、消费提供了便利。中国先进的支付技术在印度、泰国和孟加拉国等都获得了认可，俄罗斯作为世界电商贸易发展最迅速的国家之一，在跨境支付合作领域必然和中国形成契合点。中国可以和俄罗斯企业一起研发适合当地技术、文化、政策的支付系统，最终为两国的贸易合作助力。此外，中国进出口银行与俄罗斯对外经济银行签署向后者提供30亿美元额度（人民币贷款）的框架性贷款协议，旨在对俄高科技、知识密集型和创新产业及基础设施项目融资。

第三节　中国同蒙古国的金融合作

一　金融合作的机遇

中蒙金融合作的机遇应该关系到以下四点。

一是中蒙基础设施投资的机遇。基础设施作为"一带一路"的重点项目，尤其是对经济落后的蒙古国来讲，有着较强的迫切性和主动性。从中蒙间最大的陆路通商口岸二连浩特市看，它对蒙古国的进出口总额占到全国的 70% 以上，但目前只有一条中俄蒙的中央铁路，不仅年久失修，且超负荷运行，许多矿产资源密集区至今无铁路可通。二连浩特铁路口岸建设的最大过货能力为 1000 万吨，2015 年中蒙进出口额下滑到近 5 年的最低点，仍有近 5000 万吨和远期 1 亿吨的需要。为此，我国提出加快实施集宁—二连浩特—乌兰巴托双幅电气化改造和中蒙俄跨境铁路电气化复线及准轨建设，预计总投资在 400 亿元以上。如此巨大的投资，对于中蒙金融合作有着巨大的吸引力和发展前景。同时，随着互联网金融的快速发展，未来中蒙间的电子商贸合作和互联网金融合作会迎来新的发展契机，国内金融业传统业务日益缩减，中蒙间银行、信托金融租赁等开发性金融将迎来巨大市场扩展空间。

二是加快跨境人民币业务发展的机遇。人民币在中蒙民间基本实现自由流通，并占据主导地位。但是长期以来，中蒙金融业合作相对封闭，跨境人民币业务发展较为缓慢，直到 2015 年 8 月中国才实现首笔蒙图现钞兑换业务，而且中国仅有 5 家商业银行开展与蒙古国的跨境人民币结算业务，与蒙古国 36 家商业银行建立了账户关系。但 5 家银行中，仅农行和工行对蒙古国银行有授信额度，象征金融合作深化的信用证、保函和相对复杂的托收等新兴金融工具业务仍未破冰。"一带一路"倡议的实施必然加快中蒙间的经贸合作，把人民币尽快上升到两国间的主要国际货币，有效提升对蒙古国贸易互通的公平性、便携性和收益性，也为中国正式加入 SDR 实现人民币国际化提供重要的参考依据。

三是贸易融资增长的机遇。中蒙双方在经济结构和产业机构上存在较强的优势互补性，双方达成未来 3—5 年在中蒙边界建立跨区域自贸中心，可以预见未来中蒙贸易会在多个领域进入一个新的发展阶段。2015 年，中国对蒙贸易额达到 48.3 亿美元，占到蒙古国对外贸易总额的 60% 以上；2016 年上半年中蒙贸易额达到了 32.84 亿美元，虽然同比下降 17.2%，但中国出口到蒙古国的粮油、机电产品占蒙古国市场份额的 85% 以上，果蔬和日用品约占蒙古国市场份额的 80%。相关数据测算，未来中国与"一带一路"沿途国家的年均贸易增长率将在 20%—30%，蕴含着大量的贸易融资需求。贸易融资的多元化、国际化和标准化需求与中蒙企业、个人、金融业间水平融资形态形成巨大的矛盾。以中蒙第一大口岸二连浩特市为例，2015 年二连浩特市对蒙投资企业融资需求约 8 亿元，自贸区建设和边贸公共服务资金缺口约 22 亿元以上。如此大的贸易融资缺口，将会促进中蒙金融业融资规模和水平的大幅提升。

四是提升金融业国际风险管理水平的机遇。目前，蒙古国仍未建立起完善的工业体系，金融组织体系也不完善，特别是中蒙边境地区人民币流通仍未形成一套完整科学的监测体系。如蒙古国银行的汇款信息上通常是中国境内收款银行的 SWIF 码，而这一代码无法准确判断收款银行。可以预见，金融支持可能面临高成本、低收益的情况。未来，中方金融机构对蒙开展业务需要有针对性地提高金融风险管理水平，提高自身在政治和经济发展水平较低地区的国际业务风险管理。

二 中蒙金融合作面临的挑战

中蒙金融合作面临的挑战和风险主要涉及以下四个方面。

　　一是蒙古国政治经济信用差。中蒙两国从古至今具有良好的地缘优势与民俗优势，但由于历史原因，现今的蒙古国无论是政治还是经济上，对中国都存有一定的芥蒂。从政治上看，"中国威胁论"一直存在，导致其对中国企业或个人对蒙投资从心理上就有所抵触与防范。同时，由于蒙古国实行多党制、议会制，政治、经济政策变数较大，中蒙当年或当时签订的各类经济金融协议或合同时常随政局改变而废止或更改。例如，2012 年 5 月，蒙古国在面临新一轮大选和对其国内矿产资源估价过高的情况下，蒙古议会紧急出台《外资控制法》，对中方进入采矿、银行等行业诸多限制。这直接导致 2012 年以来蒙古国吸引外商直接投资不断萎缩，2012 年吸引外资 31.99 亿美元，同比下降 30%；2013 年下降 52%；特别是 2014 年，在蒙的外国投资公司只有 340 家，近 10 年来最低，最高的年份是 2007 年，计有 1607 家外国公司到蒙古国投资。虽然近年来蒙古国议会试图通过新的投资法案增强外国投资者的信心，但其易变的政治法律环境还是让外国投资者望而却步，投资信心难以恢复。

　　二是金融合作层次简单。近 10 年的中蒙金融合作，依然存在国际结算业务发展不平衡、业务种类较为单一且集中度较高、账户行合作层次不高的问题，难以满足支持口岸涉外经济化的需求。金融合作作为中蒙总体关系的组成部分，从"一带一路"倡议角度考虑，中蒙金融合作须从总体战略角度出发，将双边政治关系、边贸关系作为基础来开展。此外，中蒙两国之间发展金融合作关系的同时，其他国家也在发展与蒙古国和中国的多边合作关系，这就使得金融合作逐渐演变为多方合作。也就是说，中蒙在逐步深化金融合作关系时，必须考虑到其他国家的感受和反应。蒙古国中立国的定位，使得中蒙双边金融合作必须考虑第三国的利益与影响。

　　三是中方涉蒙企业融资难。调查显示，中方涉蒙企业多数为中小企业，其中微型企业占 80.2%，小型企业占 11.7%，中型企业占 7.3%，大型企业仅占不足 1%。同时，多数是商贸企业，生产加工型企业占比较低，典型特点是小企业大代理，企业资产总量少、注册资金小。这些企业大部分缺乏健全规范的财务制度，多数难以达到中国新近出台外汇政策的支持门槛。2016 年 5 月，中国人民银行发布了《关于在全国范围内实施全口径跨境融资宏观审慎管理的通知》，许多资金需求强烈的中资企业积极与境外相关机构开展跨境融资。但目前看，普遍存在境内中资企业前期费用投入多，但境外资金落地少的现象。如中方企业向境外机构融资时，这些机构多为境内的基金或资产管理公司。在承诺提供跨境融资时，不要求境内银行提供担保，但需要质押境内企业的资产或股权。为完成质押，境外机构往往指定评估机构评估境内企业资产，并向境内企业收取数量可观的评估费用；或是签订合同时，境外机构的人员往来费用一般须由境内企业提供，变相提高企业融资成本；或是中方企业签订第一次合同时，往往合同甲方为境内企业法人个人，而在现行法规中，个人跨境融资业务未放开，不能受到我国相关法律法规的保护；或是跨境融资的利率畸高或畸低，有时达到 10% 以上或不足 1%，合同条款随意性较大。

四是汇率风险。蒙图汇率波动性大一直是影响中蒙边贸发展的重要因素。从近 5 年汇率走势看，2012 年人民币与蒙图年均兑换比为 1∶203.68。随着蒙图持续贬值，截至 2016 年上半年年均兑换比为 1∶310.21。如 2013 年，人民币对蒙图的兑换比由年初的 1∶203.68 到年底的 1∶275.67。近 5 年，蒙图相对人民币贬值超过 50%，近 10 年超过 100%。蒙图贬值相对提升蒙方进口成本，导致蒙古国内物价水平持续上升，蒙古国消费者对产品和服务的实际支出能力下降，抑制中方企业对蒙古国出口业务，现有的部分出口企业在签署出口订单时面临违约风险，新增订单大幅减少，少数企业已暂停签署订单。从金融方面看，中蒙间贸易结算风险凸显。蒙图贬值以来，中资银行对蒙业务办理趋于保守，部分银行调高对蒙业务办理风险等级，压缩或暂停与蒙进出口相关的贸易融资业务。随着蒙图持续贬值，蒙方银行开具的信用证已得不到国内银行的普遍认可。

三　推动中蒙金融合作纵深发展的建议

(一) 加强中蒙之间多层次交流

政治、经济和文化等因素对两国经济关系有着非常重要的影响，因此中蒙双方应加强多层次、多方位的交流。2014 年，国家主席习近平访蒙期间，蒙方提出中蒙共建草原丝绸之路经济带的倡议，是作为中方提出"一带一路"的有益补充。双方应以此为契机，加强政府高层互动，增进相互间的交流理解和互信。从金融合作角度看，一是经常或者定期召开有关中蒙金融合作方面的决策咨询会，将近一段时期双方经济与金融中产生的各类问题进行通报，及时提供给双方金融专家研判或参考。二是双方政府有义务建立相关网络平台，并依托这一平台达到信息资源共享的作用，按规定上传各自双边贸易中的经济金融信息，节约政策出台和问题研究的成本。三是立足中蒙之间的传统文化和历史内涵，加强宣传引导，扩大我国软实力影响，树立中国和平崛起的国际形象，并且定期同蒙古国议员沟通，以期增强蒙古国对华贸政策的稳定性，为在蒙贸易及投资企业提供明确的预期。

(二) 提升中蒙金融合作的深度和广度

"一带一路"虽然是从国家战略的角度出发，但其中孕育着诸多银行业和保险业发展商机，也为中蒙两国金融合作提供了更多的政策性商业保障。因此，为更好地提升两国金融合作水平与深度，首先需要建立起"一带一路"金融支持整体框架，建立和启动开发性、商业性金融机构支持体系，服务中蒙俄经济走廊建设及实体经济发展。一是利用好国家外汇储备补充政策性金融机构；二是以国家或内蒙古层次发行"丝绸之路"及其他类型基金；三是以债券、基金等形式吸收社会资本；四是境内企业、商业银行在国内或蒙古国发行人民币债券；五是提高国内商业银行的授信级别和贷款能力；六是鼓励蒙古国的优质企业在本国或中国境内发行债券。鉴于"一带一路"基础设施投资规模较大，因此要充分发挥政策性保险在基础设施建设项目中的作用，特别是对交通能源及矿产资源、电力、电信、建筑、高铁等高投入产业提供保险保障。政策性保险公司在产能输出过程中可引入海外投资险等政策性保险维护投资安全。同时，在大型成套设备出口融资中引入出口信用保险，有效撬动信贷杠杆，积极拓展跨境商业性保险产品。

（三）提升账户行合作关系的水平和范围

简单的账户行关系，难以实现中蒙企业间的融资要求，因此，要以中蒙账户行合作关系弱的问题为切入点，着力提升账户行清算层次，满足不同层次市场主体客观需要，拓展账户行头寸资金运用范围，允许蒙方银行提出的依托账户行办理人民币/美元远期和调期业务，丰富边贸账户行业务品种。同时，依托"一带一路"的亚洲投融资体系，扩大涉外企业资金扶持和业务支持力度。在加快国内商业银行在蒙古国设立分支机构的步伐的同时，积极鼓励中方银行参与蒙古国商业银行改革，为鼓励和支持境外投资企业直接用人民币跨境投资提供更便捷有利的服务创造条件。

（四）改进完善跨境外汇实时监测预警机制

要进一步完善口岸外汇监测数据指标体系，高度关注中蒙账户行资金通道业务，加强资金跨境流动监测预警和风险应对，及时对中蒙账户行结汇额度政策予以调整和完善，使其更适应当前口岸涉外经济发展需要。严厉打击外汇违法违规行为，有所侧重地加大对地下钱庄、离岸公司、非居民账户等重点领域违规跨境套利行为的检查力度，加强对以预付货款、转口贸易、分拆购付汇等违规资金流出行为的监管，加大对违法违规案件的处罚力度，为涉外经济和中蒙俄经济走廊建设健康有序发展保驾护航。

第 八 章

中蒙俄经济走廊建设中的"民心相通"

习近平总书记指出，"国之交在于民相亲，民相亲在于心相通"。"一带一路"要行稳致远，离不开"民心相通"的支撑和保障，需要实施好"增进民心相通"这项基础性工程。俄罗斯布里亚特国立大学公共教育学系尼娜·扎姆苏耶夫娜·达戈巴耶娃教授认为，"中蒙俄之间的跨境合作应该是金字塔形的，应以社会文化空间和人文合作领域为基础，其次是政治领域，最后是军事外交，最上面是经济领域"。"民心相通"是"政策沟通、设施联通、贸易畅通、资金融通"的基础条件，心通则一切通，心疑则一切阻。人文合作交流是人民相互理解和民间外交的重要桥梁，民间外交是国际关系人文化和国家软实力政策实施的主要方式，也是向世界宣传本国利益、形象、名誉的重要途径。2016年6月，中蒙俄三国元首在塔什干见证了《建设中蒙俄经济走廊规划纲要》的签署，其中的人文交流项目明确提出深化跨境地域间的旅游。中蒙俄三国旅游部门联合打造"万里茶道"国际旅游品牌，推进三国间电影的经贸交流，发展联合制片，扩大学生交换学习、大学生出国留学的范围，加强青年人的学习交流等。为此，近几年在人文交流方面，从国家到地方政府都积极开展了诸多中蒙俄文化系列活动，形式丰富多样，并卓有成效。例如，通过中蒙互办文化周、文化月活动，举办文化交流年，建立中蒙文化中心，搭建起中蒙两国文化交流合作的平台；通过中蒙俄旅游、文艺演出、互派留学生等方式促进人员往来，加深彼此了解；通过智库建设、学术研讨会、专家学者互访等提升文化交流水准等。可以说，中蒙俄间软实力建设工作全面展开，为其他领域的健康发展奠定着重要的社会基础。

中蒙俄三国是山水相连的重要邻居和伙伴，一直保持传统友好关系和人民间的友好交往。中蒙两国 1949 年建交，1951 年正式签署贸易协议，1989 年两国关系正常化；中俄两国 1949 年建交，俄罗斯是新中国成立后第一个建交的国家。2014 年，中蒙将两国关系提升为全面战略伙伴关系；2019 年，中俄元首决定将两国关系提升为"新时代中俄全面战略协作伙伴关系"。中俄、中蒙在经贸、投资、金融、科技、资源开发、基础设施建设方面等诸多合作整体上不断提升。但中蒙俄民间因过往的历史和现今民众的价值观、思维模式、交流模式等不同，彼此认同度不是很高，中蒙俄软实力建设成为最难推进的领域。基于此，须厘清中蒙俄人文交流合作领域的现状，分析存在的问题，给出相应的政策建议，旨在找准进一步提升中蒙俄民众彼此了解、提高认同感的切入点和媒介，更好地服务中蒙俄经济走廊建设。

第一节　中蒙俄经济走廊建设中的 "民心相通" 之现状

近几年，中蒙俄三国在"一带一路"倡议和《中蒙俄经济走廊规划纲要》框架内开展了一系列文化交流与合作，促进了人员往来，加深了彼此了解。内蒙古按照"一带一路"倡议部署，充分发挥联通蒙俄的区位优势，积极参与"丝绸之路经济带"和中蒙俄经济走廊建设，与蒙俄两国在旅游、教育、媒体、医疗卫生等领域的交流合作日益密切。

一　中蒙俄三国旅游合作活跃了草根外交，坚实了民意基础

任何一个国家的对外政策方向都有从邻国开始的传统，与毗邻国

家加强经济和外贸合作时首先需要采取措施增加与毗邻国家间的客流量，旅游是促进人员往来的主要方式。经济资源、发展机遇、市场需求共聚的中蒙俄必然互相成为旅游业最主要的客源国。只有创造良好的促进民众的往来机制，才有深入了解彼此的机会，达到"民心相通"目的。

（一）中蒙两国旅游合作

1994 年，中国与蒙古国签署《中蒙友好合作关系条约》，17 年后双方建立了战略伙伴关系。这期间，睦邻友好合作关系在 2003 年升级为睦邻互信伙伴关系，在 2011 年升级为战略伙伴关系，2014 年再次升级为全面战略伙伴关系。中蒙两国战略合作不断深化的表现形式有民众的参与度不断增加、文化交流不断密切等方面，最明显的表现形式是近些年两国旅游领域合作的不断深化。在民众参与度不断增加、文化交流不断密切背景下，基于旅游领域发展合作政策的框架，蒙古国和中国政府共同提出很多合作建议，并且采取具体措施。2015 年，乌兰巴托成功举办"第十一届东北亚国际旅游论坛"；同年，以"同行草原—丝绸之路，联结合作发展走廊"为主题的首届中国—蒙古国博览会在呼和浩特举行，为中蒙旅游合作提供了重要的平台。2016 年 2 月，国家旅游局局长李金早与蒙古国旅游部部长巴特策尔格签署了《中华人民共和国旅游局与蒙古国环境、绿色发展与旅游部旅游合作协议》，进一步扩大双方的旅游交流合作。据统计，2016—2018 年，中蒙互旅人员总体上持续上涨（见表 8—1）。2019 年第一季度，中国成为蒙古国旅游的首要客源市场，赴蒙游客总数达 2.72 万人次[1]；蒙古国成为中国第七大入境旅游客源市场。随着两国各领域互动不断加强，文化旅游推介活动增多，中蒙文化互鉴、交融，两国的旅游事业和产业得以更好地发展。

---

① 人民网（http：//world. people. com. cn/n1/2019/0816/c1002 – 31298583. html）。

表8—1   **2016—2018 年中蒙互旅情况统计（万人次）**

	年份		
	2016	2017	2018
入境蒙古国的中国游客人数	13. 1312	14. 2481	16. 3979
蒙古国民众来中国旅游人数	158. 12	186. 46	191. 6

数据来源：国家统计局（http：//www. stats. gov. cn/）；蒙古国国家统计局（http：//www. 1212. mn）。

（二）中俄两国旅游合作

自 20 世纪 90 年代初以来，俄罗斯与中国的旅游业逐渐兴起。两国在旅游领域的合作被认为是在 1989 年开始，时任俄罗斯总统戈尔巴乔夫访问中国。两年后，原中国国家主席江泽民回访了苏联。随后，俄罗斯联邦政府与中国政府于 1993 年 11 月 3 日签署了关于旅游合作的协定。2012 年，中俄政府签署了团队游互免签证协议。[①] 中俄双边旅游快速发展离不开两国采取的各项有力措施。首先，互办"旅游年"。中俄两国 2012 年举办了中国"俄罗斯旅游年"，2013 年举办俄罗斯"中国旅游年"，这些活动吸引了大量民众的关注，增进了民众之间的相互了解和传统友谊，拉动了旅游产业的互动、交流和合作。其次，两国采取签证便利化措施。2000 年，中俄双方签署了团队旅游互免签证协议，简化了手续，节约了时间，获得了游客的肯定，吸引更多游客参加团队游。此外，两国旅游业界增加旅游项目，开通新航线，推出跨境旅游专列，不断推出各种符合市场需要的主题旅游项目，如红色旅游、战争主题游、生态游、苏联国家组合游等。两国旅游主管部门频繁互动，连续签署备忘录，在宣传展览、旅游投资、旅游保险、旅游教育等方面开展了系列交流与合作。两国旅游合

---

① 郭丽洁：《中俄国际旅游发展的影响因素探析》，《广西质量监督导报》2019 年第 8 期，第 148 页。

作领域不断拓宽，已经从简单的游客互访向深度的产业合作推进，从国家和省级层面交流合作向城市层面甚至是二三线城市推进，从边境地区先行先试向内陆更大范围延伸。未来，两国旅游合作方面，还有很多内容可做。如就两国间旅游政策法规、市场需求、服务标准、行业资讯等问题进行系统研究和广泛交流；充分发挥友好省州、毗邻省份、友好城市的作用，在跨境基础设施建设、边境旅游政策协调等方面开展合作，探索建立跨境旅游合作区和其他示范性旅游合作新模式等。[1] 2018 年，中国赴俄游客数量为 160.15 万人次[2]，成为俄罗斯的最大入境客源国；俄罗斯来华游客约为 241.5 万人次[3]，是中国主要的入境客源国之一。

（三）中蒙俄三国旅游合作

目前，在"一带一路"框架下，中蒙俄三国建立了旅游联席会议机制，举办中蒙俄"万里茶道""和平之旅"等系列活动，开通"万里茶道号"中蒙俄跨境旅游专列以及呼和浩特—伊尔库茨克、二连浩特—伊尔库茨克等旅游包机。2018 年 3 月，国务院同意设立内蒙古满洲里边境旅游试验区。第 2 届中蒙博览会期间，举办了内蒙古旅游暨"万里茶道"国际旅游推介活动，旅游推介活动达成合作协议 2 项，投资 1700 万美元。2016 年，在中国呼和浩特举办了首届中俄蒙三国旅游部长会议。该会议每年都定期举行。三国旅游部长会议的目的是发展跨境旅游，特别是在增加边境旅游客流、联合开发旅游产品、提高服务质量、共同推进签证便利化等方面加强合作。2016 年首届中俄蒙三国旅游部长会议中，为了开发跨境三国的旅游产品，三方共同成立中俄蒙"万里茶道"国际旅游联盟，"万里茶道"旅游项目已启动。2018年 7 月 9 日，第三届中俄蒙三国旅游部长会议在乌兰巴托市举办，蒙古国入境旅游最大的两个客源国是中国和俄罗斯，两国也是蒙古国公民

---

[1]　俄罗斯：《中俄旅游合作紧密》，https：//www.sohu.com/a/169336137_157267。

[2]　https：//www.kommersant.ru/doc/3984186。

[3]　数据来源：国家统计局（http：//www.stats.gov.cn/）。

出境最主要的目的地国。

2010 年 1—3 月，中蒙俄三国共同举办"冬季茶叶之路"试验项目，其线路为"呼和浩特—二连浩特—扎门乌德—乌兰巴托—阿拉坦布拉格—恰克图—乌兰乌德—伊尔库茨克"。蒙古国与中国就积极参加双方互办的旅游宣传、推广、展会活动达成共识。据此，中方于 2011 年在天津举办中国旅游产业博览会，蒙方也相应在乌兰巴托市举办了蒙古国国际旅游博览会。

在 2019 年召开的第四届中俄蒙三国旅游部长会议上，俄罗斯联邦旅游署副署长科纽什科夫表示，中国和蒙古国是俄罗斯在旅游领域的重要伙伴国。中蒙俄三国人民之间的传统友谊和绵延国界为优先发展边境旅游创造了必要的条件。中国已成为赴俄罗斯旅游人数最多的国家，俄罗斯到中国旅游的人数也在增加。中蒙俄三国旅游部长定期会晤对发展边境旅游、加强国际合作起着重要的作用。作为三国旅游合作重要载体的"万里茶道"，也将中俄蒙三国相关地区紧密联系在一起，助力三国构建更好的文化旅游体系。

近年来，中蒙俄三国政府对推进中蒙俄旅游合作都秉持着积极的态度，紧锣密鼓进行着机制性推进和政策性引导。从形成共识到达成默契，已将扩大旅游领域务实合作作为落实《中华人民共和国、俄罗斯联邦和蒙古国发展三方合作中期路线图》和《建设中蒙俄经济走廊规划纲要》的重要举措，列入三国务实合作的重要议程，并得到三国社会各界的积极响应（见表 8—2）。

表 8—2 　　　　　中蒙俄经济走廊推进旅游合作政策路线

2014 年	中俄蒙三国元首在杜尚别举行首次会晤	提出开展旅游等领域的务实合作
2015 年	中俄蒙三国元首在乌法举行第二次峰会	批准《中俄蒙发展三方合作中期路线图》，明确指出三方将扩大旅游领域合作，共同打造"万里茶道"国际旅游线路

2016 年	6月，中俄蒙元首在塔什干举行第三次会晤	中国国家主席习近平指出，中俄蒙三方依托互为邻国的优势开展紧密合作，积极落实《中俄蒙发展三方合作中期路线图》，在经贸、人文、过境运输、旅游、体育等领域取得积极进展和成果
	7月，召开首届中俄蒙三国旅游部长会议	三国共同签署《中俄蒙三国旅游合作谅解备忘录》，发布《首届中俄蒙三国旅游部长会议联合宣言》。明确提出，中俄蒙三国决定制定三国旅游中长期合作规划及年度合作计划，推动旅游基础设施建设，共同开发旅游市场，建设旅游品牌，推动三国旅游可持续发展
	7月，中国国家旅游局会同财政部、发改委等 8 部门	制定下发《关于加快推动跨境旅游合作区工作的通知》和《跨境旅游合作区建设指南》
2017 年	6月，召开第二届中俄蒙三国旅游部长会议	签署《第二届中俄蒙三国旅游部长会议纪要》，达成深化旅游务实合作，提升旅游交流规模，改善旅游服务品质，助力"一带一路"等三国发展战略对接等诸多共识
2018 年	7月，召开第三届中俄蒙三国旅游部长会议	三国旅游部门代表共同签署会议成果文件《第三届中俄蒙三国旅游部长会议纪要》
2019 年	6月，第四届中俄蒙三国旅游部长会议	三方共同签署《第四届中俄蒙三国旅游部长会议纪要》

（四）内蒙古与俄蒙旅游合作

内蒙古与俄罗斯和蒙古国共有 4261 千米的边境线，全区已建成 18 个对外开放口岸，其中对俄口岸 4 个，对蒙口岸 10 个，国际航空口岸 4 个。目前，3 个中俄口岸和 5 个中蒙口岸开通边境旅游业务。内蒙古基于地缘、人缘优势，在三国政府推动下，与俄蒙开展了一系列旅游合作，活跃了人员往来，加深了彼此了解（见表 8—3）。目前，已有边境旅游线路 21 条，其中对俄 6 条、对蒙 15 条；有边境游旅行社 41 家。

其中，经营中俄边境游旅行社 19 家，经营中蒙边境游旅行社 22 家。据 2018 年内蒙古统计局统计，俄罗斯入境游客为 78.2 万人次，蒙古国入境游客为 95 万人次，分别占全区入境旅游总人次的 41.6%、50.5%。

表 8 – 3　　　　　　　内蒙古自治区推进中蒙俄三国旅游合作路线

2006 年	蒙古国自然环境和旅游部和中国内蒙古自治区旅游局	形成每年定期举办边境旅游协调会议机制
2009 年	协调会在蒙古国乌兰巴托市举办	双方就加强旅游合作等方面进行了探讨
2014 年	内蒙古自治区旅游局提出整合原有对俄、对蒙双边合作机制，11 月 25 日在呼和浩特市召开第一次会议	建立中国内蒙古自治区与俄罗斯外贝加尔边疆区、布里亚特共和国、伊尔库茨克州、蒙古国乌兰巴托市中蒙俄三国五地旅游合作机制
2015 年	3 月在俄罗斯伊尔库茨克召开第二次会议	中俄蒙三国五地各成员地区举办了一系列活动，开启中俄蒙三国地区间的旅游合作
	10 月在呼和浩特市，国家旅游局主办中俄蒙旅游部门司局级会议	这是中俄蒙三国旅游部门第一次工作会议，是中俄蒙三国旅游合作的开端。会议围绕中俄蒙三国五地合作基础，研究召开中俄蒙三国旅游部长会议的有关事宜，一致同意成立中俄蒙"万里茶道"（茶叶之路）国际旅游联盟
2016 年	7 月承办首届中俄蒙三国旅游部长会议暨"万里茶道"国际旅游联盟成立大会	举办中俄蒙"万里茶道"国际旅游高峰论坛，为更多关注三国旅游合作发展、茶路文化、草原文化的专家学者提供一个良好的平台
2017 年	9 月 26 日，召开第二届中国—蒙古国博览会框架下的内蒙古旅游暨"万里茶道"国际旅游推介会	中俄蒙三国旅游企业签约

二　中蒙俄教育交流与合作夯实三国"民心相通"的认知基础

2016 年 7 月，教育部印发《推进共建"一带一路"教育行动》（以下简称《教育行动》），提出"聚力构建'一带一路'教育共同体，形成平等、包容、互惠、活跃的教育合作态势"，要"开展更大范围、更高水平、更深层次的人文交流，不断推进沿线各国人民相知相亲"。近几年，随着中蒙俄经济走廊建设的持续稳步推进，中蒙俄三国在教育领域合作日渐升温，不断创新合作交流的形式和内容，促使三国间人员往来，增进了相互的理解和信任。

（一）中蒙教育交流与合作

中蒙两国教育交流始于1952年，多年来，在教育领域的交流与合作发展顺利。1996年，蒙古国科教部部长图木尔奥其尔访华，双方签署《中蒙1996—2000年教育交流与合作计划》。1998年，中蒙签署《中华人民共和国政府和蒙古国政府相互承认学位学历的协定》。2000年，双方签署《利用中国无偿援助款项培养蒙古留学生项目执行计划》。2002年，时任教育部副部长张天保率团访蒙。2003年，蒙古国教育文化科学部部长仓吉德访华。2005年，双方签署《中华人民共和国教育部与蒙古国教育文化科学部2005—2010年教育交流与合作计划》；2008年，签署《关于组织国际汉语教师中国志愿者赴蒙古国任教的协议书》；2010年，签署《中蒙相互承认学历、学位证书的协定修订备忘录》；2011年，签署《中华人民共和国教育部与蒙古国教育文化科学部2011—2016年教育交流与合作执行计划》[1]；2017年5月12日，签署《中国科技部与蒙古国教育文化科学体育部关于共同实施中蒙青年科学家交流计划的谅解备忘录》。2018年，在国务院总理李克强和蒙古国总理呼日勒苏赫的共同见证下，时任教育部副部长杜占元同蒙古国教育文化科学体育部部长朝格卓勒玛在人民大会堂签署了《中华人民共和国教育部与蒙古国教育文化科学体育部2018—2021年教育交流与合作执行计划》[2]。除此之外，双方通过人员培训与基于合作的科研机构经验交流会、学术会议以及共同实施相关合作项目等形式积极开展合作。

（二）中俄教育交流与合作

1992年，中俄双方确认两国"互相视为友好国家"的关系，签署

---

① 搜狐网（http：//roll. sohu. com/20130507/n375016643. shtml）。

② 中华人民共和国教育部（http：//www. moe. gov. cn/jyb_xwfb/gzdt_gzdt/moe_1485/201804/t20180410_332780. html）。

中俄文化合作协议，确认将加强科技、环保、文教、卫生等领域的合作。1994 年，中俄宣布建立面向 21 世纪的"建设性伙伴关系"；1997年，决定"发展平等信任的、面向 21 世纪的战略协作伙伴关系"，确定扩大文化、教育领域的人文交流与联系，加深中俄两国人民之间的友谊和相互了解。① 回顾中俄教育合作历史，它已走过人才培养、体制构建、经贸发展等阶段，目前已进入利用两国优势教育资源、构建两国教育合作空间、培养强势产业、引领世界未来的新阶段。② "中俄间教育合作不仅能引领中国跨境教育的未来，同时还将建立强势学科，服务产业发展，促进区域合作，实现民心相通。"③ 俄罗斯总统普京于2001 年 1 月 10 日在阿塞拜疆共和国国民会议上发表讲话时强调："我们有义务扩大文化和科学外交，以及教育战线的交流，恰恰是人文关系最能拉近人与人的距离，增强对彼此的信任……"④

（三）内蒙古与俄蒙教育交流和合作

近几年，内蒙古自治区基于与俄蒙毗邻而居，有着交通便利、语言文化及风俗习惯相近等诸多得天独厚的优势，以留学教育为基础，统筹推进涉外办学、科技合作和人文交流，不断深化与蒙、俄的教育合作，取得明显成效。到目前为止，内蒙古自治区为蒙古国培养了 900多名本科生、研究生和 90 多名蒙古国边防军专业技术人员，为加深中蒙两国人民友谊、增进相互了解发挥了积极的作用。⑤ 具体来讲，在俄罗斯卡尔梅克国立大学孔子学院开设了 42 期汉语培训班；在锡林郭勒职业学院举办了对蒙职业技术培训班；内蒙古师范大学与蒙古国国立大学在 2 + 2 模式合作培养学生、建立重点实验室、设立中蒙联合大学

---

① 李根：《中俄人文交流机制研究》，硕士学位论文，吉林大学，2016 年。
② 杨文兰、陈迁影：《"一带一路"国家教育行动背景下中俄教育合作的担当与使命》，《内蒙古财经大学学报》2019 年第 3 期，第 58 页。
③ 同上书，第 57 页。
④ http：//kremlin. ru/events/president/transcripts/21160，2019 年 12 月 6 日。
⑤ https：//www. sohu. com/a/152621769_703594.

等方面达成共识，续签了校际合作协议；2017 年，内蒙古自治区人民政府与教育部共同签署《开展"一带一路"教育行动合作备忘录》，启动 2017—2018 学年中国政府奖学金招生工作，基础教育及学前教育学校接收国际学生 1138 人，其中，蒙古国 1096 人，俄罗斯 26 人。

目前，在蒙古国学习汉语人数以及到中国留学的蒙古国学生人数都在不断增加。据不完全统计，蒙古国已有 60 多所学校开设汉语课程。内蒙古自治区能够接受蒙古国留学生的学校有 30 多所。2017—2018 学年，国家汉办共派出 165 名汉语教师志愿者赴蒙任教，其中除孔子学院志愿者外，共有 112 名普通志愿者分布在蒙古国 43 所学校任教。

2018 年，内蒙古自治区预算安排来华留学教育资金 2423 万元，其中，专项用于自治区政府奖学金蒙古国留学生经费 1403 万元，安排莫斯科国立师范大学学生赴内蒙古师范大学学习汉语奖学金 140 万元。2018 上半年，全区 21 所高等学校接收国际学生 2867 人，37 所基础教育及学前教育学校接收国际学生 1195 人，其中锡林郭勒职业学院短期职业培训学员 241 人。新增接收国际学生学校 2 所，即包头职业技术学院和内蒙古化工职业技术学院。锡林郭勒职业学院设立的对蒙职业教育培训基地，在现代畜牧业、汽车检修、园林技术、传统蒙医五疗术等 13 个专业领域开展培训，上半年对蒙培训共计 241 人。内蒙古艺术学院纳入"一带一路"沿线国家音乐教育联盟。中国内蒙古、俄罗斯联邦布里亚特共和国、蒙古国轮流承办，已成功举办第八届和第九届中俄蒙国际青少年运动会。同时，与俄罗斯、蒙古国、韩国等建立了交流合作关系，每年举办 2—3 次青少年足球夏令营、冬令营活动或互邀到对方国家参加足球系列比赛。

2019 年，在第三届"中国—蒙古国博览会"以"推进中蒙俄职业教育发展深化人文交流合作"为主题的教育展览上，中蒙俄 35 所高校参展。它旨在通过中蒙俄职业教育展，充分展示国际教育交流成果、职业教育发展成就，搭建人文交流合作平台，促进中蒙俄职业教育高质量发展。此次展览上，内蒙古的内蒙古工业大学、内蒙古师范大学、内蒙古化工职业技术学院、内蒙古农业大学职业技术学院4所院校分别与蒙俄院校签订了互派留学生、教师，共同举办学术会议，开展科研合作6项合作协议。①

三 中蒙俄媒体成为三国民众增进互信友谊的桥梁

全媒体时代下，如何做好国际传播成为不容忽视的问题。习近平总书记指出："促进民心相通，媒体不能缺位"；"媒体在信息传播、增进互信、凝聚共识等方面发挥着不可替代的重要作用"；"国之交在于民相亲，民相亲在于心相通"；"人之相知，贵在知心"。媒体交流合作，是人与人相亲相近、心通意合的纽带，是国与国平等互信、包容共进的桥梁。社会信息化迅猛发展的今天，媒体已成为连接中外、沟通世界的桥梁。各国人民大多是通过媒体了解国际社会发展、各国人文风情，可以说媒体宣传是了解别人、让别人了解自己的窗口。本国民众通过这个窗口看世界，其他国家人民通过这个窗口了解这个国家。与此同时，它担负着民众间加深了解、增进互信友谊的重要使命。近几年，三国共同发力，在媒体合作交流方面卓有成效。

（一）中蒙媒体合作

2014年8月，中国国家主席习近平对蒙古国进行国事访问期间，双方负责机构签署合作备忘录，中方5年内向蒙方免费提供25部中国优秀影视剧译作；2016年，内蒙古卫视与蒙古国UBS电视台国际频道签订合作协议，每天租用UBS电视台国际频道6小时播出有关历史、科技、美食等内容的节目和中央电视台针对境外受众制作的栏目；2017年9月，中蒙影视合作论坛在蒙古国乌兰巴托市成功举办②；中蒙开展了"寻梦中国·我在内蒙古""百名外国记者看内蒙古"等活动，与中央电视台、中国社会科学院联合拍摄大型纪录片《草原丝路》；赴

---

① http：//www.sohu.com/a/340408633_703594.

② 内蒙古新闻网（http：//inews.nmgnews.com.cn/system/2019/07/05/012739669.shtml）。

蒙古国参加"感知中国·蒙古行——第四届乌兰巴托·内蒙古文化周"和"第七届中蒙新闻论坛";内蒙古蒙语卫视、蒙语文化生活频道在蒙古国落地,实现在蒙古国广播、电视、报刊、出版物等全覆盖;与蒙古国开展新闻代表团和媒体记者互访活动,双方就开展"一带一路"中蒙媒体联合采访活动、与蒙古国网络联盟建立合作关系等达成一致;"喀尔喀蒙古语影视译制和推广项目"(第五期)被列入丝绸之路影视桥工程2015—2020年首批重点实施项目;"草原之声"对外广播入选国家文化出口重点项目,每日在乌兰巴托落地播出8小时,覆盖蒙古国一半人口,拥有150余万听众;组织"改革开放40年'一带一路'中国行"——中蒙媒体联合采访活动,新开设专栏推出系列专访和报道,提高我国对外节目的本土化表达能力和国际化制作水平;蒙古语卫视频道与蒙古国10余家主流媒体签订节目播出和频道租赁合同,中国影视剧在蒙古国所占份额达到18%;推进实施蒙古国乌兰巴托无线数字电视覆盖项目,数字移动电视业务已发展蒙古国用户2.3万余户。可以说,中蒙电视媒体的合作对深化两国人民间的友谊、消除误解,以及相互了解人文历史、意识形态起到重要作用。

(二) 中俄媒体合作

2015年5月8日,中国国家主席习近平与俄罗斯总统普京共同宣布,中俄两国将于2016年和2017年举办"中俄媒体交流年"。[①]2014—2015年,双方顺利完成多项交流合作项目,具体包括:在俄罗斯播出《你好,中国》大型媒体项目,合作制定专题节目,主流报刊加强交流,互译中俄文化经典书籍等;2016—2017年"中俄媒体交流年"间,双方规划了227个合作项目,绝大多数已高质量完成并取得务实效果。具体来讲,两国合拍大型电视纪录片,联合推出新型媒体产品,建立新闻人才互换交流机制,广播和电视频道顺利落地……;

---

① 《深耕中俄媒体合作　助力两国"民心相通"》,2019年3月18日(http://www.xinhuanet.com/newmedia/2015 – 06/24/c_134351726.html)。

2018—2019 年，"中俄地方合作交流年"期间，中俄双方进一步规划、落实媒体合作项目，围绕"政策沟通"，主题报道，社交媒体合作，举办大型活动，共同研发电影、电视剧等领域深化合作。[①]

四 中蒙俄积极开展医疗交流合作，助力三国"民心相通"

通过医疗合作交流、援助促进中蒙俄"民心相通"，具有其他援助项目无法具备的优势。医疗合作交流、援助关乎民众的健康与生命，通过治病救人、健康讲座等近距离面对面交流，为被疾病困扰的民众重获健康，无疑是最暖人心的举措。据不完全统计，内蒙古每年诊疗蒙古国、俄罗斯患者约 3 万人次，内蒙古国际蒙医医院连续 5 年赴蒙开展义诊活动，每年接收蒙古国 30 名医务工作者进修培训。同时，与蒙方联合开展蒙医药非遗申报工作，以及蒙医药古籍的整理、修复工作。国际蒙医在三国毗邻地区传染病实现信息共享，突发公共卫生事件实现联防联控。与蒙古国开展加强传染性疾病防控合作交流，并组织医疗队、志愿者赴蒙古国开展义诊。二连浩特设立蒙古国患者接诊处，对前来就医的蒙古国患者实行减免 20% 医疗费政策，年均接诊蒙古国患者 5000 多人次。内蒙古国际蒙医医院与蒙古国乌兰巴托市青格尔泰区医院合作建立国际远程医学中心，在蒙古国举行了为期 12 天、行程 3000 千米的大型义诊活动，足迹遍布蒙古国乌兰巴托市、库布苏尔省以及蒙古国国立第二医院、乌兰巴托市巴音朱日和区儿童医院、汗乌拉区综合医院、那来呼区第三社区、库布苏尔省木仁市 5 个社区和阿拉嘎额尔顿苏木卫生院，为 2369 名蒙古国患者免费检查诊疗，得到蒙古国各界的广泛欢迎和赞誉。[②] "天使之旅——'一带一路'人道救助计划蒙古国先心病患儿一期行动"共救治患儿 98 名；二期行动中，目前中国红十字医疗队在乌兰巴托进行了为期 3 天的筛查，共筛查患儿 120

---

① 《深耕中俄媒体合作　助力两国"民心相通"》，2019 年 3 月 18 日（http://www. xinhuanet. com /newmedia /2015 - 06 /24 /c_134351726. html）。

② http://mch. liaocheng. gov. cn/flfw/atadzc/201908/t20190805_2336658. html。

多名，确认符合手术指征患儿 56 名。"一带一路·光明行"蒙古国行动目前已成功实施复明手术 109 例。此次中国红十字医疗队对乌兰巴托市 9 个区的 789 名白内障患者进行筛查，为符合手术指征的 95 名白内障患者实施免费手术。①

第二节　中蒙俄经济走廊建设中的"民心相通"存在的问题

中蒙俄三国通过旅游、教育、媒体、医疗等多领域和多途径开展了多项交流与合作，旨在增进民间友谊，提升"民心相通"的工作氛围，进而取得一定成效，但还面临着一些新问题，主要表现在以下方面。

一　中蒙俄人文交流模式有待完善，效果有待提升

（一）中蒙俄文化交流"上热下冷"的局面没有改变

从目前中蒙俄人文交流活动来看，官方化程度高，有待于进一步普惠到普通老百姓。虽说近几年中蒙俄文化交流呈现火热状态，但受众面较小，具有一定局限性，特别是民间和企业参与比较少。比如，在蒙古国举办的中蒙文化月的各项活动设有门票，但发放面较窄。虽然在蒙古国当地举行但观看的还是以中国人为主，蒙古国民众较少。从蒙、俄民众对中国的了解程度来看，人们更多的是从自己的日常生活出发了解中国，同时两国年轻一代之间的理解沟通还远远不足。国内目前对俄罗斯文化尚缺乏深远了解，可以说，大众层面对俄罗斯既是熟悉的又是陌生的，熟悉的可能更多地只限于苏联时期，而不是当下的俄罗斯。这种文化交流在规模和深度上的欠缺，迫切需要交流模

---

① https：//new. crcf. org. cn/html/2019 - 07/29266. html.

式、内容的创新。这一现象的存在，也会直接影响经济走廊的建设和落实。

（二）在蒙俄的部分华人和中国部分游客文明素质有待提高

通过对中蒙俄民间存在一定隔阂的原因进行分析研究获知，除历史原因外，现实原因占比更高。改革开放以来，中国赴蒙、俄大多以中小企业为主，其中很多经营者对俄、蒙当地的人文习俗了解甚少，与当地民众交流时容易产生摩擦乃至误解。不仅影响和蒙俄关系，还直接影响中国在国际上的国家形象、民众形象，须认识到其严重性，采取相关措施。

（三）对人文交流合作中的共同细节性问题、外交活动中的细节文化意识有待提升

一是中蒙俄三国民众对彼此人文习俗不够了解。"民心相通"基于民与民之间的互相理解、互相认同，而目前中蒙俄民间互相了解的程度相当不够。二是外宣工作还要在细节上加以完善。在中蒙俄民间交流问题上过多关注历史原因，而忽略了现实原因，尤其是细节文化因素。

二 依托旅游促"民心相通"的实际做法缺乏可操作性的内容

人文交流中，旅游合作是拉近彼此距离、促进人员往来的主要方式。良性旅游业的发展不只是经济上的增长点，更是通过人文交流促进"民心相通"的重要途径。旅游不仅能获得经济效益，本身也是达到文化交流融洽的重要途径。因此，以旅游作为民间外交、草根外交，特别是文化外交，是打好旅游品牌顺应三国经济和文化发展的必然选择。但因近年来依托旅游促"民心相通"的实际做法缺乏更多可操作性的内容，旅游者对对象国历史文化缺乏一定的了解，未能完全得到理想效果。具体表现在以下五个方面。

一是俄、蒙旅游市场大多被中国人占有，与通过中蒙俄旅游合作来促进"民心相通"的目的差距很大。据了解，在乌兰巴托市有 20 多

家接待中国游客的旅游公司，其中60%的公司为中国公民投资成立，40%为蒙古国公司①，俄罗斯也存在同样的问题。加之我国部分游客在旅游过程中缺乏环保旅游自觉意识，影响了俄、蒙民众对中国游客的观感。

二是我国部分人员以旅游名义赴俄、蒙务工的较多，影响诚信。据蒙古国国家统计局数据显示，2018年入境蒙古国的中国籍游客数量为19.7万人次，这些游客入境并不完全是以旅游为目的。2011年和2012年，入境蒙古国的中国公民人数为34.7万人次和36.1万人次。这段时间，中国公民入境多的原因与蒙古国建筑领域和矿产领域引进大量中国劳务人员有关。

三是旅游合作体制、机制不够完善，办理签证不方便、时间较长。虽然自2015年开始赴蒙古国旅游的中国旅游团可以通过旅行社办理落地签，但因为旅游市场较小，给4—5名游客办理签证需要1—2个月，所以大多数游客还是选择通过个人途径办理。

四是旅游整体环境建设落后。对于游客来说，干净卫生的环境和出行便利的交通是首要考虑的条件，也是旅游服务标准化建设和旅游市场环境整治的基础。以内蒙古与蒙古国民众互旅为例，蒙古国部分设施不联通或道路老化问题明显，已无法承载自身发展需求，严重制约各领域的快速发展。

五是旅游服务质量有待提高。包括：第一，俄、蒙地区的旅游服务不健全，旅游安全监督有待提高。据了解，蒙古国旅游机构对外提供的各类旅游产品以及服务项目只有30余个。② 当地旅游服务不健全，如旅游行业医疗保健服务差、旅游专业人员稀缺、当地民众对旅游业的认识不够等。当前，蒙古国旅游业的综合竞争力在世界各国的排名

① Л. Оюунчимэг, Н. Гантуяа. Монголд Аялж буй Хятадын Жуулчдын Аяллын Зан Төлвийн Судалгаа,《中蒙俄智库国际论坛2019》，呼和浩特市，2019年。

② 海伦：《蒙古国与中国内蒙古旅游合作研究》，硕士学位论文，内蒙古大学，2016年，第23页。

中仅能位列第 105 位。① 第二，旅游专业人才稀缺。中蒙俄三国虽然都有知晓彼此国家语言的专业导游，但多数水平很一般。旅游业既是为人们提供游览观光的行业，也是提供服务的行业，服务时要求了解服务对象的需求和具体情况。俄、蒙游客来我国旅游，首先是语言上存在障碍，三国相应的很多服务站点、酒店、旅游景点等不配备懂中俄蒙三国语言文字的专业导游。第三，考虑游客消费水平方面不周全。

三　教育合作面临规则法律、体制机制及人才保障等方面的有效对接问题

在中蒙俄三国教育合作方面还存在签证难、学历认证难等问题，制约各级各类学校的交流合作与联合办学，需要三国从国家层面予以重视解决。具体分析，涉及如下四个问题或难点。

一是办理签证、学历认证较难。比如，高校间的专家学者交流方面，中方人员赴俄、蒙时办理签证效率较低，时间较慢，有时造成不能在规定时间内出国。中蒙俄三方办理互访人员手续体制、机制有出入，加大了办事难度。再比如，我国办理公务护照须提供外方具体的邀请函，而俄罗斯给中方发邀请函须中方人员提供公务护照号，这种双方规定的错位大大增加办理出国手续难度，甚至导致无法办理。在学历认证方面，据悉，虽然 1998 年中蒙就已有《中华人民共和国政府和蒙古国政府关于相互承认学历、学位证书的协定》，但在蒙古国 PH 博士认证方面，目前尚未颁布具体的认证文件，博士学位授予人员在蒙古国待多长时间，哪些学校、专业在认证范围之内等内容不明确。

二是人才保障机制方面，尚未形成保障人才利益的机制。从我国汉办委派的汉语志愿者教师来看，流动性很大。据《汉语教师志愿者工作管理办法》，志愿者任期通常为一年，原则上不超过三年。任期结束后，志愿者须在协议规定时间内回国。如志愿者申请留任，须在任

---

① 海伦：《蒙古国与中国内蒙古旅游合作研究》，硕士学位论文，内蒙古大学，2016年，第 24 页。

期结束前三个月向选派单位提交工作总结、留任申请和聘用方邀请，经审核同意后报国家汉办审批。另据《孔子学院总部/国家汉办汉语教师志愿者转外派教师管理办法（试行）》规定，汉语教师志愿者任期内转为外派教师的，其在本岗位任教的总期限一般不超过5年。因此，这些志愿者教师服务期限满后大多不再选择申请，导致留不住经验丰富、对当地人文习俗较了解的志愿者老师。跨境教育合作，不仅仅是一方的努力和付出，还需要有切实保障本国民众切身利益的机制，只有这样，才能建立健康发、长久、互惠互利的合作关系。

三是缺乏针对性语言人才的联合培养。三国都存在对方国家语言人才匮乏的问题，这种情况在相当程度上也制约经济领域合作的进一步扩大和加深。随着中蒙俄三国各领域合作的深入，各种学术交流会议、文艺团体交流、商务洽谈等日益增多，对翻译的要求越来越高。目前，中蒙、中俄译员人数看似较多，但专业水准参差不齐。因译员水平不够影响整个大型会议效果的例子屡见不鲜。译员本是复合型人才，而不是只会熟练运用两种语言乃至多种语言就能胜任译员一职。以目前中蒙文学翻译为例，蒙古国的文学作品在我国被翻译出版主要有两个途径。第一，通过官方，如出版社、文学交流活动项目被翻译出版。通过官方翻译出版的书籍比较正规，翻译水平相对较高。第二，通过商业渠道被翻译出版，这类书籍资料的翻译水平普遍较低。文学翻译，其本身不仅仅只是对文字的简单翻译，而是对一种文化的翻译，是一种再创作过程。读者接受是一个比较复杂的文化过滤过程。因此，在中蒙俄经济文化交流中，对各领域语言人才的培养亟待加强。

四是科研合作不深入，前瞻性研究较少。近几年，中蒙俄科研合作在持续展开，但大多为校际合作，研究领域大多集中于蒙古学、农牧业、草原资料和蒙药开发等有限的方面，相关成果数量较多，但对经济、贸易、金融等国家和内蒙古自治区经济社会发展急需的俄、蒙相关方面的战略性与前瞻性合作研究及其成果较少，应引起高度重视，并切实予以加强。

第三节　中蒙俄经济走廊建设中的
"民心相通"之对策建议

　　"民心相通"存在文化认同、国家认同、民族认同等方面的障碍，中蒙俄三方在交融往来中实现不同文明、文化的互学互鉴，不仅要依靠顶层设计的引领，还要做好民间的多交流、多走动，推动政策有效转化，受惠于民。因此，做好"民心相通"，我们要进一步健全多层次人文交流机制，全方位开展旅游、教育、文化、医疗等领域的交流活动，办好中俄地方合作交流年各项活动和中蒙文化月，促进民间交流合作，夯实民意基础和社会基础。

一　以科学的旅游外交增进中蒙俄三国民间良性交流

　　（一）加强中蒙俄"文化＋旅游"合作与宣传，助推三国"民心相通"

　　文化始终维系着国家、民族的发展进步。基于中蒙俄跨境民族（包括蒙古族、达斡尔族、鄂温克族、鄂伦春族等）在语言、生产生活、宗教信仰、民间艺术、风俗习惯等方面有很多相同和相似之处，在旅游合作方面应着重构建三方具有共同点的人文景观体系，营造渗透文化环境、提升多元化意识形态融合的氛围。

　　一是合作发展汇集中蒙俄历史文化的古迹遗址游。据内蒙古民众与蒙古国民众互旅意向问卷调查研究统计，蒙古国民众来内蒙古旅游意向景区选择中，选择历史古迹遗址的有57.7%，占比最高。内蒙古民众去蒙古国旅游时意向景区选择中，选择古迹遗址的也占61.46%。中蒙俄三国本身有着长久历史渊源，在历史长河中留下了诸多交汇的历史文化古迹遗址，见证着彼此的过往，如内蒙古的黑城遗址、元上都遗址、丝路枢纽—元代集宁路古城遗址等。与此同时，内蒙古是国内极为重要的文物大遗址分布区和文物大省区，这些理应成为内蒙古建设民族文化强区的亮点，如兴隆洼遗址、哈民忙哈遗址、契丹皇都辽上京遗址等。这些见证中国历史、体现中华文明的历史古迹遗址，是发展旅游合作交流的重要资源。

二是以民族文化为特色，合作发展蒙古族传统文化游。在"一带一路"框架下，如果说内蒙古依托地理、口岸、人文优势成为中蒙俄文化交流的桥梁的话，其跨境民族就是中蒙俄文化交流的使者，蒙古族传统文化是打通"民心相通"这扇门的钥匙。因此，内蒙古要紧紧围绕建设民族文化强区这一战略目标，合作发展蒙古族传统文化游，挖掘因社会历史背景、文化背景不同而形成的习俗、行为、思维、价值观等方面的民族文化资源。通过这一特色游，使三国旅游者真正了解彼此，成为沟通中蒙俄民心、消除误解和隔阂的重要媒介。

（二）完善互旅环境安全保障制度，降低互旅中的风险隐患

落实《中蒙俄经济走廊规划纲要》中提出的推进跨境、跨区域旅游综合安全保障机制建设，包括确保游客人身、财产安全的措施，注意在旅游中保护三方当地的环境，以及建立紧急情况下的游客救助机制。

一是中蒙俄政府层面制定保障游客人身安全制度，中俄、中蒙联合在当地设立游客突发事故受理点。随着中蒙俄人员往来的增多，作为互为重要旅游客源地和目的地，应制定针对游客的安全保障制度，从国家层面保障民众互旅时的人身、财产安全，减少游客赴俄、蒙或来华旅游时对自身安全的顾虑，促进游客往来，为增进感情提供安全保障。

二是对提升"走出去"在对外交往中作用的认识，对赴俄、蒙企业等人员进行培训。"走出去"是我国对外开放的重要举措。中国赴俄、蒙的游客也是一种全方位的"走出去"，这对我国广大游客加强民间的相互了解，创造更为广泛的对外开放氛围，都能起到别的渠道难有的作用。因此，在倡导"走出去"的同时，还应从体制、机制、政

策方面加强对对象国进行系统的研究、评估和完善，并对"走出去"的国企、民企及人员进行必要的国情知识、人文习俗、境外投资项目运营和管理经验培训。除跨境民族外，侨居俄、蒙的华人华侨也是双边文化交流的重要桥梁。为助力形成更好的中国对外开放的良好氛围，对这部分群体也要创造条件，积极发挥他们不可替代的作用。这不仅能降低在俄、蒙学习、生活和工作时遇到的风险，也是中国人形象的良好展现。

（三）构建信息交互机制，加强地方政府和旅游企业协调与合作，加快建设良好的旅游市场环境

随着中蒙俄互旅游客的增多，为避免在旅游时发生不愉快的事情，中蒙俄三国之间应建立政府旅游行政主管部门、旅游企业及旅游消费者权益保护机构之间的信息交互平台，形成符合国际旅游规范的市场化管理机制，旨在促进政府旅游相关机构、旅游企业共同努力，加强协调，共同为三国间旅游业可持续发展与合作服务。

一是加强地方政府和旅游企业层面的合作。中蒙俄地方政府应遵循《中蒙跨境旅游合作区总体规划》《中俄两国政府关于互免团体旅游签证的协定》等规划和协定，重点发挥口岸盟市作用，以创建全域旅游示范区为目标，以中蒙俄跨境旅游合作区和边境旅游试验区为抓手，全面指导和引领口岸旅游业发展。建议内蒙古自治区政府及盟市、旗县政府确定与俄、蒙旅游合作的重点示范区，依托三国旅游资源禀赋，签订各级政府层面的合作协议，确定重点合作区域，保障合作的顺利开展。

二是形成实时了解游客意向诉求机制，随时完善相关旅游合作制度。开展旅游合作的主要目的在于增进中蒙俄三国民众彼此了解，促进三国民众良性互动，并能够发挥内蒙古在中蒙俄旅游合作中的桥梁作用，因此，必须建立实时了解互旅游客意向诉求机制，从而基于互旅民意不断完善旅游合作理念，最终实现让三国旅游合作成为草根外交、促进"民心相通"的宗旨。

（四）完善互旅环境和平台，打造对中蒙俄游客具有吸引力的旅游线路

一是加快交通基础设施和卫生环境建设。针对蒙古国和俄罗斯边远地区交通基础设施差的问题，应依托中蒙俄三方签署的《中蒙俄经济走廊规划纲要》中涉及的交通基础设施项目，加快推进其有效实施，解决三国旅游交通不畅问题；针对旅游卫生环境差等问题，旅游环境建设应着重从细节入手，加强旅游配套设施建设，完善旅游公共卫生各个环节的监督体系，降低乃至消除因旅游基础设施缺乏和旅游卫生环境差问题造成的不利影响。

二是加大对中蒙俄文化交流的投资，拓宽俄、蒙游客来内蒙古自治区旅游的普惠面。应切实考虑蒙古国民众消费水平，针对蒙古国游客来内蒙古自治区旅游实施相关优惠。比如，对游客入住酒店部分费用，政府可作为对蒙古国的文化投资给予补贴；寺庙、古迹遗址游览免收门票等，切实解决蒙古国游客入住酒店费用高、景点门票贵等实际问题，为增加俄、蒙游客来内蒙古旅游的吸引力，增进其对内蒙古的了解，创造更多、更好的条件。

三是打造中蒙俄三国互旅＋精品采购线路。针对很多蒙古国游客来内蒙古购置大量生活用品，我国游客从蒙古国购置羊绒、皮草等蒙古特色产品等实际情况，可合作打造旅游＋精品采购线路。可充分利用内蒙古阿拉善、巴彦淖尔、包头、乌兰察布、锡林郭勒、兴安盟、呼伦贝尔的地缘和口岸优势，与俄、蒙相邻的中央区域和东部区域开展旅游合作试点工作，针对有采购意向与旅游双重目的人员设计采购＋旅游线路，规范各个环节。同时，以旅游做媒介，为提升中蒙、中俄双边地区经贸往来联系创造有利渠道，为游客提供温馨、便捷、舒适、卫生的公共服务环境。

二　以务实的智库合作做好促进"民心相通"工作

（一）在俄、蒙建立中俄蒙合作研究分院

基于目前国际形势和中蒙俄经济走廊建设需要，必须考虑在当地

设立相关研究机构，利用当地高水平的专家学者和民间资源，同时派驻中方机构的研究人员，实地了解俄、蒙政策的实施，执政党与其他党派间的关系，人文传统与意识形态、社会经济现状，中蒙俄民间的交流模式，中资企业在俄罗斯和蒙古国的地位和作用，以及俄、蒙民众对中国的态度等诸多情况，为用客观实用研究成果解决"一带一路"倡议实施和中蒙俄经济走廊建设中存在的迫切现实问题提供理论和智力支持，切实改变目前研究工作雾中看花、对决策起不到重大影响作用的状况。

（二）借鉴有关国家东北亚研究经验，就中蒙俄三国共同面临的问题进一步明确合作研究方向及研究领域

随着全球化的发展，当今世界发达国家、新兴工业化国家和地区在角逐"安全高地""经济高地"的同时，又在"人文高地"展开了新一轮竞争与博弈，美国、欧盟、日本、韩国、新加坡等国家或国际组织都是这一轮人文实力竞争的积极推动者。它们纷纷调整国际文化政策，制定国家人文发展战略，加大专项预算投入，吸纳社会志愿队伍，拓展海外人文影响力。① 例如，尽管过去蒙日之间有过很多不和谐经历，然而从目前的蒙日关系发展及民间相互认同的态度来看，蒙日关系甚好。这与两国对彼此的文化、习俗、思维的理解与欣赏是分不开的。在蒙古国设立东北亚研究项目的日本人文研究院主要研究课题分别为自然环境和文化、文明的构造、国际区域合作关系框架的建立、关于环境问题及地域资源的文化政策、经济的可持续发展、思想历史的统一性。可以看出，日方所重视的领域也是在人文方面。

蒙古国科学院斯·朝仑所长表示，东北亚研究中心的研究成果对经济和政治层面起到一定作用，使基于经济、政治研究的决策具备实行条件。他还特别强调：比经济影响更重要的是文明和谐、区域间的相互理解。在区域间没有历史、土地、政治上的争议，能相互理解是

---

① http://views.ce.cn/view/ent/201505/25/t20150525_5450316.shtml.

最重大的成果。可以看出，蒙古国目前的真正诉求是什么。因此，在俄、蒙本国展开上述研究时，可以较好地避免过多触及较为敏感的领域，也可使对方比较容易接受，愿意接受。并且，在中蒙俄三方面临共同需要解决问题的领域开展合作研究或独立研究，如自然环保、人文文化、民族传统文艺、蒙医学等，都可以找到共同的学术热点、焦点、重点问题，使各方的研究成果相互交融，更好更直接地服务于三国各层级的科学决策，从而有效推动"一带一路"倡议实施和中蒙俄经济走廊建设项目。这正是成立分院积极开展合作研究厚植民意基础的初衷。

（三）与在俄、蒙地区设立的其他国家研究机构建立合作关系

世界是整体的，环境和资源也是整体的。在当今世界一体化发展局势下与各国建立共同体，同谋发展，与在蒙古国的其他国家研究机构展开多方面的合作与交流，了解分析它们是怎样开展工作的，尤其是借鉴与俄、蒙人文交流较成功的一些国家研究机构采取的方式，有利于中蒙俄三国在研究资源共享大趋势下共同发展合作研究，从而有效地避开不利于中蒙俄发展的弊端。

（四）以智库联盟促进多方合作

中蒙俄三国政府要继续大力支持三方智库的科研工作，注重发挥其作用，实现三国科研团队在智库联盟中的全面对接，拓宽沟通渠道，增加各方理解和信任，提升各方的信任度，为三国多方合作发展营造良好的国际环境。为此，建议国家简化科研人员赴俄、蒙等国家出入境手续，延长科研人员境外停留期限，真正实现出入境便利化。

三　以人文交流为出发点，在教育合作与交流、企业"走出去"等方面培育沟通中蒙俄三国民心的使者

复旦大学"一带一路"及全球治理研究院常务副院长黄仁伟说："教育培训是培养人文交流载体的最好方式。"

（一）建立中蒙俄人才库

应加强对在俄蒙的留学生、汉语志愿者教师、从事其他工作人员及华侨等群体的有效管理与人才资源开发和利用。目前，像汉语教师志愿者期满回国后从事与对俄蒙汉语教学等无关行业的人数比较多，是对之前在俄蒙工作经验和智力的一种极大的浪费，可以说是在与俄蒙工作联系渠道方面未能人尽其才、才尽其用。建议建立应对上述人才在内的熟悉俄蒙情况的人才库，以便真正利用这些人才服务"一带一路"建设，共建中蒙俄经济走廊。

（二）鼓励高等院校扩大联合办学和互派教师、留学生规模

内蒙古依托呼和浩特、包头、通辽等中心城市和满洲里、二连浩特等口岸城市，为蒙俄学生提供留学教育，重点支持接收从小学到大学进行系统教育的留学生，同时明确互认学历制度。鼓励和支持与蒙古国、俄罗斯青少年的交流互访活动，加强内蒙古高等院校与蒙俄高等院校的教育、教学和科研等方面的交流与合作。

（三）内蒙古应充分发挥人力资源优势

针对当前俄语、蒙古语人才缺乏问题，内蒙古应充分利用已有俄语、蒙古语的比较优势，加强俄语、蒙语的人才培养，为做好对俄、对蒙文化交流储备语言人才。通过融入当地语言环境，加深对相互文化的感受和国内有关人员增强语言沟通能力。特别是内蒙古要积极借助蒙古国推行文字改革恢复传统蒙古文使用的契机，充分发挥自治区在对有关方面人员进行西里尔蒙古文培训、赴蒙汉语教师志愿者的培养等人才资源上的绝对优势，助力"一带一路"和中蒙俄经济走廊建设。

（四）完善有关合作体制、机制，提升文化外交地位

我国在出国流程上，应从机制、体制、政策方面加紧进行系统的研究、评估和完善，对"走出去"的国企与民企进行必要的国情知识、人文习俗、境外投资项目运营和管理经验培训。降低中国企业在蒙投

资风险是目的，促进文化交流和人文交流则是出发点。在政策上希望放宽对俄、蒙出入境管理，给予境外企业工作人员、合作研究人员、外出打工人员等更多便利和时限保障，以确保相关工作的高效和取得良好的经济、社会与学术效益。

（五）注重研发传统蒙古文和西里尔蒙古文的无障碍转化系统，建设中蒙专业名词术语对照库

中蒙两国应注重研发传统蒙古文和西里尔蒙古文的无障碍转化系统，注重加快建设中蒙专业名词术语对照库，统一蒙古文专业术语，解决中蒙两国在使用蒙古文上的障碍问题。

四 以细微入心的文学交流，提升彼此认同感

"五通"中重要的"一通"是"民心相通"。做到"民心相通"，打破影响情感的障碍，还要用影响情感的方式去解决。所谓"冰冻三尺，非一日之寒"，阻碍"民心相通"的现象不是短时期形成的。因此，解决此问题时不仅需要时间，还需要有赤诚相待的态度和合理有效的方式、方法。习近平总书记说，"国之交在于民相亲，民相亲在于心相通"，文学交流恰恰是深入人心的沟通与交流。蒙古国汉学家、翻译家米·其米德策耶教授说过，"如果想了解一个国家，就应该去了解这个国家的传统文化，去阅读这个国家的文学作品"。虽然文学交流对人的影响不会立竿见影，但文学交流却是人与人之间最细微、入心的一种交流，是推动"民心相通"工作的重要一项。因此，建议中蒙俄三国的文学界要加强文学交流，特别是倡导在当代文学创作中讲好古今丝绸之路、草原丝绸之路的故事；阐发"文学是人学"的文学理念，以文学来建设"民相亲、心相通"的心路桥梁，推动三国文学创作贴近"一带一路"建设现实，为更好、更有效地实现"民心相通"做贡献。

（一）加强中蒙人文习俗题材文学创作与文化传播，奠定牢固的受众基础

"一带一路"沿线众多国家的人民有着不同种族、不同信仰、不同

宗教、不同思维、不同习俗。因此，文学成为他们进行心灵沟通的重要桥梁和媒介。

首先，相互创作蕴含人文精髓的文学作品。文学作品渗透着人文精神，反映着意识形态。这种特点决定了它成为人文习俗、文化交流的主梁。通过品读一个国家、民族的著名文学作品，从作品中感受它们的思维模式、生活状况和价值观等，真实地了解它们，才能引起共鸣，增加认同感，消除误解、猜忌，甚至仇视。例如，蒙古国国立大学孔子学院蒙方院长米·其米德策耶除将中国的《论语》《大学》等典籍译为蒙古文外，还出版了《我们知晓的与不知晓的中国：思维与文化》一书，用诸多实例分析介绍了中国人的性格、习俗、待客礼仪、交流模式和价值观等中国的人文精神和中华优秀传统文化。这本书是在蒙古国对中国的人文精神和中华优秀传统文化介绍最为详尽的一本书，对蒙古国民众了解中国、了解中国文化起到极好的传播正能量的作用。

其次，扩大文学与文化传播途径。鉴于目前中蒙两国的文化交流滞后于经贸和其他领域的实际情况，应加强文学创作和文化交流的强度。这不仅是文学创作与发展上相互借鉴、相得益彰的需求，更是两国经济社会文化全方位发展的需要。应在加强蕴含文化精髓创作的同时，活跃文学和文化的传播途径。如在俄、蒙主要城市的小学、初中、高中、大学设立中国图书免费阅览室或者图书馆，在各报刊亭、机场、车站等公众场所提供中俄蒙三种文字的书籍、报刊等，用充分彰显中华优秀传统文化的文学和文化作品在俄罗斯、蒙古国国民间建立民心相通的平台，为"一带一路"倡议和中蒙俄经济走廊建设深入人心奠定牢固的民心基础。

（二）加强多样化文学文本的制作，拓宽间接影响力

文学文本的制作有多样性，使文学传播变得更加丰富多彩。现今，随着电子产品和网络的发达，人们更多的是通过电子网络了解周围世界，尤其是年轻一代。目前，中蒙俄文化交流大多停留在旅

游和互派留学生项目上。不可否认,旅游和互派留学生在文化交流上有其重要性,但也有自己的局限性,如时效短、覆盖面有限等。跟随时代的脚步,特别是对中蒙两国的文化交流而言,依据两国受众的喜好,加强影视文学、诗歌创作—歌词汇编、短篇散文改编小品等多种人们易接受、有内涵、喜闻乐见的文学文本制作,以及播映广泛影响受众的影视作品,让两国民众的了解更全面化、多元化、时代化。

一是适度加强媒介的对外开放力度。中国外交政策的目标是建立新型国际关系和大国关系,这也是"一带一路"文化建设的目标和宗旨。建立相互尊重、合作共赢为核心的新型国际关系,必须坚持和加强对外开放,包括文化领域的对外开放。但在实际工作中,有些领域还不够完善。例如,因一些媒体网站受自身权限制约,很多中国节目在俄、蒙无法播放,制约了蒙古国受众了解中国的途径。在新型网络媒体迅猛发展的今天,应进一步适度加大这一领域对外开放力度,拓宽国家及内蒙古自治区媒体及其节目的影响力。

二是多创作符合对方需求的文学艺术文本。韩国电视剧《大长今》在中国热播,有媒体评论说这是中国文化对韩国产生了重大影响。清华大学经济管理学博士后、法学博士赵磊在韩国时特意面见了《大长今》的导演李炳勋,向他询问有没有预料到该剧在中国会如此受欢迎时,该导演却很自信地说:在《大长今》还未开播前就知道该剧会受到中国观众的热捧,因为该剧起初就不只是给5000多万韩国人拍摄的,在编剧、拍摄时刻意融入诸多中国文化元素,其主要目的就是面向13亿多的中国观众。可以知道,了解对方需求、文化,创造符合需求的文本是何其重要。但是,在目前中蒙俄影视交流中大量存在自弹自唱的现象。据了解,因俄、蒙观众对于古装剧没有太大的兴趣,在中国文化月上播放《霍元甲》《赤壁》等电影时,观众大多是在俄、蒙的华人。应该充分注意到,在跨国文化交流中,我们不能完全按自己的思维进行,必须考虑到对方的需求。现实生活中,因阅读或观看某国或某个民族的一本好书、一部好电影而喜欢上这个国家、民族的大有人在，因为它反映的不仅仅是消遣娱乐，更是文化的交融和灵魂的共鸣。因此，多创作充分反映时代需求、受众喜爱的文学艺术作品，打通文化交流脉搏势在必行。

三是加强跨境民族传统文学交流，稳固双方情感交流。文化始终是支撑民族、国家发展的精神支柱，是国家发展和民族振兴的强大力量。内蒙古与俄、蒙相邻的独特地理位置和跨界民族的特点，决定了内蒙古与蒙古国开展广泛的文化交流与合作具有地缘优势、经济优势和人文优势。蒙古国对传统民族文化非常认同，我们应充分运用这些有利因素展开合作交流。像作家姜戎创作的反映草原文化、蒙古民族与大自然和谐相处的《狼图腾》一书，不仅在国内掀起极大反响，在蒙古国的影响也非常大，突破6万册销量。我们暂且不论它对草原文化的艺术把握如何，仅就这部书的影响力来讲也是不可否认的。2015年2月27日，改编自该书的电影《狼图腾》在蒙古国上映，也受到蒙古国民众的追捧。蒙古国外交部副部长乌云达日曾接见该片的女主演昂和妮玛，表示蒙古国政府高度重视民族文化发展，会从政府角度为民族文化的发展搭建平台。可见这部电影的影响力和蒙古国对民族文化发展的重视。在"一带一路"政策的框架下，以跨境民族资源作为纽带，大力发展传统蒙古文学，这将是拉近中蒙俄三国跨境民族民众情感的重要文化交流模式和载体。

四是建立有机制的文学交流平台。为充分发挥中蒙俄文学交流在对经济走廊建设中的实际作用，促进三国文学，特别是蒙古文学的健康发展，须建立有机制的文学交流平台。首先，统一专业术语、规范翻译，高质量地出版书籍，提高作家的文学创作水平。其次，中蒙两国文学界要加强相互学习、相互借鉴，共同提高创作水平。再次，加快建立完善合作机制，如在影视、音乐、期刊等多方面和多领域的长期合作机制。又次，利用该领域中有地位、有威望的资深作家和有关人士带动三国的文学交流与合作。最后，在我国特别是在内蒙古自治区要大力培养专业团队，奋发有为地将展现中华民族优秀文化和蒙古族优秀传统文化的文学作品用多种形式传播出去，为培育中蒙俄三国浓厚的"一带一路"文化氛围，畅通"民心相通"之路，搭建更多、更便利、更益众的文化桥梁。

第 九 章

新形势下中蒙俄经济走廊
建设的挑战与机遇

新冠肺炎疫情席卷全球，对世界各国的经济社会发展已经造成不同程度的冲击。各国切实认识到新冠肺炎病毒潜伏期长、传播速度快、传播方式多样化的特点，开始采取措施，挽救因疫情而造成的各种损失。

第一节　新形势下三国的合作现状

就中蒙俄三国而言，疫情已经将三国经济联系置于"半隔离"状态。三国防疫抗疫模式不同，产生的经济、社会效益效果也不尽相同。

就中国而言，2020 年 4 月 8 日武汉、湖北"解封"，标志着中国全民抗疫取得阶段性成果，进入"外防输入，内防反弹"的新阶段。尽管防控压力很大，但复工复产复学复商复市都在有序递进式推进，经济市场正在恢复"新常态"。2020 年全国两会之所以能引起全世界的高度关注和热议，其关键点就是看党中央、国务院采取什么样的宏观政策，挽救因疫情造成的损失。李克强总理在政府工作报告和记者见面会上给出答案，"我们推出的规模性政策叫作纾困和激发市场活力，主要是用来稳就业、保民生，使居民有消费能力，有利于促消费、拉动市场。这可以说是一条市场化改革的路子"①。这是中国特色社会主义"集中精力办大事"制度优势发挥的重要引领和调控作用。截至 2020 年 5 月 29 日，中国的"抗疫模式"已经被事实证明是可行有效的。

蒙古国和俄罗斯的疫情与中国不同，同属"输入型"。俄罗斯疫情发展主要是本国公民从欧洲国家度假带回国内，大规模出现是在 2020 年 3 月初。由于管控不严格，以及民众对政府防控能力的蔑视、轻视及对疫情本身的不重视，其成为"疫情国"。尤其是首都莫斯科抗疫压力是中蒙俄三个国家主要城市中最大的。目前，疫情已经开始向远东和西伯利亚地区蔓延。尽管上述地区人口较少，但医疗资源相对薄弱，前景不容乐观。

自中国暴发疫情以后，蒙古国高度重视，关闭口岸，进行"封国""禁足"，并对所有输入病例进行"闭环管理"，杜绝感染者进入社会。蒙古国政府的公信力比较高，公民对政府发布指令执行较好。尽管确诊病例数量不断增加，截至 5 月 28 日，累计超过 140 例，但都在可控范围之内，其医疗资源尽管紧张，但还是能够应对这些患者的救治。

从疫情蔓延、防控以及"复工复产"层面分析，蒙古国是三个国家中受疫情影响最小的国家。但由于蒙古国是经济高度依赖出口的国家，长时间的"隔离"发展造成的经济损失以及由此引发的各种问题浮出水面，影响到社会稳定以及国家的长治久安。稳行渐进的中国经济未来可能仍然是中蒙俄经济走廊建设的主要驱动者。

尽管疫情给各国带来的损失暂时仍然没有准确的数据，但"倒退""减少""缩小""不容乐观""逆全球化"是对经济形势、趋势分析的高频词。中蒙俄是三个比邻而居的国家，随着"一带一路"国际合作以及中蒙俄经济走廊建设不断推进，以及 2019 年中蒙、中俄建交 70 周年的系列庆祝活动，中国与俄罗斯、蒙古国已经成为"大国关系典范"和"周边国家典范"。俄罗斯与蒙古国关系在进一步提升，两国正在协

① 中国政府网，2020 年 5 月 28 日。

商，"将双边关系提升为全面战略伙伴关系"。2019 年，蒙古国和俄罗斯就俄罗斯油气管道通过蒙古国进入中国达成共识。中俄两国领导人支持蒙古国总统提出的"东北亚绿色能源网"倡议。三国都有通过"中蒙俄经济走廊建设"打造东北亚经济圈的意愿。2020 年本是一个站在新起点推进中蒙俄经济走廊建设的开局之年。但新冠肺炎疫情给世界蒙上阴影，也对中蒙俄三国合作以及经济走廊建设造成冲击。也应看到，疫情在对经济全球化的产业链、供应链、价值链造成冲击的同时，也给毗邻地区的区域经济发展带来新机遇，特别是对跨境电商、边境合作等领域更意味着挑战之下的一种机遇。

第二节　新形势下中蒙俄面对的挑战与机遇

常言说，"祸兮福所倚，福兮祸所伏"。挑战与机遇相互依存，相互转化。能在挑战中看到希望，找到转化的路径，就是机会。

一　新形势下中蒙俄面对的挑战

中蒙俄经济走廊建设在这次疫情中的挑战主要包括以下几个部分。

（一）诸多合作项目因为疫情无法继续推进

疫情对中蒙经贸合作的影响主要表现在资金、技术、人员不到位而延缓推迟。中蒙贸易额在 2020 年完成 100 万美元的既定目标预计将难以实现。中蒙"扎门乌德—二连浩特"边境经济合作区建设可能因此受到影响。6 月以前，中蒙之间只开了 4 个口岸，用于有限货运，人员往来暂时推迟到 6 月 30 日。海外国民全部接回来，确诊感染人数固化以后，可能就是蒙古国的开关解封之日，而且还不能蜂拥而上，必须实施国内"复工复产"的谨慎路径，以免被疫情二次冲击。中俄之间也是一样，这对于已经在建或者即将完成的项目是一个不小损失。

（二）食品进出口方面，严重冲击边民互市贸易

对蒙古国而言，蒙古国肉类出口受到制约。肉类保质期有限，如果存储时间过长，就会变质，蒙古国会转为"内销"，价格降低，影响蒙古国出口创汇的财政收入。

（三）旅游服务业严重受挫

蒙古国将 2019 年和 2020 年定为"国家旅游年"。俄罗斯和蒙古国是中国重要旅游目的地国，现在看来，通过发展旅游业创汇创收的时机被疫情延迟了。

二　新形势下中蒙俄区域合作的机会

挑战与机遇并存，相互借力，方可化挑战为机会，找到区域合作的支撑点。

（一）随着"复工复产复商复市"全面推开，中国经济正在走向好转

矿产、煤炭等能源国家价格下降，特别是煤炭价格的持续下降，恰好为中国带动俄蒙上述资源的出口提供了契机，并由此拉动我国国内相关产业的复苏，带动就业发展。尽管在国家发展战略上，蒙古国希望增加非矿产业、环保、节能先进技术投资，增加出口产品的附加值，实施"矿业出口兴国"和"民族产业多元化兴国"并举的发展道路。现在看来，矿业兴国还要持续一段时间。俄罗斯与蒙古国面对世界"隔绝"发展，有中国这样一个近邻带动其出口，并由此拉动国内相关产业的复苏，带动就业发展。

（二）有利于推进中蒙俄三国边境地区突发应急事件合作与交流

这次疫情是对国际社会乃至全人类的一次大考。各国在面对疫情的态度、认知、采取措施等方面尽管存在差异，但团结一致，抗击疫情，并取得胜利是唯一目标。这次疫情给中蒙俄三国留下了合作答题的空间。正如蒙古国外交部副部长巴·巴特琪琪格所言："未来，有意

愿同中国加强预防自然灾害、事故和疾病方面的双边合作。"① 边境地区是两国共同应对突发事件的前沿地区，双方要在两国国内立法基础上遵循国际法原则，建立信息共享的通报机制和法治对接联动机制，减少边境地区，特别是口岸地区在出现突发事件以后因缺少沟通和法律依据而出现堵塞现象。

（三）有利于中蒙俄在传统医药"防未病"领域的研究合作与产业合作

中国疫情暴发以后，蒙古国卫生部长打电话给中国驻蒙古国大使馆，希望将中药制剂配方提供给蒙古国。内蒙古和蒙古国以及俄罗斯布里亚特都有传统医药基础，以后可以加强传统医疗领域的合作，提高身体自身免疫力。

（四）三国通过自查自检发现在应对突发公共卫生事件方面生产、供应、调集资源等短板与弱项，促进相互借鉴，共同投资发展短项

例如，中国因为工业门类齐全，自主调配能力强，所以，在危急时刻转产快、效益高、应急能力强，经济的自我修复、自我调整、自我发展能力比较强。俄罗斯以大中企业为主，国家管控严格，应对重大事件能力与中国略有不同。蒙古国产业结构单一，暴露出应急能力弱的短板。

（五）为区域合作机制、制度的系统化梳理和预判提供重要契机

经过这次疫情，中蒙俄三国在"互联互通"建设方面，应该优先发展哪一领域、哪一行业，如何发展、保障，都是值得思考的问题。从目前三国政府对待留学生以及海外公民回国等事情上，可以看出，三国需要在移民管理方面加强沟通与合作。一方面，是部门沟通机制；

---

① 巴·巴特琪琪格：《总统此次访问中国是蒙中两个邻国守望相助、同舟共济的生动诠释》，《蒙古消息报》，2020 年 3 月 5 日第 3 版。

另一方面，从管理治理的法律政策方面进行比较研究，提高移民管理的法治化效能。在危机时刻，可以做到有法可依、有法必依，避免无据可依、无章可查的尴尬局面。

病毒无情人有情，病毒无智人有智。正如各国领导人在 73 届世界卫生组织大会上达成共识一样，这次疫情是对全人类的一次大考。面对突如其来的疫情，各国在审视本国抗疫能力的基础上，必须联合起来共同对付这一"公敌"，必须战胜它。疫情终将过去，祝愿中蒙俄三国在无情的疫情之下聚智聚力，总结经验和教训，走出疫情，回归美好生活。

中蒙俄经济走廊大事记

2013 年

9 月 7 日，中国国家主席习近平访问哈萨克斯坦期间，在纳扎尔巴耶夫大学发表演讲，首次提出共同构建"丝绸之路经济带"的倡议。同年 10 月 3 日，习近平主席在印度尼西亚国会发表演讲，首倡共建"21 世纪海上丝绸之路"。二者共同构成"一带一路"倡议。

2014 年

5 月 8 日，中俄两国发表《中华人民共和国与俄罗斯联邦关于丝绸之路经济带建设和欧亚经济联盟建设对接合作的联合声明》。

5 月 21 日，国家主席习近平在上海同俄罗斯总统普京举行会谈并签署《中华人民共和国与俄罗斯联邦关于全面战略协作伙伴关系新阶段的联合声明》。

6 月 30 日至 7 月 4 日，"首届中国—俄罗斯博览会"在中国哈尔滨市举行。

8 月 22 日，国家主席习近平在蒙古国国家大呼拉尔发表的题为《守望相助，共创中蒙关系发展新时代》的演讲中指出，中蒙要做守望相助的好邻居，站在战略伙伴的角度多为对方着想，在涉及彼此主权、安全、领土完整等重大核心利益和重大关切问题上相互予以坚定支持；中蒙要做互利共赢的好伙伴，在市场、资金、技术、通道和资源等方面开展合作，给双方人民带来实实在在的利益。

8 月 22 日，中蒙两国签署《中华人民共和国和蒙古国关于建立和发展全面战略伙伴关系的联合宣言》，将中蒙战略伙伴关系提升为中蒙全面战略伙伴关系。

9 月 11 日，国家主席习近平在塔吉克斯坦首都杜尚别同俄罗斯总统普京、蒙古国总统额勒贝格道尔吉举行中俄蒙元首第一次会晤。中国的共建丝绸之路经济带倡议获得俄方和蒙方积极响应，两国愿将中国的丝绸之路经济带与俄罗斯跨欧亚大铁路（跨欧亚经济联盟倡议）、蒙古国草原之路（发展之路）倡议进行对接，打造中蒙俄经济走廊。

10 月 16 日，《内蒙古自治区人民政府关于支持二连浩特国家重点开发开放试验区建设的若干意见》出台。

2015 年

3 月 23 日，国务院正式批复设立满洲里综合保税区，成为中国内蒙古自治区首个综合保税区。

3 月 28 日，国家发展改革委、外交部、商务部联合发布了《推动共建丝绸之路经济带和 21 世纪海上丝绸之路的愿景与行动》。

5 月，黑龙江省委、省政府公布了《中蒙俄经济走廊黑龙江陆海丝绸之路经济带建设规划》。

5 月 8 日，中国国家主席习近平赴俄罗斯出席纪念卫国战争胜利 70 周年庆典并访问俄罗斯，与俄罗斯总统普京共同签署《中华人民共和国与俄罗斯联邦关于丝绸之路经济带建设和欧亚经济联盟建设对接合作的联合声明》。

6 月 8—9 日，"2015 年内蒙古·蒙古国投资贸易合作洽谈推介会"在蒙古国乌兰巴托市召开。

7 月 9 日，国家主席习近平在乌法同俄罗斯总统普京、蒙古国总统额勒贝格道尔吉举行中俄蒙元首第二次会晤，批准了《中俄蒙发展三方合作中期路线图》。三国签署了《关于编制建设中蒙俄经济走廊规划纲要的谅解备忘录》《关于创建便利条件促进中俄蒙三国贸易发展的合作框架协定》《关于中俄蒙边境口岸发展领域合作的框架协定》，明确了三方联合编制《建设中蒙俄经济走廊规划纲要》的总体框架和主要内容。

8 月 20 日，"2015·中国二连浩特中蒙俄经贸合作洽谈会"在中国内蒙古自治区二连浩特市召开。

10 月 12—16 日，"第二届中国—俄罗斯博览会"在中国哈尔滨市举办。

10 月 23—27 日，"首届中蒙博览会"在中国内蒙古自治区呼和浩特市举办。

2016 年

1 月 31 日，国务院批复（国函〔2016〕28 号），同意内蒙古乌力吉公路口岸对外开放，口岸性质为双变性常年开放公路客货运输口岸。

5 月 26 日，策克口岸跨境铁路通道项目正式开工建设，这是中国实施"一带一路"倡议后通往境外的第一条标轨铁路。

6 月 23 日，国家主席习近平在塔什干同俄罗斯总统普京、蒙古国总统额勒贝格道尔吉举行三国元首第三次会晤。三国签订了《建设中蒙俄经济走廊规划纲要》和《中华人民共和国海关总署、蒙古国海关与税务总局和俄罗斯联邦海关署关于特定商品海关监管结果互认的协定》等合作文件。

7 月 3 日，"第十三届中国（满洲里）北方国际科技博览会"在中国内蒙古自治区满洲里市召开。

7 月 11—14 日，"第三届中俄博览会"在俄罗斯叶卡捷琳堡市举行。

7 月 22 日，"首届中俄蒙三国旅游部长会议"在中国内蒙古自治区呼和浩特市举行。开幕式上，三国部长共同签署《首届中俄蒙三国旅游部长会议谅解备忘录》，并举行了中俄蒙"万里茶道"国际旅游联盟成立仪式、中俄蒙青少年夏令营开营仪式等活动。

8 月 18 日，由中国交通运输部、蒙古国交通运输发展部、俄罗斯联邦运输部共同组织的"中蒙俄国际道路货运试运行活动"在中国天津港启动。

9 月 3 日，"2016·中国二连浩特中蒙俄经贸合作洽谈会"在中国内蒙古自治区二连浩特市召开。

9 月 13 日，国家发改委公布《建设中蒙俄经济走廊规划纲要》，标志着"一带一路"框架下的第一个多边合作规划纲要正式启动实施。

9 月 19 日，中蒙二连浩特—扎门乌德跨境经济合作区的基础设施开工建设。该项目总投资 9 亿元，主要实施"三横四纵"主干道 20 千米，建设年限为 2016—2018 年。

11 月 27 日，连接中国内蒙古自治区阿尔山市至蒙古国东方省乔巴山市的"两山"铁路白阿铁路段与长白铁路转线贯通。

12 月 20 日，满洲里综合保税区正式实现封关运营。

2017 年

5 月 14—15 日，"'一带一路'国际合作高峰论坛"在北京举行，中国国家主席习近平出席高峰论坛开幕式，并主持领导人圆桌峰会。

9 月 16 日，"2017·中国二连浩特中蒙俄经贸合作洽谈会暨 APEC 中小企业跨境电商峰会"在中国内蒙古自治区二连浩特市召开。

9 月 26—30 日，"第二届中蒙博览会"在中国内蒙古自治区呼和浩特市举行。

10 月 13 日，"中蒙俄经济走廊与东北亚区域合作国际论坛"在中国内蒙古自治区呼和浩特市召开。长春—汉堡中欧班列首发，长春国际港正式开通。

10 月 14 日，"图们江论坛 2017"——政产学研圆桌会议·珲春论坛在延边大学珲春校区举行。

12 月，新疆维吾尔自治区人民政府出台《新疆参与中蒙俄经济走廊建设实施方案》，方案围绕七大合作领域提出 34 项主要措施，进一步完善中国新疆与蒙古国、俄罗斯两国合作的顶层设计。

2018 年

1 月 27 日，2018 年中俄蒙·鄂温克·国际冰雪场地越野赛在内蒙古自治区呼伦贝尔市鄂温克旗举办。来自中国、俄罗斯及蒙古国的 43 名车手齐聚鄂温克旗，上演速度与激情的视觉盛宴。

7 月 20 日，"一带一路"第八届中俄蒙国际能源投资发展战略高峰论坛大会在内蒙古自治区呼伦贝尔市召开。

9 月 11 日，在俄罗斯远东地区举行中俄蒙"东方 2018"联合军演。中国军队派出 3200 人兵力、900 多台各型武器装备、30 架固定翼飞机与直升机参加"东方－2018"战略演习。

9 月 17 日，在大连举办"2018'一带一路'中俄蒙跨境电商交易会"。推动俄罗斯优质产品进入中国市场，满足中国消费者日益增长的高品质生活需求，是中俄政府高层及两国企业界最关注的合作突破口。

12 月 13 日，在内蒙古自治区满洲里市举办中国·满洲里第 15 届中俄蒙美丽使者国际大赛，共有 30 名俄方选手、15 名蒙方选手与 15 名中方选手进入总决赛。通过展现中俄蒙三国选手的独特之美，将现场各国的民族服饰文化与女性的美丽完美融合，使整个舞台流光溢彩。

2019 年

4 月 30 日，在内蒙古自治区乌兰察布市举办第四届中俄蒙旅游部长会议，中华人民共和国文化和旅游部部长雒树刚、俄罗斯联邦旅游署副署长科纽什科夫、蒙古国自然环境与旅游部国务秘书庆格勒，中俄蒙"万里茶道"国际旅游联盟成员代表，中国与俄罗斯、蒙古国文化和旅游合作重点省、区、市代表，以及中俄蒙知名文化旅游学者、旅行商、新闻媒体代表等共襄盛会。

6 月 14 日，在比什凯克，中国国家主席习近平同俄罗斯总统普京、蒙古国总统巴特图勒嘎举行中俄蒙三国元首第五次会晤。三国元首总结三方合作成果，共商全面推进合作大计。

7月6—16日，从俄罗斯贝加尔湖出发，中国、俄罗斯、蒙古国三国车手横跨欧亚大陆三个国家，全程5008千米，连续10天，在古丝绸之路的咽喉之地敦煌落下帷幕，并在恢宏的敦煌大剧院举行了盛大的收车仪式。

7月23日，中俄蒙智库国际论坛2019在内蒙古自治区呼和浩特市召开。

7月26日，2019"一带一路"第九届中俄蒙（内蒙古呼伦贝尔）国际能源及矿业发展投资战略暨院士行论坛大会在内蒙古自治区呼伦贝尔市召开。

9月10—12日，首届中俄蒙青年创业大会在内蒙古自治区满洲里市举办。本届大会共征集到符合中蒙俄经济走廊建设和会议主旨的中俄蒙合作项目187个，其中中方61个，俄方70个，蒙方56个。

参考文献

一 古籍类

《册府元龟》卷 999《外臣部·互市》，四库本。

《汉书》，中华书局 1962 年版。

《后汉书》，中华书局 1965 年版。

《金史》，中华书局 1974 年版。

《辽史》，中华书局 1974 年版。

《史记》，中华书局 1959 年版。

《唐会要》，中华书局 1955 年版。

《魏书》，中华书局 1974 年版。

《新唐书》，中华书局 1975 年版。

《元史》，中华书局 1976 年版。

二 学术著作类

薄音湖：《蒙古史词典》，内蒙古大学出版社 2010 年版。

邓九刚：《茶叶之路》，内蒙古人民出版社 2000 年版。

邓九刚：《万里茶道：康熙皇帝与彼得大帝的商贸往事》，内蒙古出版
集团 远方出版社 2016 年版。

盖山林：《丝绸之路草原文化研究》，新疆人民出版社 2009 年版。

和龚、张山主编：《中国民族历史与文化》，中央民族学院出版社 1988
年版。

马健：《草原霸主：欧亚草原早期游牧民族的兴衰史》，商务印书馆
　　2014 年版。

孟凡人：《丝绸之路史语》，社会科学文献出版社 2011 年版。

那仁敖其尔、赛音德力根：《成吉思汗与蒙古文化》，乌恩奇译，内蒙
　　古文化出版社 2007 年版。

李军、邓淼：《斯文·赫定》，中国民族摄影艺术出版社 2002 年版。

刘迎胜：《海路与陆路：中古时代东西交流研究》，北京大学出版社
　　2011 年版。

刘迎胜：《丝绸之路（草原卷）》，浙江人民出版社 1995 年版。

恰达耶夫著：《库箴言集》，刘文飞译，云南人民出版社 1999 年版。

乔吉：《古代北亚游牧民族———语言文字、文献及其宗教》，内蒙古
　　大学出版社 2010 年版。

荣新疆：《丝绸之路与东西文化交流》，北京大学出版社 2015 年版。

芮传明：《丝绸之路研究入门》，复旦大学出版社 2009 年版。

上海翻译家协会编：《译路同行——上海翻译家协会成立 30 周年文
　　集》，上海译文出版社 2016 年版。

石云涛：《三至六世纪丝绸之路的变迁》，文化艺术出版社 2007 年版。

石云涛：《文明的互动：汉唐间丝绸之路与中外交流论稿》，兰州大学
　　出版社 2014 年版。

王俊彦：《中美俄智慧博弈（1992—2009）》，国际文化出版公司 2010
　　年版。

王子今：《驿道史语》，社会科学文献出版社 2011 年版。

吴团英主编，马永真、金海副主编：《草原文化研究丛书（第二辑）》，
　　内蒙古出版集团 内蒙古教育出版社 2016 年版。

晓克主编：《草原文化史论》，内蒙古教育出版社 2007 年版。

杨富学：《回鹘与辽上京》，《首届辽上京契丹·辽文化学术研讨会论文
　　集》，内蒙古文化出版社 2009 年版。

余永定：《最后的屏障：资本项目自由化和人民币国际化之辩》，东方

出版社 2016 年版。

郑伟：《"一带一路"背景下构建中蒙俄经济走廊的战略意义及路径选
　　择》，社会科学文献出版社 2016 年版。

志费尼：《世界征服者史》（上、下册），何高济译，翁独健校订，内蒙
　　古人民出版社 1981 年版。

《普兰·迦儿宾行记鲁布鲁克东方行记》，余大钧、蔡志纯译，内蒙古
　　大学出版社 2010 年版。

［波斯］拉施特：《史集》，余大钧、周建奇译，商务印书馆 1983 年版。

［德］克林凯特：《丝绸古道上的文化》，赵崇民译，新疆美术出版社
　　1994 年版。

［法］布尔努瓦：《丝绸之路》，耿癉译，中国藏学出版社 2016 年版。

［美］比尔·波特：《丝绸之路》，马宏伟、吕长清译，四川出版集团
　　四川文艺出版社 2013 年版。

［美］芮乐伟·韩森：《丝绸之路新史》，张湛译，北京联合出版公司
　　2015 年版。

［日］杉山正明：《游牧民族的世界史》，黄美蓉译，中国工商联合出版
社 北京时代华文书局 2014 年版。

［英］彼得·弗兰科潘：《丝绸之路》，邵旭东、孙芳译，徐文琪审校，
　　浙江大学出版社 2016 年版。

三　学术期刊、集刊类

大同市博物馆：《大同市小站村花圪塔台北魏墓清理简报》，《文物》
　　1983 年第 8 期。

辽宁省文物考古研究所、朝阳市博物馆：《辽宁朝阳市黄河路唐墓的清
　　理》，《考古》2001 年第 8 期。

卢明辉：《"草原丝绸之路"———亚欧大陆草原通道与中原地区的经
　　济交流》，《内蒙古社会科学》1993 年第 3 期。

山西省考古研究所等：《太原隋代虞弘墓清理简报》，《文物》2001 年

第 1 期。

山西省考古研究所、大同市博物馆：《大同市南郊北魏墓群发掘简报》，《文物》1992 年第 8 期。

苏秉琦：《华人·龙的传人·中国人———考古寻根记》，辽宁大学出版社 1994 年版。

陶景洲：《中国海外并购"必修课"》，《财经》2012 年第 9 期。

张松柏：《敖汉旗李家营子金银器与唐代营州西域移民》，《北方文物》1993 年第 1 期。

张志忠：《大同北魏墓葬胡俑的粟特人象征》，《文物世界》2005 年第 6 期。

安娜·克罗列娃：《中俄准备直面美国冲突》，《鉴定人》2017 年。

米诺尔斯基：《塔米姆·伊本·巴赫尔回鹘游记》，王小甫译，《中亚研究资料》1983 年第 3 期。

塔吉亚娜·耶多维娜：《迎接百亿》，《权力》2017 年。

谢尔盖·马努科夫：《中国将成为第一大油气国》，《鉴定人》2017 年。

谢尔盖·古吉亚罗夫、盖沃尔克·米尔扎洋、叶铺盖尼亚·奥布霍瓦：《关于龙的传说》，《专家》2015 年第 20—21 期。

后　　记

　　在总课题组及朝克组长的精心安排和学术指导下，在子课题组组长马永真的主持下，自 2017 年 10 月开始，历时 2 年多，2020 年年底，我们顺利完成本课题专著《内蒙古草原丝绸之路与中蒙俄经济走廊建设研究》的撰写审定工作。本专著由马永真、杨臣华、刘兴波设计并论证撰写内容及章节。全书由前言和上下篇组成，共九章。撰写分工如下：前言由内蒙古社会科学院原院长马永真研究员、内蒙古社会科学院办公室高晓焘副研究员撰写；第一章由内蒙古社会科学院草原文化研究所康建国研究员撰写；第二章、第九章由内蒙古社会科学院内蒙古自治区"一带一路"研究所（原内蒙古社会科学院俄罗斯与蒙古国研究所）所长范丽君研究员撰写；第三章第一节、第二节由内蒙古社会科学院社会学研究所吉雅副研究员撰写，第三章第三节由内蒙古财经大学马克思主义学院乌峰教授撰写，第三章第四节由内蒙古社会科学院内蒙古自治区中国特色社会主义理论体系研究中心办公室主任常文清副研究员撰写；第四章由内蒙古自治区中俄蒙合作研究院院长刘兴波研究员撰写；第五章由内蒙古自治区中俄蒙合作研究院乌日丽格助理研究员撰写；第六章由内蒙古自治区中俄蒙合作研究院汪士钦助理研究员撰写；第七章由内蒙古自治区中俄蒙合作研究院李洋副研究员撰写；第八章由内蒙古自治区中俄蒙合作研究院毛艳丽副研究员撰写。中蒙俄经济走廊大事记（2013—2019 年）由汪士钦提供。内蒙古社会科学院原俄罗斯与蒙古国研究所李超助理研究员、孟根仓助理研究员参与了本子课题的前期调研和研究工作。本著作初稿完成后，马永真对本著作进行了首次统稿。2020 年 2—3 月，根据评审专家组的评审意见，本子课题组进行了一次全面补充修改。马永真对本著作修改稿进行第二次统稿。之后，又根据专家审读意见，马永真于 2020 年 5 月对本著作修改稿进行第三次统稿，并增加了第九章、前言。全书由马永真审阅定稿。本书由内蒙古社会科学院办公室冯永利编排、校对。范丽君、毛艳丽为课题组做了大量日常联络服务工作。尤其是内蒙古自治区中俄蒙合作研究院克服自身工作繁重等困难，给予本子课题研究以大力支持，保证了本课题著作的按时撰写完成。内蒙古自治区研究室（参事室）和中国社会科学出版社对本书的出版给予大力支持和精心指导，在此一并表示衷心的感谢！

　　本著作尽管经过了反复打磨，但问题和不足仍在所难免，恳请专家和广大读者批评指正。